KB158938

PREFACE

우리나라 기업들은 1960년대 이후 현재까지 비약적인 발전을 이루었다. 이렇게 급속한 성장을 이룰 수 있었던 배경에는 우리나라 국민들의 근면성 및 도전정신이 있었다. 그러나 빠르게 변화하는 세계 경제의 환경에 적응하기 위해서는 근면성과 도전정신 이외에 또 다른 성장 요인이 필요하다.

한국기업들이 지속가능한 성장을 하기 위해서는 혁신적인 제품 및 서비스 개발, 선도 기술을 위한 R&D, 새로운 비즈니스 모델 개발, 효율적인 기업의 합병·인수, 신사업 진출 및 새로운 시장 개발 등 다양한 대안을 구축해 볼 수 있다. 하지만, 이러한 대안들 역시 훌륭한 인적자원을 바탕으로 할 때에 가능하다. 최근으로 올수록 기업체들은 자신의 기업에 적합한 인재를 선발하기 위해 기존의 학벌 위주의 채용을 탈피하고 기업 고유의 인·적성검사 제도를 도입하고 있는 추세이다.

현대오일뱅크에서도 업무에 필요한 역량 및 책임감과 적응력 등을 구비한 인재를 선발하기 위하여 고유의 인적성검사를 치르고 있다. 본서는 현대오일뱅크 생산전문인턴 채용에 대비하기 위한 필독서로 현대오일뱅크 필기시험의 출제경향을 철저히 분석하여 응시자들이 보다 쉽게 시험유형을 파악하고 효율적으로 대비할 수 있도록 구성하였다.

신념을 가지고 도전하는 사람은 반드시 그 꿈을 이룰 수 있습니다. 처음에 품은 신념과 열정이 취업 성공의 그 날까지 빛바래지 않도록 서원각이 수험생 여러분을 응원합니다.

STRUCTURE

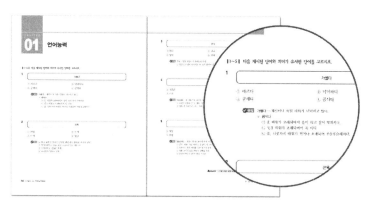

직무능력검사

적중률 높은 영역별 출제예상문제를 상세한 해설과 함께 수록하여 학습효율을 확실하게 높였습니다.

상세한 해설

상세한 해설을 통해 한 문제 한 문제에 대한 완전학습을 가능하도록 하였습니다. 정답을 맞힌 문제라도 꼼꼼한 해설을 통해 다시 한 번 내용을 확인할 수 있습니다.

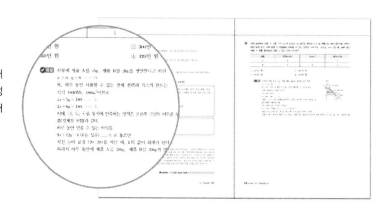

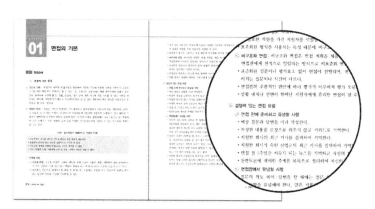

인성검사 및 면접

성공취업을 위하여 인성검사 및 면접기출을 수록하여 취업의 마무리까지 깔끔하게 책임집니다.

HD현대
오일뱅크

생산전문인턴 모집 대비

필기전형

HD현대오일뱅크

필기전형

초판 발행	2020년 1월 17일
개정판 발행	2023년 5월 4일

편 저 자 | 취업적성연구소
발 행 처 | ㈜서원각
등록번호 | 1999-1A-107호
주   소 | 경기도 고양시 일산서구 덕산로 88-45(가좌동)
교재주문 | 031-923-2051
팩   스 | 031-923-3815
교재문의 | 카카오톡 플러스 친구[서원각]
홈페이지 | www.goseowon.com

CONTENTS

PART **01**

현대오일뱅크 소개

기업소개

1 HD현대오일뱅크

(1) 개요

HD현대오일뱅크는 1964년 국내 최초 민간 정유회사로 첫 발을 내디뎠다.

① **원유정제** : 충남 서산시 대산읍 330만 제곱미터 부지에 자리 잡은 대산공장은 하루 690,000배럴 규모의 원유정제 설비를 갖추고 있다. 원유를 정제하고 남는 중질유를 다시 한 번 분해할 수 있도록 설비를 고도화해 고부가가치 석유 제품의 생산 비중을 높이며 지상유전의 꿈을 실현하고 있다.

② **석유화학 사업** : 연간 135만 톤 규모의 MX(혼합자일렌) 생산 공장, 연간 180만 톤 규모의 방향족 제품 생산 공장은 원유에서 방향족에 이르는 석유화학 아로마틱 사업의 수직계열화를 완성했다. HD현대오일뱅크의 석유화학 계열사인 현대케미칼은 2022년 중질유 기반 올레핀 생산설비(HPC)를 가동해 석유화학사업 영역을 확대하고 있다.

③ **사업 다각화** : 연간 100만 톤 규모의 윤활기유 공장, 타이어와 프린터 잉크 등을 생산하는 제철화학 공장은 사업 다각화를 주도하고 있다.

④ **상업용 유류 저장 사업** : 국내 정유사 중 유일하게 상업용 유류 저장 사업에 진출하였다.

⑤ OILBANK : 1994년 주유소에 'OILBANK' 브랜드를 도입한 HD현대오일뱅크는 전국 약 2500개 주유소에서 차별화된 서비스와 믿을 수 있는 제품으로 고객과 만나고 있다.

(2) 경영이념

HD현대오일뱅크는 기업 본래의 목적과 사회적 책임을 충실히 이행해 국가 경제와 사회 발전에 이바지하고자 한다. 이를 위해 모든 이해관계자를 아우를 수 있는 경영이념을 실천하고 있다.

① 이해관계자 가치 증진
  ㉠ 고객과 주주, 회사와 임직원, 지역사회를 존중하는 마음으로 각 이해관계자의 가치를 증진하기 위해 노력한다.
  ㉡ 삶의 터전인 회사의 명예와 가치를 높이고, 임직원 스스로가 회사의 소중한 자산임을 인식하고 창의성을 발휘할 수 있도록 기업의 역량을 높여 나가고 있다.
  ㉢ 고객 만족이 사업의 근간임을 명심하고 정직하고 성실한 자세로 고객 가치를 창조하며 주주가치를 극대화하기 위해 효율적인 경영을 실천한다.

② 신뢰 받는 기업이 되기 위한 경영
  ㉠ 신뢰와 존경을 받는 기업이 되기 위해 투명한 경영, 열린 경영을 지향한다.
  ㉡ 높은 윤리 기준으로 사회 규범과 질서를 준수하고 모든 경영활동은 투명성과 공정성을 바탕으로 한다.
  ㉢ 회사 경영과 관련된 정보를 적극적으로 공개하고 임직원이 자유롭게 참여할 수 있는 기회를 제공한다.
  ㉣ 핵심 역량을 강화해 최상의 제품과 서비스를 제공하는 믿을 수 있는 기업이 된다.

(3) 비전2030

전세계적인 기후변화, 탄소중립 시대에 대비하여 Renewable Energy 및 친환경 화학·소재 사업의 플랫폼으로 전환		
최고 수준의 정유사업 경쟁력	⇒	친황경 에너지 사업의 플랫폼으로 전환

2030년 RE 및 친환경 사업 확대로, 정유사업의 매출비중은 2030년 40%대까지 축소		

3대 친환경 미래사업		
블루수소 사업 추진	화이트 바이오 사업 진출	친환경 화학·소재 사업 확대
2025년 블루수소 10만톤 생산 수소충전소 및 연료전지 발전	2023년 2세대 화이트 바이오 진출 2030년 100만톤 바이오 생태계 구축	HPC프로젝트 연내 상업가동 화학·소재 사업 확대

(4) 사업소개

① 비즈니스

  ㉠ **정유사업** : 하루 690,000배럴의 원유 정제능력을 갖춘 HD현대오일뱅크는 세계 각지에 석유제품을 수출하고 전국 2,700여 개 주유소와 충전소를 운영하고 있다. 고도화된 기술 경쟁력(고도화비율 업계 최고 41.1%)을 갖추고 글로벌 종합에너지기업으로 도약하고 있다.
   • 원유공급선 다변화
   • 주유소 서비스 강화
   • 수출시장 확대와 해외 네트워크 강화

  ㉡ **석유화학사업**
   • 롯데케미칼과 석유화학 사업 합작 : 현대케미칼은 국내 정유사와 석유화학사 간 최초의 합작 법인이다. 방향족 제품 생산공정의 주 원료인 MX(혼합자일렌) 대부분을 수입에 의존했던 두 회사는 2016년 현대케미칼 상업가동에 따라 원료 수급의 안정성을 제고할 수 있게 되었다. 현대케미칼은 2022년 중질 유 기반 올레핀 생산설비(HPC)를 가동해 석유화학사업 영역을 확대하고 있습니다.
   • 코스모 석유와 방향족 사업 합작 : 현대코스모는 HD현대오일뱅크와 일본 코스모석유의 합작 회사이다. 현대코스모는 방향족 석유화학제품을 생산하고 있으며 이는 합성섬유, 각종 플라스틱, 휘발유 첨가제 등의 기초 원료가 된다. 2013년 제2 방향족 공정이 상업가동을 시작하면서 현대코스모는 연간 180만 톤 규모의 생산 설비를 갖추게 되었다.

  ㉢ **윤활기유사업** : 현대쉘베이스오일은 HD현대오일뱅크와 쉘의 합작 회사로 연간 생산 능력 100만 톤 규모의 윤활기유 공장을 가동하고 있다. 윤활기유는 HD현대오일뱅크의 고도화공정에서 나오는 잔사유를 원료로 생산되어 자동차, 선박, 산업용 윤활유 완제품의 원료가 된다. 현대쉘베이스오일은 Group Ⅱ 70 Neutral, Group Ⅱ 150 Neutral, Group Ⅱ 500 Neutral 등 친환경 윤활기유를 생산하고 있다.

  ㉣ **제철화학사업** : 현대오씨아이는 제철화학사업을 추진하기 위해 OCI와 함께 설립한 법인이다. 석탄에서 나오는 콜타르와 원유 정제과정에서 나오는 부산물로 연간 15만 톤의 카본블랙을 만든다. 카본블랙은 주로 타이어, 고무 등 강조를 높이는 배합제, 프린터 잉크 등 우리 실생활에 꼭 필요한 제품을 만드는 데 쓰인다.

  ㉤ **주유소/충전소** : HD현대오일뱅크 주유소는 'Good Service Bank!'라는 슬로건을 중심으로 차별화 된 고객 서비스 품질 향상 활동을 전개하고 있다. 서비스 전문가인 MD(Market Designer)를 전국 지역별로 배치해 주유소의 청결 및 친절 서비스를 체계적으로 관리하고 공연, 축제, 제휴 등 각 지역에 맞는 프로모션을 진행하고 있다. 고객이 우수주유소를 선정하는 '서비스 캠페인', 서비스 시범과 주유사원 교육을 담당하는 '드림팀', 표준화 된 서비스 제공을 위한 '고객응대 매뉴얼', 주유소 운영인 대상 '서비스 리더 아카데미'와 초청행사 등 다양한 프로그램으로 주유소의 품격을 높이고 있다. 또한 백화점, 온라인 쇼핑, 자동차, 식음료 등 다양한 업종과 제휴를 통해 보너스 포인트 적립 및 사용 기회를 확대하고 있다.

② 제품

　㉠ 석유제품

- **고급휘발유(Premium Gasoline)** : 옥탄가 98 이상의 고옥탄 휘발유이다. 연비를 향상시키는 배합기재를 사용해 장시간 운전에도 고출력·고연비를 자랑하며 유해 배기가스를 현저히 줄여주는 친환경 고성능 제품이다. 국내 최초로 옥탄가 102 이상인 초고급 휘발유(Ultra Premium Gasoline) '울트라카젠'을 출시하였다.

- **휘발유(Gasoline)** : 휘발성과 인화성이 높은 휘발유는 내연기관의 연료로 널리 쓰인다. HD현대오일뱅크는 엔진 청정제를 첨가해 제품의 분사성과 연소성을 향상시켰다. 또한 대기환경보전법에서 정한 오염물질배출 기준보다 훨씬 낮은 수준의 품질 높은 휘발유를 생산하고 있다.

- **초저황경유(Ultra Low Sulfur Diesel)** : 기존 경유의 매연과 소음 문제를 크게 개선한 친환경 초저황경유를 공급하고 있다. 고급 첨가제가 포함되어 엔진을 깨끗하게 해준다. 2006년부터 바이오 디젤을 혼합한 더욱 친환경적인 제품을 생산하고 있다. 동절기에는 지역 특성에 따라 저온성상이 강화된 제품을 공급한다.

- **등유(Kerosene)** : 친환경 마크를 획득한 HD현대오일뱅크의 실내 등유는 자극적인 냄새가 없고 연소할 때 연기나 그을음이 거의 없어 실내 난방연료로 매우 적합하다. 발열량과 연소성도 우수해 경제성을 높여 준다.

- **중유(Fuel Oil)** : 황 함량, 용도, 점도에 따라 저유황 중유, 선박용 중유, A중유, B중유, C중유로 구분해 중유 제품을 공급한다. 이들 제품은 주로 내연기관 및 보일러 연료로 쓰인다. 선박용 중유는 엔진의 크기와 종류를 고려해 점도에 차등을 두어 만든다.

- **LPG(Liquefied Petroleum Gas)** : 취사와 난방에 사용하는 프로판(Propane)과 자동차, 이동식 버너, 난방용 연료 등으로 사용하는 부탄(Butane)을 생산한다. 자동차 연료는 계절에 따라 부탄 내 프로판 혼합 비율을 달리하여 시동성을 강화시킨 제품을 공급한다. 출하 전 모든 LPG 제품에 부취제를 주입해 사용 시 안전성을 높이고 있다.

- **항공유(Jet Oil)** : 저온·저압의 고공에서도 잘 증발해 증기폐쇄 현상을 일으키지 않고, 쉽게 얼지 않으며, 연소성과 발열량이 뛰어난 항공유를 생산한다. 군용인 JP-8과 민간용인 Jet A-1을 공급하고 있다.

- **납사(Naphtha)** : 석유화학 산업에서 광범위하게 쓰는 납사는 휘발유의 생산 원료이자 용제, 석유화학/비료 공업의 원료이다. HD현대오일뱅크는 올레핀이 적은 양질의 납사를 생산해 석유화학회사에 판매하거나 현대코스모의 방향족 제품 생산공정에 투입하고 있다.

　㉡ 석유화학제품

- **방향족 제품(BTX)** : 방향족 제품은 주로 화학물질 합성에 사용한다. 나일론, 스티로폼, 보온재, 시너, 폴리에스터, 필름, PET 등 우리 일상에 필요한 다양한 제품들의 기초 원료가 된다.

- **프로필렌(Propylene)** : 프로필렌은 아세톤, 이소프로필알코올, 아크릴로니트릴, 나일론6, 폴리프로필렌, 산화프로필렌, 에피클로로히드린, 폴리이소프렌 등 석유화학의 핵심 원료를 통칭한다. 아크릴 제품과 합성고무, 플라스틱, 세제 등 다양한 제품 생산의 근간이 된다.

- **알킬레이트(Alkylate)** : 옥탄가가 높고 올레핀 화합물과 방향족 화합물을 함유하고 있지 않아 오염물질이 거의 배출되지 않는 친환경 휘발유 배합기재이다.

- 에틸렌(Ethylene) : 에틸렌은 합성 고분자인 폴리에틸렌의 원료로써, 다양한 공업적 제품 생산의 근간이 된다.
- MTBE(Methyl t-Butyl Ether) : MTBE는 고옥탄 휘발유 배합기재이며, 배기가스의 일산화탄소 발생을 저감하는 효과가 있다.
- EVA(Ethylene Vinyl Acetate) : EVA는 에틸렌과 초산 비닐 모노머를 공중합시켜 얻어지는 중합체로, 태양광 패널 소재는 물론 농업용 필름, 업무용 스트레치 필름 등 다양한 용도로 활용 된다.

ⓒ 윤활유/기타

- 윤활유 / 현대엑스티어(HYUNDAI XTeer) : HD현대오일뱅크의 축적된 기술력을 바탕으로 고품질 윤활기유에 각종 첨가제를 혼합해 프리미엄 윤활유 완제품 현대엑스티어를 생산하고 있다.
- 자동차용 연료첨가제 / 현대엑스티어알파(HYUNDAI XTeer α) : 현대엑스티어 알파는 독일 바스프의 원료에 HD현대오일뱅크의 기술을 접목해 만든 차량용 연료 첨가제이다. 원활한 연료 분사를 방해해 엔진 수명을 단축하는 엔진 내부 슬러지를 제거해 줌으로써 엔진을 보호하고 출력과 연비를 개선해 준다.
- 요소수 / 프로녹스(ProNox) : 요소수는 연료와 별도로 차량에 장착해 질소산화물을 줄여 주는 촉매 역할을 한다. 두 번의 정밀 정제를 거친 프리미엄 요소수 프로녹스는 분사 노즐과 머플러 막힘을 대폭 개선하는 고순도 제품으로 독일자동차공업협회와 한국석유관리원의 품질 인증을 획득했다.
- 윤활기유(Lube Base Oil) : 수첨분해공정에서 나오는 하이드로왁스(Hydrowax)를 원료로 촉매공정을 거쳐 윤활기유가 생산된다. 윤활유 완제품의 80% 이상을 차지하는 기초 원료이며 윤활기유에 각종 첨가제를 넣으면 자동차, 선박, 산업용 윤활유 완제품이 된다.
- 아스팔트(Asphalt) : HD아스팔트는 감압증류공정에서 생산되는 최종 제품이다. 도로포장의 주재료로 사용된다. HD현대오일뱅크가 생산하는 아스팔트는 도로 포장용 아스팔트 규격을 충족한다. 또한 국내 제품으로는 유일하게 일본의 규격 인증을 획득한 우수 제품이다.

CHAPTER

02 채용안내

(1) 인재상

HD현대오일뱅크가 추구하는 인재상은 조직이 추구하는 가치를 창출할 수 있는 역량을 소유하고 실현하는 창조적 실천인이다.

① 최고에 도전하는 열정적인 인재

　㉠ 일에 대한 열정과 최고를 향한 도전으로 자신과 회사의 발전을 이끄는 사람이다.

　㉡ 담대한 개척자 정신, 고객만족에 대한 열정, 철저한 프로의식과 책임감, 강인한 추진력으로 자신과 회사의 가치를 만들어간다.

② 세상을 바꿔가는 혁신적인 인재

　㉠ 즐거운 상상과 창의적인 실천으로 긍정적 변화와 더 좋은 내일을 만드는 사람이다.

　㉡ 폭넓은 경험과 학습, 남보다 앞선 통찰력과 열린 사고, 함께하는 사람들을 북돋우는 용기로 혁신을 이끌고 더 나은 미래를 준비한다.

③ 정직을 실천하는 신뢰받는 인재

　㉠ 상대에 대한 존중과 배려, 열린 소통, 바르고 정직한 행동으로 든든한 믿음을 주는 사람이다.

　㉡ 편견 없는 마음으로 다양성을 수용하고 공정하게 행동하며 정직함과 청렴성을 바탕으로 동료, 이웃, 사회의 탄탄한 신뢰를 쌓아간다.

(2) 생산부문 직무소개

① 연구개발

경기도 용인에 위치한 중앙기술연구원에서 공장 운영에 필요한 다양한 기술을 지원하고 새로운 기술과 사업을 개척하는 연구개발 업무를 수행한다. 공장에서 발생한 문제를 분석해 개선 방안을 강구하고 기술적으로 지원한다. 또한 회사의 중장기적인 성장을 위해 새로운 핵심 기술을 연구하고 신규 사업을 발굴한다.

② 생산기획

생산기획은 원유 및 제품 가격, 정제 마진, 수급 상황 등을 고려해 최적의 공정 가동 계획을 수립하고 수립된 계획이 달성될 수 있도록 지속적으로 공정 조정을 지시하는 업무이다. 이를 통해 생산 효율성 증대, 품질 향상 등 공장 최적화와 수익을 극대화를 지향한다. 물량 정산에 따라 회계 기초 자료를 제공하고 실적을 분석해 공정 효율성을 높이고 있다. 또한 경제성 평가를 통해 신사업 검토 및 공정 개선 아이디어 발굴 등을 진행하고 자회사/인근 석화사와 시너지 효과를 이끌어 낼 수 있도록 징검다리 역할을 수행한다.

③ 공정기술

공정기술 업무는 원료가 투입되어 정유, 석유화학 제품이 생산되기까지 모든 과정과 관련이 있습니다. 공정기술 업무는 공정 관리, 공정 최적화, 공정 설계로 세분화할 수 있다. 공장 관리 파트는 공장 안전 운전을 위한 공정 모니터링을 진행, 문제 발생 시 기술적인 해결 방안을 모색해 공정을 개선한다. 공정 최적화 파트에서는 제품 품질 향상 및 원가 절감, 생산성 향상을 위한 업무를 수행하고 공정 설계 파트는 용량 증대 또는 개선을 위한 설비 도입 시 경제적으로 공정을 설계하고 신규 사업 탐색 및 타당성 검토 역할도 수행한다.

④ 설비기술

설비기술에서 다루는 영역은 고정기계, 회전기계, 배관, 전기, 계기 등 다양하다. 설비기술 엔지니어는 공장의 생산성과 수익성 향상을 목표로 신규 설비의 설계/구매/시공업무를 수행하고 기존 설비의 운영 효율을 높이기 위해 지속적인 개선/보완 업무를 수행한다. 또한 문제 발생 시 원인을 분석해 해결하고 재발방지 대책을 수립하는 유지보수 업무도 담당하고 있다.

⑤ 생산지원

안전, 환경, Utility 관리, 원유 및 제품 입출하 등 직접 생산 업무 이외에 공장 운영을 위해 필요한 모든 업무가 생산지원 업무에 속한다. 기업의 지속 가능한 성장을 위해 가장 중요한 것은 안전, 환경 분야에 대한 사회적 책임을 다하는 일이다. 모든 직원과 협력사, 고객과 지역사회를 재해로부터 보호하고 환경에 미칠 영향을 최소화하기 위해 체계적으로 시스템을 관리하고 유지하는 것이 바로 안전환경 업무의 핵심이다. 또한 안정적으로 공정을 가동하기 위해서 반드시 필요한 것이 원활한 Utility 공급이다. 공정에 필요한 스팀과 전기를 생산하고 에너지 수요 관리와 최적화 업무를 수행하는 것이 Utility관리 업무이다. 보일러 가동에 필요한 초순수 물을 생산하고 공정에서 발생하는 폐수를 깨끗하게 처리하여 생태계에 미치는 영향을 최소화하는 역할도 이에 포함된다.

(3) 채용개요

① 채용 절차

※ 합격자 발표 : E-Mail, SMS 통보 및 채용 홈페이지 내 조회
※ 필기전형 실시 여부(일부 온라인 대체 등) 및 면접전형 일정은 추후 안내 예정
※ 생산전문인턴(계약직)은 정규직에 준하는 처우를 적용하며, 평가 및 심사절차를 통해 정규직 전환

② 모집분야

모집분야	우대사항	근무지
공정운전	화공, 기계, 전기/전자 전공자 관련 자격증 소지자 우대	
설비	기계, 전기/전자 전공자 및 관련 자격증 소지자 우대	대산 본사(충남 서산)
안전	소방/안전 전공자 및 관련 자격증 소지자 우대	

③ 지원자격요건

㉠ 학력

㉡ 병역 : 남성의 경우 병역필 또는 군면제자로 해외여행에 결격사유가 없고 교대근무 가능한자

※ 교대근무 : 4조 2교대 운영(12시간 근무, 2일 근무/2일 휴무)

㉢ 기타

- 보훈 대상자는 관련 법률에 의거 우대
- 희망하는 회사와 직무를 2지망까지 선택하고, 2지망이 없을 경우 1지망만 기재(전공, 경력, 관련 자격증 보유 등 직무 적합성을 고려하여 최종 배치 분야는 변경될 수 있음)

④ 생산전문인턴 선발과정

과정	이론교육 및 현장실습 등 교육훈련 과정으로 구성(교육훈련생)
기간	4주
장소	현대오일뱅크 대산본사(충청남도 서산시)
기타	교육훈련비(100만 원), 숙식, 피복, 안전장비 등 제공

※ 생산전문인턴 선발과정 합격자에 한하여 생산전문인턴 기회 제공

PART

02

인성검사

CHAPTER 01

인성검사의 이해

1 인성(성격)검사의 개념과 목적

인성(성격)이란 개인을 특징짓는 평범하고 일상적인 사회적 이미지, 즉 지속적이고 일관된 공적 성격 (Public-personality)이며, 환경에 대응함으로써 선천적·후천적 요소의 상호작용으로 결정화된 심리적·사회적 특성 및 경향을 의미한다.

인성검사는 직무적성검사를 실시하는 대부분의 기업체에서 병행하여 실시하고 있으며, 인성검사만 독자적으로 실시하는 기업도 있다.

기업체에서는 인성검사를 통하여 각 개인이 어떠한 성격 특성이 발달되어 있고, 어떤 특성이 얼마나 부족한지, 그것이 해당 직무의 특성 및 조직문화와 얼마나 맞는지를 알아보고 이에 적합한 인재를 선발하고자 한다. 또한 개인에게 적합한 직무 배분과 부족한 부분을 교육을 통해 보완하도록 할 수 있다.

인성검사의 측정요소는 검사방법에 따라 차이가 있다. 또한 각 기업체들이 사용하고 있는 인성검사는 기존에 개발된 인성검사방법에 각 기업체의 인재상을 적용하여 자신들에게 적합하게 재개발하여 사용하는 경우가 많다. 그러므로 기업체에서 요구하는 인재상을 파악하여 그에 따른 대비책을 준비하는 것이 바람직하다. 본서에서 제시된 인성검사는 크게 '특성'과 '유형'의 측면에서 측정하게 된다.

2 성격의 특성

(1) 정서적 측면

정서적 측면은 평소 마음의 당연시하는 자세나 정신상태가 얼마나 안정하고 있는지 또는 불안정한지를 측정한다.

정서의 상태는 직무수행이나 대인관계와 관련하여 태도나 행동으로 드러난다. 그러므로, 정서적 측면을 측정하는 것에 의해, 장래 조직 내의 인간관계에 어느 정도 잘 적응할 수 있을까(또는 적응하지 못할까)를 예측하는 것이 가능하다. 그렇기 때문에, 정서적 측면의 결과는 채용 시에 상당히 중시된다. 아무리 능력이 좋아도 장기적으로 조직 내의 인간관계에 잘 적응할 수 없다고 판단되는 인재는 기본적으로는 채용되지 않는다.

일반적으로 인성(성격)검사는 채용과는 관계없다고 생각하나 정서적으로 조직에 적응하지 못하는 인재는 채용단계에서 가려내지는 것을 유의하여야 한다.

① **민감성(신경도)** : 꼼꼼함, 섬세함, 성실함 등의 요소를 통해 일반적으로 신경질적인지 또는 자신의 존재를 위협받는다는 불안을 갖기 쉬운지를 측정한다.

EXAMPLE

질문	그렇다	약간 그렇다	그저 그렇다	별로 그렇지 않다	그렇지 않다
• 배려적이라고 생각한다. • 어질러진 방에 있으면 불안하다. • 실패 후에는 불안하다. • 세세한 것까지 신경 쓴다. • 이유 없이 불안할 때가 있다.					

▶ **측정결과**

㉠ '그렇다'가 많은 경우(상처받기 쉬운 유형) : 사소한 일에 신경 쓰고 다른 사람의 사소한 한마디 말에 상처를 받기 쉽다.
  • 면접관의 심리 : '동료들과 잘 지낼 수 있을까?', '실패할 때마다 위축되지 않을까?'
  • 면접대책 : 다소 신경질적이라도 능력을 발휘할 수 있다는 평가를 얻도록 한다. 주변과 충분한 의사소통이 가능하고, 결정한 것을 실행할 수 있다는 것을 보여주어야 한다.

㉡ '그렇지 않다'가 많은 경우(정신적으로 안정적인 유형) : 사소한 일에 신경 쓰지 않고 금방 해결하며, 주위 사람의 말에 과민하게 반응하지 않는다.
  • 면접관의 심리 : '계약할 때 필요한 유형이고, 사고 발생에도 유연하게 대처할 수 있다.'
  • 면접대책 : 일반적으로 '민감성'의 측정치가 낮으면 플러스 평가를 받으므로 더욱 자신감 있는 모습을 보여준다.

② **자책성(과민도)** : 자신을 비난하거나 책망하는 정도를 측정한다.

EXAMPLE

질문	그렇다	약간 그렇다	그저 그렇다	별로 그렇지 않다	그렇지 않다
• 후회하는 일이 많다. • 자신을 하찮은 존재로 생각하는 경우가 있다. • 문제가 발생하면 자기의 탓이라고 생각한다. • 무슨 일이든지 끙끙대며 진행하는 경향이 있다. • 온순한 편이다.					

▶ **측정결과**
㉠ '그렇다'가 많은 경우(자책하는 유형) : 비관적이고 후회하는 유형이다.
• 면접관의 심리 : '끙끙대며 괴로워하고, 일을 진행하지 못할 것 같다.'
• 면접대책 : 기분이 저조해도 항상 의욕을 가지고 생활하는 것과 책임감이 강하다는 것을 보여준다.
㉡ '그렇지 않다'가 많은 경우(낙천적인 유형) : 기분이 항상 밝은 편이다.
• 면접관의 심리 : '안정된 대인관계를 맺을 수 있고, 외부의 압력에도 흔들리지 않는다.'
• 면접대책 : 일반적으로 '자책성'의 측정치가 낮으면 플러스 평가를 받으므로 자신감을 가지고 임한다.

③ **기분성(불안도)** : 기분의 굴곡이나 감정적인 면의 미숙함이 어느 정도인지를 측정하는 것이다.

EXAMPLE

질문	그렇다	약간 그렇다	그저 그렇다	별로 그렇지 않다	그렇지 않다
• 다른 사람의 의견에 자신의 결정이 흔들리는 경우가 많다. • 기분이 쉽게 변한다. • 종종 후회한다. • 다른 사람보다 의지가 약한 편이라고 생각한다. • 금방 싫증을 내는 성격이라는 말을 자주 듣는다.					

▶ **측정결과**
㉠ '그렇다'가 많은 경우(감정의 기복이 많은 유형) : 의지력보다 기분에 따라 행동하기 쉽다.
• 면접관의 심리 : '감정적인 것에 약하며, 상황에 따라 생산성이 떨어지지 않을까?'
• 면접대책 : 주변 사람들과 항상 협조한다는 것을 강조하고 한결같은 상태로 일할 수 있다는 평가를 받도록 한다.
㉡ '그렇지 않다'가 많은 경우(감정의 기복이 적은 유형) : 감정의 기복이 없고, 안정적이다.
• 면접관의 심리 : '안정적으로 업무에 임할 수 있다.'
• 면접대책 : 기분성의 측정치가 낮으면 플러스 평가를 받으므로 자신감을 가지고 면접에 임한다.

④ **독자성(개인도)** : 주변에 대한 견해나 관심, 자신의 견해나 생각에 어느 정도의 속박감을 가지고 있는지를 측정한다.

EXAMPLE

질문	그렇다	약간 그렇다	그저 그렇다	별로 그렇지 않다	그렇지 않다
• 창의적 사고방식을 가지고 있다. • 융통성이 없는 편이다. • 혼자 있는 편이 많은 사람과 있는 것보다 편하다. • 개성적이라는 말을 듣는다. • 교제는 번거로운 것이라고 생각하는 경우가 많다. • 다른 사람의 의견을 따르는 것이 속편하다. • 자신의 주장을 내세우지 않는 편이다.					

▶ **측정결과**

㉠ **'그렇다'가 많은 경우** : 자기의 관점을 중요하게 생각하는 유형으로, 주위의 상황보다 자신의 느낌과 생각을 중시한다.
 • 면접관의 심리 : '제멋대로 행동하지 않을까?'
 • 면접대책 : 주위 사람과 협조하여 일을 진행할 수 있다는 것과 상식에 얽매이지 않는다는 인상을 심어준다.

㉡ **'그렇지 않다'가 많은 경우** : 상식적으로 행동하고 주변 사람의 시선에 신경을 쓴다.
 • 면접관의 심리 : '다른 직원들과 협조하여 업무를 진행할 수 있겠다.'
 • 면접대책 : 협조성이 요구되는 기업체에서는 플러스 평가를 받을 수 있다.

⑤ **자신감(자존심도)** : 자기 자신에 대해 얼마나 긍정적으로 평가하는지를 측정한다.

EXAMPLE

질문	그렇다	약간 그렇다	그저 그렇다	별로 그렇지 않다	그렇지 않다
• 다른 사람보다 능력이 뛰어나다고 생각한다. • 다소 반대의견이 있어도 나만의 생각으로 행동할 수 있다. • 나는 다른 사람보다 기가 센 편이다. • 동료가 나를 모욕해도 무시할 수 있다. • 대개의 일을 목적한 대로 헤쳐나 갈 수 있다고 생각한다.					

▸ **측정결과**

㉠ '그렇다'가 많은 경우 : 자기 능력이나 외모 등에 자신감이 있고, 비판당하는 것을 좋아하지 않는다.
 • 면접관의 심리 : '자만하여 지시에 잘 따를 수 있을까?'
 • 면접대책 : 다른 사람의 조언을 잘 받아들이고, 겸허하게 반성하는 면이 있다는 것을 보여주고, 동료들과 잘 지내며 리더의 자질이 있다는 것을 강조한다.
㉡ '그렇지 않다'가 많은 경우 : 자신감이 없고 다른 사람의 비판에 약하다.
 • 면접관의 심리 : '패기가 부족하지 않을까?', '쉽게 좌절하지 않을까?'
 • 면접대책 : 극도의 자신감 부족으로 평가되지는 않는다. 그러나 마음이 약한 면은 있지만 의욕적으로 일을 하겠다는 마음가짐을 보여준다.

⑥ **고양성(분위기에 들뜨는 정도)** : 자유분방함, 명랑함과 같이 감정(기분)의 높고 낮음의 정도를 측정한다.

EXAMPLE

질문	그렇다	약간 그렇다	그저 그렇다	별로 그렇지 않다	그렇지 않다
• 침착하지 못한 편이다. • 다른 사람보다 쉽게 우쭐해진다. • 모든 사람이 아는 유명인사가 되고 싶다. • 모임이나 집단에서 분위기를 이끄는 편이다. • 취미 등이 오랫동안 지속되지 않는 편이다.					

▸**측정결과**

㉠ '그렇다'가 많은 경우 : 자극이나 변화가 있는 일상을 원하고 기분을 들뜨게 하는 사람과 친밀하게 지내는 경향이 강하다.
- 면접관의 심리 : '일을 진행하는 데 변덕스럽지 않을까?'
- 면접대책 : 밝은 태도는 플러스 평가를 받을 수 있지만, 착실한 업무능력이 요구되는 직종에서는 마이너스 평가가 될 수 있다. 따라서 자기조절이 가능하다는 것을 보여준다.

㉡ '그렇지 않다'가 많은 경우 : 감정이 항상 일정하고, 속을 드러내 보이지 않는다.
- 면접관의 심리 : '안정적인 업무 태도를 기대할 수 있겠다.'
- 면접대책 : '고양성'의 낮음은 대체로 플러스 평가를 받을 수 있다. 그러나 '무엇을 생각하고 있는지 모르겠다' 등의 평을 듣지 않도록 주의한다.

⑦ 허위성(진위성) : 필요 이상으로 자기를 좋게 보이려 하거나 기업체가 원하는 '이상형'에 맞춘 대답을 하고 있는지, 없는지를 측정한다.

EXAMPLE

질문	그렇다	약간 그렇다	그저 그렇다	별로 그렇지 않다	그렇지 않다
• 약속을 깨뜨린 적이 한 번도 없다. • 다른 사람을 부럽다고 생각해 본 적이 없다. • 꾸지람을 들은 적이 없다. • 사람을 미워한 적이 없다. • 화를 낸 적이 한 번도 없다.					

▸**측정결과**

㉠ '그렇다'가 많은 경우 : 실제의 자기와는 다른, 말하자면 원칙으로 해답할 가능성이 있다.
- 면접관의 심리 : '거짓을 말하고 있다.'
- 면접대책 : 조금이라도 좋게 보이려고 하는 '거짓말쟁이'로 평가될 수 있다. '거짓을 말하고 있다.'는 마음 따위가 전혀 없다 해도 결과적으로는 정직하게 답하지 않는다는 것이 되어 버린다. '허위성'의 측정 질문은 구분되지 않고 다른 질문 중에 섞여 있다. 그러므로 모든 질문에 솔직하게 답하여야 한다. 또한 자기 자신과 너무 동떨어진 이미지로 답하면 좋은 결과를 얻지 못한다. 그리고 면접에서 '허위성'을 기본으로 한 질문을 받게 되므로 당황하거나 또 다른 모순된 답변을 하게 된다. 겉치레를 하거나 무리한 욕심을 부리지 말고 '이런 사회인이 되고 싶다.'는 현재의 자신보다, 조금 성장한 자신을 표현하는 정도가 적당하다.

㉡ '그렇지 않다'가 많은 경우 : 냉정하고 정직하며, 외부의 압력과 스트레스에 강한 유형이다. '대쪽같음'의 이미지가 굳어지지 않도록 주의한다.

(2) 행동적인 측면

행동적 측면은 인격 중에 특히 행동으로 드러나기 쉬운 측면을 측정한다. 사람의 행동 특징 자체에는 선도 악도 없으나, 일반적으로는 일의 내용에 의해 원하는 행동이 있다. 때문에 행동적 측면은 주로 직종과 깊은 관계가 있는데 자신의 행동 특성을 살려 적합한 직종을 선택한다면 플러스가 될 수 있다.

행동 특성에서 보여지는 특징은 면접장면에서도 드러나기 쉬운데 본서의 모의 TEST의 결과를 참고하여 자신의 태도, 행동이 면접관의 시선에 어떻게 비치는지를 점검하도록 한다.

① **사회적 내향성** : 대인관계에서 나타나는 행동경향으로 '낯가림'을 측정한다.

EXAMPLE

질문	선택
A : 파티에서는 사람을 소개받은 편이다. B : 파티에서는 사람을 소개하는 편이다. A : 처음보는 사람과는 즐거운 시간을 보내는 편이다. B : 처음보는 사람과는 어색하게 시간을 보내는 편이다. A : 친구가 적은 편이다. B : 친구가 많은 편이다. A : 자신의 의견을 말하는 경우가 적다. B : 자신의 의견을 말하는 경우가 많다. A : 사교적인 모임에 참석하는 것을 좋아하지 않는다. B : 사교적인 모임에 항상 참석한다.	

▶ **측정결과**

㉠ 'A'가 많은 경우 : 내성적이고 사람들과 접하는 것에 소극적이다. 자신의 의견을 말하지 않고 조심스러운 편이다.
- 면접관의 심리 : '소극적인데 동료와 잘 지낼 수 있을까?'
- 면접대책 : 대인관계를 맺는 것을 싫어하지 않고 의욕적으로 일을 할 수 있다는 것을 보여준다.

㉡ 'B'가 많은 경우 : 사교적이고 자기의 생각을 명확하게 전달할 수 있다.
- 면접관의 심리 : '사교적이고 활동적인 것은 좋지만, 자기 주장이 너무 강하지 않을까?'
- 면접대책 : 협조성을 보여주고, 자기 주장이 너무 강하다는 인상을 주지 않도록 주의한다.

② 내성성(침착도) : 자신의 행동과 일에 대해 침착하게 생각하는 정도를 측정한다.

EXAMPLE

질문	선택
A : 시간이 걸려도 침착하게 생각하는 경우가 많다. B : 짧은 시간에 결정을 하는 경우가 많다.	
A : 실패의 원인을 찾고 반성하는 편이다. B : 실패를 해도 그다지(별로) 개의치 않는다.	
A : 결론이 도출되어도 몇 번 정도 생각을 바꾼다. B : 결론이 도출되면 신속하게 행동으로 옮긴다.	
A : 여러 가지 생각하는 것이 능숙하다. B : 여러 가지 일을 재빨리 능숙하게 처리하는 데 익숙하다.	
A : 여러 가지 측면에서 사물을 검토한다. B : 행동한 후 생각을 한다.	

▸**측정결과**
㉠ 'A'가 많은 경우 : 행동하기 보다는 생각하는 것을 좋아하고 신중하게 계획을 세워 실행한다.
  • 면접관의 심리 : '행동으로 실천하지 못하고, 대응이 늦은 경향이 있지 않을까?'
  • 면접대책 : 발로 뛰는 것을 좋아하고, 일을 더디게 한다는 인상을 주지 않도록 한다.
㉡ 'B'가 많은 경우 : 차분하게 생각하는 것보다 우선 행동하는 유형이다.
  • 면접관의 심리 : '생각하는 것을 싫어하고 경솔한 행동을 하지 않을까?'
  • 면접대책 : 계획을 세우고 행동할 수 있는 것을 보여주고 '사려깊다'라는 인상을 남기도록 한다.

③ **신체활동성** : 몸을 움직이는 것을 좋아하는가를 측정한다.

EXAMPLE

질문	선택
A : 민첩하게 활동하는 편이다. B : 준비행동이 없는 편이다. A : 일을 척척 해치우는 편이다. B : 일을 더디게 처리하는 편이다. A : 활발하다는 말을 듣는다. B : 얌전하다는 말을 듣는다. A : 몸을 움직이는 것을 좋아한다. B : 가만히 있는 것을 좋아한다. A : 스포츠를 하는 것을 즐긴다. B : 스포츠를 보는 것을 좋아한다.	

▶ **측정결과**
㉠ 'A'가 많은 경우 : 활동적이고, 몸을 움직이게 하는 것이 컨디션이 좋다.
• 면접관의 심리 : '활동적으로 활동력이 좋아 보인다.'
• 면접대책 : 활동하고 얻은 성과 등과 주어진 상황의 대응능력을 보여준다.
㉡ 'B'가 많은 경우 : 침착한 인상으로, 차분하게 있는 타입이다.
• 면접관의 심리 : '좀처럼 행동하려 하지 않아 보이고, 일을 빠르게 처리할 수 있을까?'

④ **지속성(노력성)** : 무슨 일이든 포기하지 않고 끈기 있게 하려는 정도를 측정한다.

EXAMPLE

질문	선택
A : 일단 시작한 일은 시간이 걸려도 끝까지 마무리한다. B : 일을 하다 어려움에 부딪히면 단념한다. A : 끈질긴 편이다. B : 바로 단념하는 편이다. A : 인내가 강하다는 말을 듣는다. B : 금방 싫증을 낸다는 말을 듣는다. A : 집념이 깊은 편이다. B : 담백한 편이다. A : 한 가지 일에 구애되는 것이 좋다고 생각한다. B : 간단하게 체념하는 것이 좋다고 생각한다.	

► **측정결과**

㉠ 'A'가 많은 경우 : 시작한 것은 어려움이 있어도 포기하지 않고 인내심이 높다.
• 면접관의 심리 : '한 가지의 일에 너무 구애되고, 업무의 진행이 원활할까?'
• 면접대책 : 인내력이 있는 것은 플러스 평가를 받을 수 있지만 집착이 강해 보이기도 한다.

㉡ 'B'가 많은 경우 : 뒤끝이 없고 조그만 실패로 일을 포기하기 쉽다.
• 면접관의 심리 : '질리는 경향이 있고, 일을 정확히 끝낼 수 있을까?'
• 면접대책 : 지속적인 노력으로 성공했던 사례를 준비하도록 한다.

⑤ 신중성(주의성) : 자신이 처한 주변상황을 즉시 파악하고 자신의 행동이 어떤 영향을 미치는지를 측정한다.

EXAMPLE

질문	선택
A : 여러 가지로 생각하면서 완벽하게 준비하는 편이다. B : 행동할 때부터 임기응변적인 대응을 하는 편이다.	
A : 신중해서 타이밍을 놓치는 편이다. B : 준비 부족으로 실패하는 편이다.	
A : 자신은 어떤 일에도 신중히 대응하는 편이다. B : 순간적인 충동으로 활동하는 편이다.	
A : 시험을 볼 때 끝날 때까지 재검토하는 편이다. B : 시험을 볼 때 한 번에 모든 것을 마치는 편이다.	
A : 일에 대해 계획표를 만들어 실행한다. B : 일에 대한 계획표 없이 진행한다.	

► **측정결과**

㉠ 'A'가 많은 경우 : 주변 상황에 민감하고, 예측하여 계획있게 일을 진행한다.
• 면접관의 심리 : '너무 신중해서 적절한 판단을 할 수 있을까?', '앞으로의 상황에 불안을 느끼지 않을까?'
• 면접대책 : 예측을 하고 실행을 하는 것은 플러스 평가가 되지만, 너무 신중하면 일의 진행이 정체될 가능성을 보이므로 추진
력이 있다는 강한 의욕을 보여준다.

㉡ 'B'가 많은 경우 : 주변 상황을 살펴 보지 않고 착실한 계획없이 일을 진행시킨다.
• 면접관의 심리 : '사려깊지 않고 않고, 실패하는 일이 많지 않을까?', '판단이 빠르고 유연한 사고를 할 수 있을까?'
• 면접대책 : 사전준비를 중요하게 생각하고 있다는 것 등을 보여주고, 경솔한 인상을 주지 않도록 한다. 또한 판단력이 빠르거
나 유연한 사고 덕분에 일 처리를 잘 할 수 있다는 것을 강조한다.

(3) 의욕적인 측면

의욕적인 측면은 의욕의 정도, 활동력의 유무 등을 측정한다. 여기서의 의욕이란 우리들이 보통 말하고 사용하는 '하려는 의지'와는 조금 뉘앙스가 다르다. '하려는 의지'란 그 때의 환경이나 기분에 따라 변화하는 것이지만, 여기에서는 조금 더 변화하기 어려운 특징, 말하자면 정신적 에너지의 양으로 측정하는 것이다.

의욕적 측면은 행동적 측면과는 다르고, 전반적으로 어느 정도 점수가 높은 쪽을 선호한다. 모의검사의 의욕적 측면의 결과가 낮다면, 평소 일에 몰두할 때 조금 의욕 있는 자세를 가지고 서서히 개선하도록 노력해야 한다.

① 달성의욕 : 목적의식을 가지고 높은 이상을 가지고 있는지를 측정한다.

EXAMPLE

질문	선택
A : 경쟁심이 강한 편이다. B : 경쟁심이 약한 편이다.	
A : 어떤 한 분야에서 제1인자가 되고 싶다고 생각한다. B : 어느 분야에서든 성실하게 임무를 진행하고 싶다고 생각한다.	
A : 규모가 큰 일을 해보고 싶다. B : 맡은 일에 충실히 임하고 싶다.	
A : 아무리 노력해도 실패한 것은 아무런 도움이 되지 않는다. B : 가령 실패했을 지라도 나름대로의 노력이 있었으므로 괜찮다.	
A : 높은 목표를 설정하여 수행하는 것이 의욕적이다. B : 실현 가능한 정도의 목표를 설정하는 것이 의욕적이다.	

▶**측정결과**

㉠ 'A'가 많은 경우 : 큰 목표와 높은 이상을 가지고 승부욕이 강한 편이다.
• 면접관의 심리 : '열심히 일을 해줄 것 같은 유형이다.'
• 면접대책 : 달성의욕이 높다는 것은 어떤 직종이라도 플러스 평가가 된다.
㉡ 'B'가 많은 경우 : 현재의 생활을 소중하게 여기고 비약적인 발전을 위해 기를 쓰지 않는다.
• 면접관의 심리 : '외부의 압력에 약하고, 기획입안 등을 하기 어려울 것이다.'
• 면접대책 : 일을 통하여 하고 싶은 것들을 구체적으로 어필한다.

② 활동의욕 : 자신에게 잠재된 에너지의 크기로, 정신적인 측면의 활동력이라 할 수 있다.

EXAMPLE

질문	선택
A : 하고 싶은 일을 실행으로 옮기는 편이다. B : 하고 싶은 일을 좀처럼 실행할 수 없는 편이다. A : 어려운 문제를 해결해 가는 것이 좋다. B : 어려운 문제를 해결하는 것을 잘하지 못한다. A : 일반적으로 결단이 빠른 편이다. B : 일반적으로 결단이 느린 편이다. A : 곤란한 상황에도 도전하는 편이다. B : 사물의 본질을 깊게 관찰하는 편이다. A : 시원시원하다는 말을 잘 듣는다. B : 꼼꼼하다는 말을 잘 듣는다.	

▶ **측정결과**

㉠ 'A'가 많은 경우 : 꾸물거리는 것을 싫어하고 재빠르게 결단해서 행동하는 타입이다.
• 면접관의 심리 : '일을 처리하는 솜씨가 좋고, 일을 척척 진행할 수 있을 것 같다.'
• 면접대책 : 활동의욕이 높은 것은 플러스 평가가 된다. 사교성이나 활동성이 강하다는 인상을 준다.

㉡ 'B'가 많은 경우 : 안전하고 확실한 방법을 모색하고 차분하게 시간을 아껴서 일에 임하는 타입이다.
• 면접관의 심리 : '재빨리 행동을 못하고, 일의 처리속도가 느린 것이 아닐까?'
• 면접대책 : 활동성이 있는 것을 좋아하고 움직임이 더디다는 인상을 주지 않도록 한다.

3 성격의 유형

(1) 인성검사유형의 4가지 척도

정서적인 측면, 행동적인 측면, 의욕적인 측면의 요소들은 성격 특성이라는 관점에서 제시된 것들로 각 개인의 장·단점을 파악하는 데 유용하다. 그러나 전체적인 개인의 인성을 이해하는 데는 한계가 있다.

성격의 유형은 개인의 '성격적인 특색'을 가리키는 것으로, 사회인으로서 적합한지, 아닌지를 말하는 관점과는 관계가 없다. 따라서 채용의 합격 여부에는 사용되지 않는 경우가 많으며, 입사 후의 적정 부서 배치의 자료가 되는 편이라 생각하면 된다. 그러나 채용과 관계가 없다고 해서 아무런 준비도 필요없는 것은 아니다. 자신을 아는 것은 면접 대책의 밑거름이 되므로 모의검사 결과를 충분히 활용하도록 하여야 한다.

본서에서는 4개의 척도를 사용하여 기본적으로 16개의 패턴으로 성격의 유형을 분류하고 있다. 각 개인의 성격이 어떤 유형인지 재빨리 파악하기 위해 사용되며, '적성'에 맞는지, 맞지 않는지의 관점에 활용된다.

- 흥미·관심의 방향 : 내향형 ←——————→ 외향형
- 사물에 대한 견해 : 직관형 ←——————→ 감각형
- 판단하는 방법 : 감정형 ←——————→ 사고형
- 환경에 대한 접근방법 : 지각형 ←——————→ 판단형

(2) 성격유형

① 흥미·관심의 방향(내향⇆외향) : 흥미·관심의 방향이 자신의 내면에 있는지, 주위환경 등 외면에 향하는 지를 가리키는 척도이다.

EXAMPLE

질문	선택
A : 내성적인 성격인 편이다. B : 개방적인 성격인 편이다.	
A : 항상 신중하게 생각을 하는 편이다. B : 바로 행동에 착수하는 편이다.	
A : 수수하고 조심스러운 편이다. B : 자기표현력이 강한 편이다.	
A : 다른 사람과 함께 있으면 침착하지 않다. B : 혼자서 있으면 침착하지 않다.	

▶ 측정결과
㉠ 'A'가 많은 경우(내향) : 관심의 방향이 자기 내면에 있으며, 조용하고 낯을 가리는 유형이다. 행동력은 부족하나 집중력이 뛰어나고 신중하고 꼼꼼하다.
㉡ 'B'가 많은 경우(외향) : 관심의 방향이 외부환경에 있으며, 사교적이고 활동적인 유형이다. 꼼꼼함이 부족하여 대충하는 경향이 있으나 행동력이 있다.

② 일(사물)을 보는 방법(직감↔감각) : 일(사물)을 보는 법이 직감적으로 형식에 얽매이는지, 감각적으로 상식적인지를 가리키는 척도이다.

EXAMPLE

질문	선택
A : 현실주의적인 편이다. B : 상상력이 풍부한 편이다.	
A : 정형적인 방법으로 일을 처리하는 것을 좋아한다. B : 만들어진 방법에 변화가 있는 것을 좋아한다.	
A : 경험에서 가장 적합한 방법으로 선택한다. B : 지금까지 없었던 새로운 방법을 개척하는 것을 좋아한다.	
A : 성실하다는 말을 듣는다. B : 호기심이 강하다는 말을 듣는다.	

▶ **측정결과**
㉠ 'A'가 많은 경우(감각) : 현실적이고 경험주의적이며 보수적인 유형이다.
㉡ 'B'가 많은 경우(직관) : 새로운 주제를 좋아하며, 독자적인 시각을 가진 유형이다.

③ 판단하는 방법(감정↔사고) : 일을 감정적으로 판단하는지, 논리적으로 판단하는지를 가리키는 척도이다.

EXAMPLE

질문	선택
A : 인간관계를 중시하는 편이다. B : 일의 내용을 중시하는 편이다.	
A : 결론을 자기의 신념과 감정에서 이끌어내는 편이다. B : 결론을 논리적 사고에 의거하여 내리는 편이다.	
A : 다른 사람보다 동정적이고 눈물이 많은 편이다. B : 다른 사람보다 이성적이고 냉정하게 대응하는 편이다.	
A : 머리로는 이해해도 심정상 받아들일 수 없을 때가 있다. B : 마음은 알지만 받아들일 수 없을 때가 있다.	

▶ **측정결과**
㉠ 'A'가 많은 경우(감정) : 일을 판단할 때 마음·감정을 중요하게 여기는 유형이다. 감정이 풍부하고 친절하나 엄격함이 부족하고 우유부단하며, 합리성이 부족하다.
㉡ 'B'가 많은 경우(사고) : 일을 판단할 때 논리성을 중요하게 여기는 유형이다. 이성적이고 합리적이나 타인에 대한 배려가 부족하다.

④ **환경에 대한 접근방법** : 주변상황에 어떻게 접근하는지, 그 판단기준을 어디에 두는지를 측정한다.

EXAMPLE

질문	선택
A : 사전에 계획을 세우지 않고 행동한다. B : 반드시 계획을 세우고 그것에 의거해서 행동한다. A : 자유롭게 행동하는 것을 좋아한다. B : 조직적으로 행동하는 것을 좋아한다. A : 조직성이나 관습에 속박당하지 않는다. B : 조직성이나 관습을 중요하게 여긴다. A : 계획 없이 낭비가 심한 편이다. B : 예산을 세워 물건을 구입하는 편이다.	

▸ **측정결과**
- ㉠ 'A'가 많은 경우(지각) : 일의 변화에 융통성을 가지고 유연하게 대응하는 유형이다. 낙관적이며 질서보다는 자유를 좋아하나 임기응변식의 대응으로 무계획적인 인상을 줄 수 있다.
- ㉡ 'B'가 많은 경우(판단) : 일의 진행시 계획을 세워서 실행하는 유형이다. 순차적으로 진행하는 일을 좋아하고 끈기가 있으나 변화에 대해 적절하게 대응하지 못하는 경향이 있다.

(3) 성격유형의 판정

성격유형은 합격 여부의 판정보다는 배치를 위한 자료로써 이용된다. 즉, 기업은 입사시험단계에서 입사 후에도 사용할 수 있는 정보를 입수하고 있다는 것이다. 성격검사에서는 어느 척도가 얼마나 고득점이었는지에 주시하고 각각의 측면에서 반드시 하나씩 고르고 편성한다. 편성은 모두 16가지가 되나 각각의 측면을 더 세분하면 200가지 이상의 유형이 나온다.

여기에서는 16가지 편성을 제시한다. 성격검사에 어떤 정보가 게재되어 있는지를 이해하면서 자기의 성격유형을 파악하기 위한 실마리로 활용하도록 한다.

① **내향 – 직관 – 감정 – 지각(TYPE A)** : 관심이 내면에 향하고 조용하고 소극적이다. 사물에 대한 견해는 새로운 것에 대해 호기심이 강하고, 독창적이다. 감정은 좋아하는 것과 싫어하는 것의 판단이 확실하고, 감정이 풍부하고 따뜻한 느낌이 있는 반면, 합리성이 부족한 경향이 있다. 환경에 접근하는 방법은 순응적이고 상황의 변화에 대해 유연하게 대응하는 것을 잘한다.

② 내향 - 직관 - 감정 - 사고(TYPE B) : 관심이 내면으로 향하고 조용하고 쑥쓰러움을 잘 타는 편이다. 사물을 보는 관점은 독창적이며, 자기나름대로 궁리하며 생각하는 일이 많다. 좋고 싫음으로 판단하는 경향이 강하고 타인에게는 친절한 반면, 우유부단하기 쉬운 편이다. 환경 변화에 대해 유연하게 대응하는 것을 잘한다.

③ 내향 - 직관 - 사고 - 지각(TYPE C) : 관심이 내면으로 향하고 얌전하고 교제범위가 좁다. 사물을 보는 관점은 독창적이며, 현실에서 먼 추상적인 것을 생각하기를 좋아한다. 논리적으로 생각하고 판단하는 경향이 강하고 이성적이지만, 남의 감정에 대해서는 무반응인 경향이 있다. 환경의 변화에 순응적이고 융통성 있게 임기응변으로 대응할 수가 있다.

④ 내향 - 직관 - 사고 - 판단(TYPE D) : 관심이 내면으로 향하고 주의깊고 신중하게 행동을 한다. 사물을 보는 관점은 독창적이며 논리를 좋아해서 이치를 따지는 경향이 있다. 논리적으로 생각하고 판단하는 경향이 강하고, 객관적이지만 상대방의 마음에 대한 배려가 부족한 경향이 있다. 환경에 대해서는 순응하는 것보다 대응하며, 한 번 정한 것은 끈질기게 행동하려 한다.

⑤ 내향 - 감각 - 감정 - 지각(TYPE E) : 관심이 내면으로 향하고 조용하며 소극적이다. 사물을 보는 관점은 상식적이고 그대로의 것을 좋아하는 경향이 있다. 좋음과 싫음으로 판단하는 경향이 강하고 타인에 대해서 동정심이 많은 반면, 엄격한 면이 부족한 경향이 있다. 환경에 대해서는 순응적이고, 예측할 수 없다해도 태연하게 행동하는 경향이 있다.

⑥ 내향 - 감각 - 감정 - 판단(TYPE F) : 관심이 내면으로 향하고 얌전하며 쑥쓰러움을 많이 탄다. 사물을 보는 관점은 상식적이고 논리적으로 생각하는 것보다도 경험을 중요시하는 경향이 있다. 좋고 싫음으로 판단하는 경향이 강하고 사람이 좋은 반면, 개인적 취향이나 소원에 영향을 받는 일이 많은 경향이 있다. 환경에 대해서는 영향을 받지 않고, 자기 페이스 대로 꾸준히 성취하는 일을 잘한다.

⑦ 내향 - 감각 - 사고 - 지각(TYPE G) : 관심이 내면으로 향하고 얌전하고 교제범위가 좁다. 사물을 보는 관점은 상식적인 동시에 실천적이며, 틀에 박힌 형식을 좋아한다. 논리적으로 판단하는 경향이 강하고 침착하지만 사람에 대해서는 엄격하여 차가운 인상을 주는 일이 많다. 환경에 대해서 순응적이고, 계획적으로 행동하지 않으며 자유로운 행동을 좋아하는 경향이 있다.

⑧ 내향 - 감각 - 사고 - 판단(TYPE H) : 관심이 내면으로 향하고 주의 깊고 신중하게 행동을 한다. 사물을 보는 관점이 상식적이고 새롭고 경험하지 못한 일에 대응을 잘 하지 못한다. 논리적으로 생각하고 판단하는 경향이 강하고, 공평하지만 상대방의 감정에 대해 배려가 부족할 때가 있다. 환경에 대해서는 작용하는 편이고, 질서 있게 행동하는 것을 좋아한다.

⑨ **외향 – 직관 – 감정 – 지각(TYPE I)** : 관심이 외향으로 향하고 밝고 활동적이며 교제범위가 넓다. 사물을 보는 관점은 독창적이고 호기심이 강하며 새로운 것을 생각하는 것을 좋아한다. 좋음 싫음으로 판단하는 경향이 강하다. 사람은 좋은 반면 개인적 취향이나 소원에 영향을 받는 일이 많은 편이다.

⑩ **외향 – 직관 – 감정 – 판단(TYPE J)** : 관심이 외향으로 향하고 개방적이며 누구와도 쉽게 친해질 수 있다. 사물을 보는 관점은 독창적이고 자기 나름대로 궁리하고 생각하는 면이 많다. 좋음과 싫음으로 판단하는 경향이 강하고, 타인에 대해 동정적이기 쉽고 엄격함이 부족한 경향이 있다. 환경에 대해서는 작용하는 편이고 질서 있는 행동을 하는 것을 좋아한다.

⑪ **외향 – 직관 – 사고 – 지각(TYPE K)** : 관심이 외향으로 향하고 태도가 분명하며 활동적이다. 사물을 보는 관점은 독창적이고 현실과 거리가 있는 추상적인 것을 생각하는 것을 좋아한다. 논리적으로 생각하고 판단하는 경향이 강하고, 공평하지만 상대에 대한 배려가 부족할 때가 있다.

⑫ **외향 – 직관 – 사고 – 판단(TYPE L)** : 관심이 외향으로 향하고 밝고 명랑한 성격이며 사교적인 것을 좋아한다. 사물을 보는 관점은 독창적이고 논리적인 것을 좋아하기 때문에 이치를 따지는 경향이 있다. 논리적으로 생각하고 판단하는 경향이 강하고 침착성이 뛰어나지만 사람에 대해서 엄격하고 차가운 인상을 주는 경우가 많다. 환경에 대해 작용하는 편이고 계획을 세우고 착실하게 실행하는 것을 좋아한다.

⑬ **외향 – 감각 – 감정 – 지각(TYPE M)** : 관심이 외향으로 향하고 밝고 활동적이고 교제범위가 넓다. 사물을 보는 관점은 상식적이고 종래대로 있는 것을 좋아한다. 보수적인 경향이 있고 좋아함과 싫어함으로 판단하는 경향이 강하며 타인에게는 친절한 반면, 우유부단한 경우가 많다. 환경에 대해 순응적이고, 융통성이 있고 임기응변으로 대응할 가능성이 높다.

⑭ **외향 – 감각 – 감정 – 판단(TYPE N)** : 관심이 외향으로 향하고 개방적이며 누구와도 쉽게 대면할 수 있다. 사물을 보는 관점은 상식적이고 논리적으로 생각하기보다는 경험을 중시하는 편이다. 좋아함과 싫어함으로 판단하는 경향이 강하고 감정이 풍부하며 따뜻한 느낌이 있는 반면에 합리성이 부족한 경우가 많다. 환경에 대해서 작용하는 편이고, 한 번 결정한 것은 끈질기게 실행하려고 한다.

⑮ **외향 – 감각 – 사고 – 지각(TYPE O)** : 관심이 외향으로 향하고 시원한 태도이며 활동적이다. 사물을 보는 관점이 상식적이며 동시에 실천적이고 명백한 형식을 좋아하는 경향이 있다. 논리적으로 생각하고 판단하는 경향이 강하고, 객관적이지만 상대 마음에 대해 배려가 부족한 경향이 있다.

⑯ 외향 – 감각 – 사고 – 판단(TYPE P) : 관심이 외향으로 향하고 밝고 명랑하며 사교적인 것을 좋아한다. 사물을 보는 관점은 상식적이고 경험하지 못한 새로운 것에 대응을 잘 하지 못한다. 논리적으로 생각하고 판단하는 경향이 강하고 이성적이지만 사람의 감정에 무심한 경향이 있다. 환경에 대해서는 작용하는 편이고, 자기 페이스대로 꾸준히 성취하는 것을 잘한다.

4 인성검사의 대책

(1) 미리 알아두어야 할 점

① 출제문항 수 : 인성검사의 출제문항 수는 특별히 정해진 것이 아니며, 보통 160문항 이상에서 500문항까지 출제된다고 예상하면 된다.

② 출제형식

　㉠ '예' 아니면 '아니오'의 형식

EXAMPLE

예제 다음 문항을 읽고 자신이 해당될 경우 '예', 해당되지 않을 경우 '아니오'에 ○표를 하시오.

질문	예	아니오
1. 자신의 생각이나 의견은 좀처럼 변하지 않는다.	○	
2. 구입한 후 끝까지 읽지 않은 책이 많다.		○

예제 다음 문항에 대해서 평소에 자신이 생각하고 있는 것이나 행동하고 있는 것에 ○표를 하시오.

질문	그렇다	약간 그렇다	그저 그렇다	별로 그렇지 않다	그렇지 않다
1. 시간에 쫓기는 것이 싫다.		○			
2. 여행가기 전에 계획을 세운다.			○		

▶ 측정결과
　㉠ 'A'가 많은 경우(감정) : 일을 판단할 때 마음·감정을 중요하게 여기는 유형이다. 감정이 풍부하고 친절하나 엄격함이 부족하고 우유부단하며, 합리성이 부족하다.
　㉡ 'B'가 많은 경우(사고) : 일을 판단할 때 논리성을 중요하게 여기는 유형이다. 이성적이고 합리적이나 타인에 대한 배려가 부족하다.

ⓒ A와 B의 선택형식

예제 A와 B에 주어진 문장을 읽고 자신에게 해당되는 것을 고르시오.

질문	선택
A : 걱정거리가 있어서 잠을 못 잘 때가 있다. B : 걱정거리가 있어도 잠을 잘 잔다.	(○) ( )

(2) 임하는 자세

① **솔직하게 있는 그대로 표현한다** : 인성검사는 평범한 일상생활 내용들을 다룬 짧은 문장과 어떤 대상이나 일에 대한 선로를 선택하는 문장으로 구성되었으므로 평소에 자신이 생각한 바를 너무 골똘히 생각하지 말고 문제를 보는 순간 떠오른 것을 표현한다.

② **모든 문제를 신속하게 대답한다** : 인성검사는 시간 제한이 없는 것이 원칙이지만 기업체들은 일정한 시간 제한을 두고 있다. 인성검사는 개인의 성격과 자질을 알아보기 위한 검사이기 때문에 정답이 없다. 다만, 기업체에서 바람직하게 생각하거나 기대되는 결과가 있을 뿐이다. 따라서 시간에 쫓겨서 대충 대답을 하는 것은 바람직하지 못하다.

③ **일관성 있게 대답한다** : 간혹 반복되는 문제들이 출제되기 때문에 일관성 있게 답하지 않으면 감점될 수 있으므로 유의한다. 실제로 공기업 인사부 직원의 인터뷰에 따르면 일관성이 없게 대답한 응시자들이 감점을 받아 탈락했다고 한다. 거짓된 응답을 하다보면 일관성 없는 결과가 나타날 수 있으므로, 위에서 언급한 대로 신속하고 솔직하게 답해 일관성 있는 응답을 하는 것이 중요하다.

④ **마지막까지 집중해서 검사에 임한다** : 장시간 진행되는 검사에 지치지 않고 마지막까지 집중해서 정확히 답할 수 있도록 해야 한다.

CHAPTER

02 실전 인성검사

|1~450| 다음의 문장을 읽고 당신에게 해당된다면 YES, 그렇지 않다면 NO를 선택하시오.

YES　NO

1. 조금이라도 나쁜 소식은 절망의 시작이라고 생각해버린다. ·······························(　)(　)

2. 언제나 실패가 걱정이 되어 어쩔 줄 모른다. ·······································(　)(　)

3. 다수결의 의견에 따르는 편이다. ·······································(　)(　)

4. 혼자서 커피숍에 들어가는 것은 전혀 두려운 일이 아니다. ·······································(　)(　)

5. 승부근성이 강하다. ·······································(　)(　)

6. 자주 흥분해서 침착하지 못하다. ·······································(　)(　)

7. 지금까지 살면서 타인에게 폐를 끼친 적이 없다. ·······································(　)(　)

8. 소곤소곤 이야기하는 것을 보면 자기에 대해 험담하고 있는 것으로 생각된다. ·······················(　)(　)

9. 무엇이든지 자기가 나쁘다고 생각하는 편이다. ·······································(　)(　)

10. 자신을 변덕스러운 사람이라고 생각한다. ·······································(　)(　)

11. 고독을 즐기는 편이다. ·······································(　)(　)

12. 자존심이 강하다고 생각한다. ·······································(　)(　)

13. 금방 흥분하는 성격이다. ·······································(　)(　)

14. 거짓말을 한 적이 없다. ·······································(　)(　)

15. 신경질적인 편이다. ·······································(　)(　)

16. 끙끙대며 고민하는 타입이다. ·······································(　)(　)

17. 감정적인 사람이라고 생각한다. ·······································(　)(　)

18. 자신만의 신념을 가지고 있다. ·······································(　)(　)

19. 다른 사람을 바보 같다고 생각한 적이 있다. ·······································(　)(　)

20. 금방 말해버리는 편이다. ·······································(　)(　)

21. 싫어하는 사람이 없다. ···( )( )

22. 대재앙이 오지 않을까 항상 걱정을 한다. ···( )( )

23. 쓸데없는 고생을 하는 일이 많다. ···( )( )

24. 자주 생각이 바뀌는 편이다. ···( )( )

25. 문제점을 해결하기 위해 여러 사람과 상의한다. ··································( )( )

26. 내 방식대로 일을 한다. ···( )( )

27. 영화를 보고 운 적이 많다. ···( )( )

28. 어떤 것에 대해서도 화낸 적이 없다. ··( )( )

29. 사소한 충고에도 걱정을 한다. ···( )( )

30. 자신은 도움이 안 되는 사람이라고 생각한다. ····································( )( )

31. 금방 싫증을 내는 편이다. ···( )( )

32. 개성적인 사람이라고 생각한다. ···( )( )

33. 자기주장이 강한 편이다. ···( )( )

34. 뒤숭숭하다는 말을 들은 적이 있다. ···( )( )

35. 학교를 쉬고 싶다고 생각한 적이 한 번도 없다. ································( )( )

36. 사람들과 관계 맺는 것을 보면 잘하지 못한다. ··································( )( )

37. 사려 깊은 편이다. ···( )( )

38. 몸을 움직이는 것을 좋아한다. ···( )( )

39. 끈기가 있는 편이다. ··( )( )

40. 신중한 편이라고 생각한다. ··( )( )

41. 인생의 목표는 큰 것이 좋다. ··( )( )

42. 어떤 일이라도 바로 시작하는 타입이다. ···( )( )

43. 낯가림을 하는 편이다. ···( )( )

44. 생각하고 나서 행동하는 편이다. ···( )( )

45. 쉬는 날은 밖으로 나가는 경우가 많다. ··( )( )

46. 시작한 일은 반드시 완성시킨다. ···( )( )

47. 면밀한 계획을 세운 여행을 좋아한다. ···( )( )

YES   NO

48. 야망이 있는 편이라고 생각한다. ·······································(   )(   )

49. 활동력이 있는 편이다. ···(   )(   )

50. 많은 사람들과 왁자지껄하게 식사하는 것을 좋아하지 않는다. ···(   )(   )

51. 돈을 허비한 적이 없다. ···(   )(   )

52. 운동회를 아주 좋아하고 기대했다. ·······································(   )(   )

53. 하나의 취미에 열중하는 타입이다. ·······································(   )(   )

54. 모임에서 회장에 어울린다고 생각한다. ·······························(   )(   )

55. 입신출세의 성공이야기를 좋아한다. ····································(   )(   )

56. 어떠한 일도 의욕을 가지고 임하는 편이다. ·························(   )(   )

57. 학급에서는 존재가 희미했다. ···(   )(   )

58. 항상 무언가를 생각하고 있다. ···(   )(   )

59. 스포츠는 보는 것보다 하는 게 좋다. ···································(   )(   )

60. '참 잘했네요'라는 말을 듣는다. ···(   )(   )

61. 흐린 날은 반드시 우산을 가지고 간다. ·······························(   )(   )

62. 주연상을 받을 수 있는 배우를 좋아한다. ····························(   )(   )

63. 공격하는 타입이라고 생각한다. ···(   )(   )

64. 리드를 받는 편이다. ···(   )(   )

65. 너무 신중해서 기회를 놓친 적이 있다. ·······························(   )(   )

66. 시원시원하게 움직이는 타입이다. ·······································(   )(   )

67. 야근을 해서라도 업무를 끝낸다. ···(   )(   )

68. 누군가를 방문할 때는 반드시 사전에 확인한다. ···················(   )(   )

69. 노력해도 결과가 따르지 않으면 의미가 없다. ······················(   )(   )

70. 무조건 행동해야 한다. ···(   )(   )

71. 유행에 둔감하다고 생각한다. ···(   )(   )

72. 정해진 대로 움직이는 것은 시시하다. ·································(   )(   )

73. 꿈을 계속 가지고 있고 싶다. ···(   )(   )

74. 질서보다 자유를 중요시하는 편이다. ··································(   )(   )

75. 혼자서 취미에 몰두하는 것을 좋아한다. ··( )( )

76. 직관적으로 판단하는 편이다. ··( )( )

77. 영화나 드라마를 보면 등장인물의 감정에 이입된다. ······································( )( )

78. 시대의 흐름에 역행해서라도 자신을 관철하고 싶다. ····································( )( )

79. 다른 사람의 소문에 관심이 없다. ··( )( )

80. 창조적인 편이다. ··( )( )

81. 비교적 눈물이 많은 편이다. ··( )( )

82. 융통성이 있다고 생각한다. ··( )( )

83. 친구의 휴대전화 번호를 잘 모른다. ··( )( )

84. 스스로 고안하는 것을 좋아한다. ··( )( )

85. 정이 두터운 사람으로 남고 싶다. ··( )( )

86. 조직의 일원으로 별로 안 어울린다. ··( )( )

87. 세상의 일에 별로 관심이 없다. ··( )( )

88. 변화를 추구하는 편이다. ··( )( )

89. 업무는 인간관계로 선택한다. ··( )( )

90. 환경이 변하는 것에 구애되지 않는다. ··( )( )

91. 불안감이 강한 편이다. ··( )( )

92. 인생은 살 가치가 없다고 생각한다. ··( )( )

93. 의지가 약한 편이다. ··( )( )

94. 다른 사람이 하는 일에 별로 관심이 없다. ··( )( )

95. 사람을 설득시키는 것은 어렵지 않다. ··( )( )

96. 심심한 것을 못 참는다. ··( )( )

97. 다른 사람을 욕한 적이 한 번도 없다. ··( )( )

98. 다른 사람에게 어떻게 보일지 신경을 쓴다. ··( )( )

99. 금방 낙심하는 편이다. ··( )( )

100. 다른 사람에게 의존하는 경향이 있다. ··( )( )

101. 그다지 융통성이 있는 편이 아니다. ··( )( )

102. 다른 사람이 내 의견에 간섭하는 것이 싫다. ···(　)(　)

103. 낙천적인 편이다. ···(　)(　)

104. 숙제를 잊어버린 적이 한 번도 없다. ··(　)(　)

105. 밤길에는 발소리가 들리기만 해도 불안하다. ·······································(　)(　)

106. 상냥하다는 말을 들은 적이 있다. ··(　)(　)

107. 자신은 유치한 사람이다. ···(　)(　)

108. 잡담을 하는 것보다 책을 읽는 게 낫다. ···(　)(　)

109. 나는 영업에 적합한 타입이라고 생각한다. ··(　)(　)

110. 술자리에서 술을 마시지 않아도 흥을 돋울 수 있다. ·······················(　)(　)

111. 한 번도 병원에 간 적이 없다. ··(　)(　)

112. 나쁜 일은 걱정이 되어서 어쩔 줄을 모른다. ······································(　)(　)

113. 금세 무기력해지는 편이다. ···(　)(　)

114. 비교적 고분고분한 편이라고 생각한다. ···(　)(　)

115. 독자적으로 행동하는 편이다. ··(　)(　)

116. 적극적으로 행동하는 편이다. ··(　)(　)

117. 금방 감격하는 편이다. ···(　)(　)

118. 어떤 것에 대해서도 불만을 가진 적이 없다. ······································(　)(　)

119. 밤에 못 잘 때가 많다. ···(　)(　)

120. 자주 후회하는 편이다. ···(　)(　)

121. 뜨거워지기 쉽고 식기 쉽다. ··(　)(　)

122. 자신만의 세계를 가지고 있다. ···(　)(　)

123. 많은 사람 앞에서도 긴장하는 일은 없다. ···(　)(　)

124. 말하는 것을 아주 좋아한다. ··(　)(　)

125. 인생을 포기하는 마음을 가진 적이 한 번도 없다. ·····························(　)(　)

126. 어두운 성격이다. ···(　)(　)

127. 금방 반성한다. ··(　)(　)

128. 활동범위가 넓은 편이다. ···(　)(　)

129. 자신을 끈기 있는 사람이라고 생각한다. ....(　)(　)

130. 좋다고 생각하더라도 좀 더 검토하고 나서 실행한다. ....(　)(　)

131. 위대한 인물이 되고 싶다. ....(　)(　)

132. 한 번에 많은 일을 떠맡아도 힘들지 않다. ....(　)(　)

133. 사람과 만날 약속은 부담스럽다. ....(　)(　)

134. 질문을 받으면 충분히 생각하고 나서 대답하는 편이다. ....(　)(　)

135. 머리를 쓰는 것보다 땀을 흘리는 일이 좋다. ....(　)(　)

136. 결정한 것에는 철저히 구속받는다. ....(　)(　)

137. 외출 시 문을 잠갔는지 몇 번을 확인한다. ....(　)(　)

138. 이왕 할 거라면 일등이 되고 싶다. ....(　)(　)

139. 과감하게 도전하는 타입이다. ....(　)(　)

140. 자신은 사교적이 아니라고 생각한다. ....(　)(　)

141. 무심코 도리에 대해서 말하고 싶어진다. ....(　)(　)

142. '항상 건강하네요.'라는 말을 듣는다. ....(　)(　)

143. 단념하면 끝이라고 생각한다. ....(　)(　)

144. 예상하지 못한 일은 하고 싶지 않다. ....(　)(　)

145. 파란만장하더라도 성공하는 인생을 걷고 싶다. ....(　)(　)

146. 활기찬 편이라고 생각한다. ....(　)(　)

147. 소극적인 편이라고 생각한다. ....(　)(　)

148. 무심코 평론가가 되어 버린다. ....(　)(　)

149. 자신을 성급하다고 생각한다. ....(　)(　)

150. 꾸준히 노력하는 타입이라고 생각한다. ....(　)(　)

151. 내일의 계획이라도 메모한다. ....(　)(　)

152. 리더십이 있는 사람이 되고 싶다. ....(　)(　)

153. 열정적인 사람이라고 생각한다. ....(　)(　)

154. 다른 사람 앞에서 이야기를 잘 하지 못한다. ....(　)(　)

155. 통찰력이 있는 편이다. ....(　)(　)

156. 엉덩이가 가벼운 편이다. ··( )( )

157. 여러 가지로 구애됨이 있다. ··( )( )

158. 돌다리도 두들겨 보고 건너는 쪽이 좋다. ·················( )( )

159. 자신에게는 권력욕이 있다. ··( )( )

160. 업무를 할당받으면 기쁘다. ··( )( )

161. 사색적인 사람이라고 생각한다. ··( )( )

162. 비교적 개혁적이다. ··( )( )

163. 좋고 싫음으로 정할 때가 많다. ··( )( )

164. 전통에 구애되는 것은 버리는 것이 적절하다. ···········( )( )

165. 교제 범위가 좁은 편이다. ··( )( )

166. 발상의 전환을 할 수 있는 타입이라고 생각한다. ·······( )( )

167. 너무 주관적이어서 실패한다. ··( )( )

168. 현실적이고 실용적인 면을 추구한다. ·····························( )( )

169. 내가 어떤 배우의 팬인지 아무도 모른다. ···················( )( )

170. 현실보다 가능성이다. ··( )( )

171. 마음이 담겨 있으면 선물은 아무 것이나 좋다. ·········( )( )

172. 여행은 마음대로 하는 것이 좋다. ····································( )( )

173. 추상적인 일에 관심이 있는 편이다. ·······························( )( )

174. 일은 대담히 하는 편이다. ··( )( )

175. 괴로워하는 사람을 보면 우선 동정한다. ·····················( )( )

176. 가치기준은 자신의 안에 있다고 생각한다. ·················( )( )

177. 조용하고 조심스러운 편이다. ··( )( )

178. 상상력이 풍부한 편이라고 생각한다. ·····························( )( )

179. 의리, 인정이 두터운 상사를 만나고 싶다. ···················( )( )

180. 인생의 앞날을 알 수 없어 재미있다. ·····························( )( )

181. 밝은 성격이다. ··( )( )

182. 별로 반성하지 않는다. ··( )( )

183. 활동범위가 좁은 편이다. ···( )( )

184. 자신을 시원시원한 사람이라고 생각한다. ·······················( )( )

185. 좋다고 생각하면 바로 행동한다. ·····································( )( )

186. 좋은 사람이 되고 싶다. ··( )( )

187. 한 번에 많은 일을 떠맡는 것은 골칫거리라고 생각한다. ·····( )( )

188. 사람과 만날 약속은 즐겁다. ···( )( )

189. 질문을 받으면 그때의 느낌으로 대답하는 편이다. ············( )( )

190. 땀을 흘리는 것보다 머리를 쓰는 일이 좋다. ···················( )( )

191. 결정한 것이라도 그다지 구속받지 않는다. ·····················( )( )

192. 외출 시 문을 잠갔는지 별로 확인하지 않는다. ···············( )( )

193. 지위에 어울리면 된다. ··( )( )

194. 안전책을 고르는 타입이다. ···( )( )

195. 자신은 사교적이라고 생각한다. ·····································( )( )

196. 도리는 상관없다. ··( )( )

197. '침착하네요.'라는 말을 듣는다. ·····································( )( )

198. 단념이 중요하다고 생각한다. ··( )( )

199. 예상하지 못한 일도 해보고 싶다. ··································( )( )

200. 평범하고 평온하게 행복한 인생을 살고 싶다. ·················( )( )

201. 몹시 귀찮아하는 편이라고 생각한다. ·····························( )( )

202. 특별히 소극적이라고 생각하지 않는다. ··························( )( )

203. 이것저것 평하는 것이 싫다. ···( )( )

204. 자신은 성급하지 않다고 생각한다. ································( )( )

205. 꾸준히 노력하는 것을 잘 하지 못한다. ··························( )( )

206. 내일의 계획은 머릿속에 기억한다. ·································( )( )

207. 협동성이 있는 사람이 되고 싶다. ··································( )( )

208. 열정적인 사람이라고 생각하지 않는다. ··························( )( )

209. 다른 사람 앞에서 이야기를 잘한다. ······························( )( )

210. 행동력이 있는 편이다. ···( )( )

211. 엉덩이가 무거운 편이다. ···( )( )

212. 특별히 구애받는 것이 없다. ···( )( )

213. 돌다리는 두들겨 보지 않고 건너도 된다. ···························( )( )

214. 자신에게는 권력욕이 없다. ···( )( )

215. 업무를 할당받으면 부담스럽다. ···( )( )

216. 활동적인 사람이라고 생각한다. ···( )( )

217. 비교적 보수적이다. ···( )( )

218. 손해인지 이익인지로 정할 때가 많다. ·································( )( )

219. 전통을 견실히 지키는 것이 적절하다. ·································( )( )

220. 교제 범위가 넓은 편이다. ···( )( )

221. 상식적인 판단을 할 수 있는 타입이라고 생각한다. ···············( )( )

222. 너무 객관적이어서 실패한다. ···( )( )

223. 보수적인 면을 추구한다. ···( )( )

224. 내가 누구의 팬인지 주변의 사람들이 안다. ·························( )( )

225. 가능성보다 현실이다. ···( )( )

226. 그 사람이 필요한 것을 선물하고 싶다. ·······························( )( )

227. 여행은 계획적으로 하는 것이 좋다. ···································( )( )

228. 구체적인 일에 관심이 있는 편이다. ···································( )( )

229. 일은 착실히 하는 편이다. ···( )( )

230. 괴로워하는 사람을 보면 우선 이유를 생각한다. ···················( )( )

231. 가치기준은 자신의 밖에 있다고 생각한다. ·························( )( )

232. 밝고 개방적인 편이다. ···( )( )

233. 현실 인식을 잘하는 편이라고 생각한다. ·····························( )( )

234. 공평하고 공적인 상사를 만나고 싶다. ·································( )( )

235. 시시해도 계획적인 인생이 좋다. ·······································( )( )

236. 적극적으로 사람들과 관계를 맺는 편이다. ·························( )( )

237. 활동적인 편이다. ··(　)(　)

238. 몸을 움직이는 것을 좋아하지 않는다. ··························(　)(　)

239. 쉽게 질리는 편이다. ···(　)(　)

240. 경솔한 편이라고 생각한다. ···(　)(　)

241. 인생의 목표는 손이 닿을 정도면 된다. ·······················(　)(　)

242. 무슨 일도 좀처럼 시작하지 못한다. ····························(　)(　)

243. 초면인 사람과도 바로 친해질 수 있다. ·····················(　)(　)

244. 행동하고 나서 생각하는 편이다. ·······························(　)(　)

245. 쉬는 날은 집에 있는 경우가 많다. ····························(　)(　)

246. 완성되기 전에 포기하는 경우가 많다. ·······················(　)(　)

247. 계획 없는 여행을 좋아한다. ···(　)(　)

248. 욕심이 없는 편이라고 생각한다. ·································(　)(　)

249. 활동력이 별로 없다. ···(　)(　)

250. 타인의 의견에서 중요한 힌트를 자주 얻는다. ···········(　)(　)

251. 이유 없이 불안할 때가 있다. ·······································(　)(　)

252. 주위 사람의 의견을 생각해서 발언을 자제할 때가 있다. ·······(　)(　)

253. 자존심이 강한 편이다. ···(　)(　)

254. 생각 없이 함부로 말하는 경우가 많다. ·····················(　)(　)

255. 정리가 되지 않은 방에 있으면 불안하다. ··················(　)(　)

256. 큰 실수나 아픔도 쉽게 잊는 편이다. ·························(　)(　)

257. 슬픈 영화나 TV를 보면 자주 운다. ····························(　)(　)

258. 자신을 충분히 신뢰할 수 있다고 생각한다. ···············(　)(　)

259. 노래방을 아주 좋아한다. ···(　)(　)

260. 자신만이 할 수 있는 일을 하고 싶다. ·······················(　)(　)

261. 자신을 과소평가하는 경향이 있다. ·····························(　)(　)

262. 책상 위나 서랍 안은 항상 깔끔히 정리한다. ···············(　)(　)

263. 건성으로 일을 할 때가 자주 있다. ····························(　)(　)

264. 남의 험담을 한 적이 없다. ··( )( )

265. 쉽게 화를 낸다는 말을 듣는다. ··( )( )

266. 초조하면 손을 떨고, 심장박동이 빨라진다. ··( )( )

267. 토론하여 진 적이 한 번도 없다. ··( )( )

268. 덩달아 떠든다고 생각할 때가 자주 있다. ··( )( )

269. 아첨에 넘어가기 쉬운 편이다. ··( )( )

270. 주변 사람이 자기 험담을 하고 있다고 생각할 때가 있다. ································( )( )

271. 이론만 내세우는 사람과 대화하면 짜증이 난다. ··( )( )

272. 상처를 주는 것도, 받는 것도 싫다. ··( )( )

273. 매일 그날을 반성한다. ··( )( )

274. 주변 사람이 피곤해 하여도 자신은 원기왕성하다. ··( )( )

275. 친구를 재미있게 하는 것을 좋아한다. ··( )( )

276. 아침부터 아무것도 하고 싶지 않을 때가 있다. ··( )( )

277. 지각을 하면 학교를 결석하고 싶어졌다. ··( )( )

278. 이 세상에 없는 세계가 존재한다고 생각한다. ··( )( )

279. 하기 싫은 것을 하고 있으면 무심코 불만을 말한다. ··( )( )

280. 투지를 드러내는 경향이 있다. ··( )( )

281. 과거보다는 미래에 대한 걱정이 앞서는 편이다. ··( )( )

282. 어떤 일이라도 헤쳐 나가는 데 자신이 있다. ··( )( )

283. 착한 사람이라는 말을 들을 때가 많다. ··( )( )

284. 자신을 다른 사람보다 뛰어나다고 생각한다. ··( )( )

285. 개성적인 사람이라는 말을 자주 듣는다. ··( )( )

286. 누구와도 편하게 대화할 수 있다. ··( )( )

287. 특정 인물이나 집단에서라면 가볍게 대화할 수 있다. ··( )( )

288. 사물에 대해 깊이 생각하는 경향이 있다. ··( )( )

289. 스트레스를 해소하기 위해 집에서 조용히 지낸다. ··( )( )

290. 계획을 세워서 행동하는 것을 좋아한다. ··( )( )

291. 현실적인 편이다. ··( )( )

292. 주변의 일을 성급하게 해결한다. ···( )( )

293. 이성적인 사람이 되고 싶다고 생각한다. ···( )( )

294. 생각한 일을 행동으로 옮기지 않으면 기분이 찜찜하다. ···········( )( )

295. 생각했다고 해서 꼭 행동으로 옮기는 것은 아니다. ···················( )( )

296. 목표 달성을 위해서는 온갖 노력을 다한다. ·································( )( )

297. 적은 친구랑 깊게 사귀는 편이다. ···( )( )

298. 경쟁에서 절대로 지고 싶지 않다. ···( )( )

299. 내일해도 되는 일을 오늘 안에 끝내는 편이다. ···························( )( )

300. 새로운 친구를 곧 사귈 수 있다. ···( )( )

301. 목표를 정하고 끈기 있게 노력하는 편이다. ·································( )( )

302. 다른 사람이 자신을 비난해도 기분 나쁘지 않다. ·······················( )( )

303. 책임감 없는 행동은 하지 않는다. ···( )( )

304. 음악을 들으면 쉽게 리듬에 취하는 편이다. ·································( )( )

305. 재능보다 노력이 중요하다. ···( )( )

306. 당당한 사람을 부러워한다. ···( )( )

307. 시간 개념이 너무 철두철미한 사람에게 답답함을 느낀다. ·······( )( )

308. 아침형인간이라는 평을 듣는다. ···( )( )

309. 피곤할 때 가끔 주변 사람들에게 신경질을 낸다. ·······················( )( )

310. 살아오면서 언성을 크게 높인 적이 거의 없다. ·························( )( )

311. 실패를 즐길 수 있다. ···( )( )

312. 낯선 사람과의 대화에 능한 편이다. ···( )( )

313. 평소에 생명의 소중함을 잘 느끼지 못한다. ·································( )( )

314. 업무를 진행할 시 팀워크가 가장 중요하다. ·································( )( )

315. 샤워를 자주 하는 편이다. ···( )( )

316. 어둡고 외진 곳은 항상 주의한다. ···( )( )

317. 성공을 위해 끊임없이 도전한다. ···( )( )

318. 현실과 타협한다고 느낄 때가 많다. ···(   )(   )

319. 가까운 거리는 도보를 이용하는 편이다. ···(   )(   )

320. 다양한 화제를 두고 대화하는 것을 즐긴다. ···(   )(   )

321. 힘든 문제가 와도 불안을 거의 느끼지 않는다. ··(   )(   )

322. 인간관계에 크게 신경 쓰지 않는 편이다. ···(   )(   )

323. 합격하지 못해도 좋은 경험이라고 생각한다. ···(   )(   )

324. 무례한 사람을 보면 화가 날 때가 많다. ···(   )(   )

325. 동료와 함께 업무를 진행하는 것이 즐겁다. ···(   )(   )

326. 잘 씻지 않는 사람을 보면 불쾌하다. ···(   )(   )

327. 타인의 평가에 그다지 민감하지 않다. ···(   )(   )

328. 자신이 감정이 메마른 사람이라고 생각한다. ···(   )(   )

329. 남에게 아쉬운 말을 잘 못한다. ··(   )(   )

330. 자신을 책망할 때가 종종 있다. ··(   )(   )

331. 한낮에 졸음을 잘 참지 못한다. ··(   )(   )

332. 토막살인 등 잔인한 뉴스를 접해도 무감각하다. ··(   )(   )

333. 친하게 지내는 사람에게만 신경 쓰는 편이다. ··(   )(   )

334. 특별하지는 않지만 평범한 일상이 소중하다. ···(   )(   )

335. 같은 사물, 사건을 다르게 보는 것을 즐긴다. ··(   )(   )

336. 매사에 이성적인 사고를 지향한다. ···(   )(   )

337. 배낭여행을 좋아한다. ··(   )(   )

338. 스트레스를 해소하기 위해 집에서 쉬는 편이다. ··(   )(   )

339. 범사에 양보하기를 좋아한다. ···(   )(   )

340. 집착이 강한 편이다. ··(   )(   )

341. 무리한 도전을 할 필요는 없다고 생각한다. ···(   )(   )

342. 지나친 도움에는 자존심이 상한다. ···(   )(   )

343. 무슨 일이 있어도 오늘 할 일은 오늘 끝낸다. ··(   )(   )

344. 시간단위로 계획을 세워 일을 진행하는 편이다. ··(   )(   )

345. 청소년들을 보며 세대 차이를 많이 느낀다. ···································( )( )

346. 새로운 것에 대한 지나친 연구는 시간 낭비다. ···························( )( )

347. 한 분야의 전문가가 되고 싶다. ···( )( )

348. 자신에 대한 동료들의 생각이 궁금하다. ······································( )( )

349. 혼자 있어도 외로움을 느낀 적이 거의 없다. ·······························( )( )

350. 동료의 허술한 보고서를 보면 화가 난다. ···································( )( )

351. 농담을 자주하는 사람이 가벼워 보인다. ······································( )( )

352. 문제를 해결하기 위해 여러 사람과 상의한다. ·····························( )( )

353. 다른 사람에게 열등감을 느낄 때가 많다. ···································( )( )

354. 스포츠 활동에 참여하는 것을 좋아하지 않는다. ··························( )( )

355. 대화에서는 경청하는 것이 가장 중요하다. ··································( )( )

356. 대인관계에서 공격적인 타입이라고 생각한다. ·····························( )( )

357. 특별한 꿈이나 목표가 없다. ···( )( )

358. 자신을 감성이 풍부한 사람이라고 생각한다. ·····························( )( )

359. 다른 사람의 말에 쉽게 상처받는 편이다. ···································( )( )

360. 예전의 실수들이 떠올라 괴로울 때도 있다. ·······························( )( )

361. 혼자 있고 싶을 때가 자주 있다. ···( )( )

362. 성과보다 최선을 다하는 태도가 더 중요하다. ·····························( )( )

363. 경쟁자들에 비해 많이 부족하다고 생각한다. ·····························( )( )

364. 혼자서 이루어 낸 성과에 더 큰 만족감을 느낀다. ······················( )( )

365. 타인의 평가를 참고하여 발전할 것을 다짐한다. ··························( )( )

366. 자신을 험담하는 것을 들으면 참을 수 없다. ·····························( )( )

367. 약속을 어기는 일은 절대로 있을 수가 없다. ·····························( )( )

368. 한두 시간 공부로는 실력이 크게 늘지 않는다. ··························( )( )

369. 자기능력계발보다 휴식을 더 중요시하게 생각한다. ·····················( )( )

370. 자신을 향한 비난도 참고한다. ··( )( )

371. 과거에 공부를 열심히 하지 못한 것이 아쉽다. ··························( )( )

372. 계획한 일에 대해 작심삼일이 되는 경우가 많다. ································( )( )

373. 타인의 의견에 의해 결정이 바뀌는 경우가 많다. ·······························( )( )

374. 훌륭한 문학작품에 감동한 적이 많다. ··( )( )

375. 생각이 복잡할 때가 많다. ···( )( )

376. 서로의 감정을 나누는 것을 소중하게 여긴다. ·································( )( )

377. 행동하기 전에 생각을 많이 하는 편이다. ·······································( )( )

378. 요즘 신세대를 보면 부러움을 느끼는 편이다. ·································( )( )

379. 대인관계에서 가장 중요한 것은 배려다. ·······································( )( )

380. 틀에 박힌 사고를 싫어한다. ···( )( )

381. 상식이하의 행동을 하는 동료를 보면 화가 난다. ·····························( )( )

382. 업무가 많을 때는 철야를 해서라도 끝낸다. ·····································( )( )

383. 틈틈이 독서를 즐기는 편이다. ··( )( )

384. 자주 기회를 놓쳐 아쉬워할 때가 많다. ···( )( )

385. 생각날 때 방문하므로 부재중일 때가 있다. ·····································( )( )

386. 봉사활동에 관심이 많은 편이다. ···( )( )

387. 업무는 매뉴얼대로 철저히 진행한다. ··( )( )

388. 발이 넓다는 말을 많이 듣는다. ··( )( )

389. 가끔 자신이 속이 좁은 행동을 한다고 느낀다. ·······························( )( )

390. 반복되는 일상보다 새로운 경험을 좋아한다. ·································( )( )

391. 자신에게 유익이 되는 사람을 주로 만난다. ·····································( )( )

392. 다양한 부류의 사람들과의 만남을 즐긴다. ·····································( )( )

393. 남의 앞에 나서는 것을 잘 하지 못하는 편이다. ·····························( )( )

394. '누군가 도와주지 않을까'라고 생각하는 편이다. ·····························( )( )

395. 지하철의 걸인에게 적선한 경우가 많다. ·······································( )( )

396. 업무진행시 신속성을 매우 중요하게 생각한다. ·····························( )( )

397. 사고가 유연한 편이다. ···( )( )

398. 동료가 날 자주 곤경에 빠뜨리려 한다. ···( )( )

399. 자신이 괜찮은 사람이라고 느낄 때가 많다. ·······························( )( )

400. 동료들이 실수를 해도 이해하고 넘어가는 편이다. ····················( )( )

401. 고지식하다는 말을 자주 듣는다. ····································( )( )

402. 자신을 존중하는 편이다. ··( )( )

403. 대화할 때 상대방의 입장에서 생각하는 편이다. ······················( )( )

404. 일상의 여유로운 삶을 만끽하고 싶다. ·······························( )( )

405. 자기 방어에 능한 편이다. ···( )( )

406. 인간관계를 잘 하려면 손해를 볼 필요가 있다. ·······················( )( )

407. 상식이 풍부한 편이다. ··( )( )

408. 보다 새롭고 능률적인 업무방식을 추구한다. ·························( )( )

409. 영화를 보면 등장인물의 감정에 쉽게 이입된다. ······················( )( )

410. 감성적 판단을 자제하는 편이다. ···································( )( )

411. 큰 업적, 목표보다 매일의 행복을 중요시한다. ·······················( )( )

412. 무기력해질 때가 많다. ···( )( )

413. 시끄럽게 짖는 개에게는 폭력을 쓰고 싶다. ··························( )( )

414. 대인관계에 부담을 느낄 때도 있다. ································( )( )

415. 학창시절 늦잠을 자서 지각한 적이 많다. ···························( )( )

416. 혼자 일하는 것이 같이하는 것보다 능률적이다. ······················( )( )

417. 방 청소를 잘 하지 않는 편이다. ···································( )( )

418. 자신의 성격이나 태도를 바꾸는 것이 어렵다. ························( )( )

419. 단 5분의 빈 시간이라도 발전적인 일을 한다. ·······················( )( )

420. 자신의 잘못을 반성하고 발전하기 위해 애쓴다. ······················( )( )

421. 실수를 해서 잠을 제대로 자지 못한 적이 많다. ······················( )( )

422. 작은 일이라도 쉽게 결정하는 것은 어리석다. ························( )( )

423. 약속을 소홀히 하는 사람을 보면 화가 난다. ·························( )( )

424. 한 번 화를 내면 기분이 쉽게 풀리지 않는다. ························( )( )

425. 불의에 맞서 대응하기가 어렵다. ···································( )( )

426. 자신의 스트레스를 해소하는 능력이 뛰어나다고 생각한다. ·····················( )( )

427. 부지런하다는 이야기를 자주 듣는다. ·····························( )( )

428. 사이코패스 영화를 찾아보곤 한다. ·······························( )( )

429. 사소한 일로 지인들과 다투기도 한다. ·····························( )( )

430. 자신이 활기차고 활동적이라고 느낄 때가 많다. ···················( )( )

431. 사소한 것도 사람들에게 확인하고 넘어간다. ·····················( )( )

432. 여유가 없어도 운동은 반드시 한다. ·····························( )( )

433. 감정을 능숙하게 다스리는 편이다. ·······························( )( )

434. 주로 다른 사람의 의견을 따르는 편이다. ·························( )( )

435. 죄송하다는 말을 자주 한다. ···································( )( )

436. 다양한 사람들과 사귀는 것을 즐긴다. ·····························( )( )

437. 무슨 일이든 철저하게 하는 것이 좋다. ·····························( )( )

438. 시간 약속을 어기게 될까봐 불안한 적이 많다. ···················( )( )

439. 슬픔이나 감동으로 인해 눈물을 흘리기도 한다. ···················( )( )

440. 동료들에게 좋은 인상을 주기 위해 애쓴다. ·····················( )( )

441. 다양한 경험과 지식을 쌓는 것이 중요하다. ·····················( )( )

442. 동호회 등의 활동을 즐기는 편이다. ·····························( )( )

443. 새로운 사람을 만날 때는 용기가 필요하다. ·····················( )( )

444. 경쟁하는 것을 좋아한다. ·······································( )( )

445. 갑작스런 업무를 싫어하는 편이다. ·······························( )( )

446. 일이 늦어지더라도 신중하게 진행하는 편이다. ···················( )( )

447. 대인관계에도 이해관계가 중요하다. ·····························( )( )

448. 멋진 조연 역할을 하는 배우를 좋아한다. ·························( )( )

449. 사적인 이유로 업무를 미룰 수도 있다. ·····························( )( )

450. 꾸준히 노력하는 삶을 지향한다. ·······························( )( )

PART

03

직무능력검사

언어능력

┃1~5┃ 다음 제시된 단어와 의미가 유사한 단어를 고르시오.

1

가멸다

① 마르다　　　　　　　　　　② 넉넉하다

③ 굳세다　　　　　　　　　　④ 곰삭다

> ✔해설　가멸다 … 재산이나 자원 따위가 넉넉하고 많다.
> ※ 곰삭다
> 　㉠ 옷 따위가 오래되어서 올이 삭고 질이 약해지다.
> 　㉡ 젓갈 따위가 오래되어서 폭 삭다
> 　㉢ 풀, 나뭇가지 따위가 썩거나 오래되어 푸슬푸슬해지다.

2

곤욕

① 허발　　　　　　　　　　② 는개

③ 드레　　　　　　　　　　④ 영금

> ✔해설　① 몹시 굶주려 있거나 궁하여 체면 없이 함부로 먹거나 덤빔
> ② 안개비보다는 조금 굵고 이슬비보다는 가는 비
> ③ 인격적으로 점잖은 무게
> ④ 따끔하게 당하는 곤욕

3

은닉
---

① 묻다   ② 파다
③ 알다   ④ 꼬다

> ✔해설 은닉 … 남의 물건이나 범죄인을 감춤
> ① 일을 드러내지 아니하고 속 깊이 숨기어 감추다

4

마수걸이
---

① 검은손   ② 개시
③ 은퇴   ④ 중단

> ✔해설 마수걸이 … 맨 처음으로 물건을 파는 일 또는 거기서 얻은 소득
> ① 속셈이 음흉한 손길, 행동, 힘 따위를 비유적으로 이르는 말
> ② 하루 중 처음으로, 또는 가게 문을 연 뒤 처음으로 이루어지는 거래

5

정양(靜養)
---

① 배양   ② 함양
③ 부양   ④ 요양

> ✔해설 정양(靜養) … 몸과 마음을 편하게 하여 피로나 병을 요양함
> ① 인격, 역량, 사상 따위가 발전하도록 가르치고 키움
> ② 능력이나 품성 따위를 길러 쌓거나 갖춤
> ③ 생활 능력이 없는 사람의 생활을 돌봄
> ④ 휴양하면서 조리하여 병을 치료함

Answer   1.② 2.④ 3.① 4.② 5.④

┃6~10 ┃ 다음 제시된 어구 풀이의 의미와 가장 잘 부합하는 어휘를 고르시오.

6

> 무엇을 하고 싶어서 잠자코 있을 수가 없다.

① 오금이 쑤시다　　　　② 오지랖이 넓다

③ 코가 빠지다　　　　　④ 발이 뜨다

 ② 주제넘게 남의 일에 간섭하다.
　　　③ 근심이 가득하다.
　　　④ 어떤 곳에 자주 다니지 아니하다.

7

> 얼굴에 핏기가 없고 파리하다

① 핼쑥하다　　　　　　② 수척하다

③ 스산하다　　　　　　④ 완뢰하다

 ② 몸이 몹시 야위고 마른 듯하다.
　　　③ 마음이 가라앉지 아니하고 뒤숭숭하다.
　　　④ 굳세고 튼튼하다.

8

> 마음이 구슬퍼질 정도로 외롭거나 쓸쓸하다.

① 헌칠하다　　　　　　② 옹색하다

③ 처량하다　　　　　　④ 부실하다

 ① 키와 몸집이 크고 늘씬하다.
　　　② 생활이 어렵다. 또는 활달하지 못하여 옹졸하고 답답하다.
　　　④ 몸이 튼튼하지 못하다. 또는 내용이 실속이 없거나 충실하지 못하다.

9

끝을 맺음

① 고지   ② 귀결

③ 귀감   ④ 귀공

> ✔ 해설 ① 상대방의 의견을 높이는 말
> ③ 본보기가 될 만한 것
> ④ 세상에 보기 드문 솜씨

10

일에는 마음을 두지 아니하고 쓸데없이 다른 짓을 함

① 방정   ② 해찰

③ 정평   ④ 자발

> ✔ 해설 ① 찬찬하지 못하고 몹시 가볍고 점잖지 못하게 하는 말이나 행동
> ③ 모든 사람이 다같이 인정하는 평판
> ④ 남이 시키거나 요청하지 아니하였는데도 자기 스스로 나아가 행함

Answer   6.①   7.①   8.③   9.②   10.②

11 은행, 식당, 편의점, 부동산, 커피 전문점, 통신사 6개의 상점이 아래에 제시된 조건을 모두 만족하며 위치할 때, 오른쪽에서 세 번째 상점은 어느 것인가?

> 1) 모든 상점은 옆으로 나란히 연이어 위치하고 있으며, 사이에 다른 상점은 없다.
> 2) 편의점과 식당과의 거리는 두 번째로 멀다.
> 3) 커피 전문점과 편의점 사이에는 한 개의 상점이 있다.
> 4) 왼쪽에서 두 번째 상점은 통신사이다.
> 5) 식당의 바로 오른쪽 상점은 부동산이다.

① 식당 ② 통신사물

③ 은행 ④ 편의점

✔해설 2)에 따라, 두 번째로 멀기 위해서는 편의점과 식당 중 하나가 맨 끝에 위치하고 다른 하나는 반대쪽의 끝에서 두 번째에 위치해야 한다는 것을 알 수 있다.
4)를 통해서는 왼쪽에서 두 번째에 편의점이나 식당이 위치할 수 없음을 알 수 있으므로 이 두 상점은 맨 왼쪽과 오른쪽에서 두 번째에 나누어 위치해야 한다.
5)를 통해서 맨 왼쪽은 식당이 아닌 편의점의 위치임을 알 수 있다. 동시에, 맨 오른쪽은 부동산, 그 옆은 식당이라는 것도 알 수 있다.
3)을 통해서는 커피 전문점이 왼쪽에서 세 번째 상점이라는 것을 알 수 있다.
따라서 이를 종합하면, 왼쪽부터 편의점, 통신사, 커피 전문점, 은행, 식당, 부동산의 순으로 상점들이 이어져 있으며 오른쪽에서 세 번째 상점은 은행이 된다.

12 다음과 같은 조건일 때, 진실을 말하고 있는 사람과 절도범은 누구인가?

> • 갑, 을, 병, 정 네 사람의 절도용의자가 심문을 받고 있다.
> • 절도범은 한 명이다.
> • 네 사람 중 단 한 사람만이 진실을 말하고 있다.
> • 갑 : 을이 절도를 하였다.
> • 을 : 정이 절도를 하였다.
> • 병 : 나는 훔치지 않았다.
> • 정 : 을은 거짓말을 하고 있다.

	진실을 말하는 사람	절도범
①	정	병
②	을	갑
③	갑	을
④	병	정

✔해설 ㉠ 갑이 진실인 경우

갑에 의해 을은 절도범이 된다.

그러나 병의 말이 거짓말이므로 병이 훔쳤다는 말이 되는데 갑의 말과 모순된다.

㉡ 을이 진실인 경우

을에 의해 정은 절도범이 된다.

그러나 병의 말이 거짓말이므로 병이 훔쳤다는 말이 되는데 을의 말과 모순된다.

㉢ 병이 진실인 경우

을의 말과 정의 말이 모순된다.

㉣ 정이 진실인 경우

갑과 을에 의해 을과 정은 절도를 하지 않았다. 병은 거짓말을 하고 있으므로 병은 절도범이다.

13 다음 글의 내용이 참일 때, 반드시 참인 것만을 〈보기〉에서 모두 고르면?

A 부서에서는 새로운 프로젝트를 위해 팀을 꾸리고자 한다. 이 부서에는 남자 직원 세현, 승훈, 영수, 준원 4명과 여자 직원 보라, 소희, 진아 3명이 소속되어 있다. 아래의 조건에 따라 이들 가운데 4명을 뽑아 프로젝트 팀에 포함시키려 한다.

• 남자 직원 가운데 적어도 한 사람은 뽑아야 한다.

• 여자 직원 가운데 적어도 한 사람은 뽑지 말아야 한다.

• 세현, 승훈 중 적어도 한 사람을 뽑으면, 준원과 진아도 뽑아야 한다.

• 영수를 뽑으면, 보라와 소희는 뽑지 말아야 한다.

• 진아를 뽑으면, 보라도 뽑아야 한다.

〈보기〉

㉠ 남녀 동수로 팀이 구성된다.

㉡ 영수와 소희 둘 다 팀에 포함되지 않는다.

㉢ 준원과 보라 둘 다 팀에 포함된다.

---

① ㉢ ② ㉠, ㉡

③ ㉡, ㉢ ④ ㉠, ㉡, ㉢

✔해설 팀에 들어갈 수 있는 남자 직원 수는 1~4명(첫 번째 조건), 여자 직원 수는 0~2명(두 번째 조건)이 되는데, 4명으로 구성되어야 하는 팀이므로 가능한 조합은 '남자 2명-여자 2명', '남자 3명-여자 1명', '남자 4명-여자 0명'이다. 세 번째 조건과 다섯 번째 조건에 의해 '세현 or 승훈 → 준원 & 진아 → 보라'가 되어, '세현'이나 '승훈'이 팀에 들어가게 되면, '준원-진아-보라'도 함께 들어간다. 따라서, 남자 직원 수를 3명 이상 선발하면 세현 혹은 승훈이 포함되게 되어 여자 직원 수가 1명 혹은 0명이 될 수 없으므로 가능한 조합은 '남자 2명-여자 2명'이고, 모든 조건에 적합한 조합은 '세현-준원-진아-보라' 혹은 '승훈-준원-진아-보라'이다.

Answer 11.③ 12.① 13.④

14 일식, 이식, 삼식, 사식, 오식 5명이 마피아 게임을 하고 있다. 마피아는 1명이며, 5명의 진술 중 한명만이 진실을 말하고 4명은 거짓말을 하고 있다. 진실을 말하는 사람은 누구인가?

> • 일식 : 이식이가 마피아다.
> • 이식 : 일식이는 거짓말을 하고 있다.
> • 삼식 : 나는 마피아가 아니다.
> • 사식 : 마피아는 일식이다.
> • 오식 : 내가 마피아다.

① 일식   ② 이식
③ 삼식   ④ 사식

✔해설   일식이의 말과 이식이의 말은 모순이 생긴다. 따라서 둘 중에 하나는 거짓말을 하고 있다.
       ㉠ 일식이가 참인 경우 마피아는 이식이가 되며, 두명이 참을 말하고 있으므로 조건에 부합하지 않는다.

일식	참
이식	거짓
삼식	참
사식	거짓
오식	거짓

       ㉡ 이식이가 참인 경우 마피아는 삼식이가 되며 조건에 부합한다.

일식	거짓
이식	참
삼식	거짓
사식	거짓
오식	거짓

15 다음 글의 내용이 참일 때, 반드시 참인 것만을 〈보기〉에서 모두 고르면?

> 세 사람 가훈, 나훈, 다훈은 지난 회의가 열린 날짜와 요일에 대해 다음과 같이 기억을 달리하고 있다.
> • 가훈은 회의가 5월 8일 목요일에 열렸다고 기억한다.
> • 나훈은 회의가 5월 10일 화요일에 열렸다고 기억한다.
> • 다훈은 회의가 6월 8일 금요일에 열렸다고 기억한다.
> 추가로 다음과 같은 사실이 알려졌다.
> • 회의는 가훈, 나훈, 다훈이 언급한 월, 일, 요일 중에 열렸다.
> • 세 사람의 기억 내용 가운데 한 사람은 월, 일, 요일의 세 가지 사항 중 하나만 맞았고, 한 사람은 하나만 틀렸으며, 한 사람은 어느 것도 맞히지 못했다.

〈보기〉

㉠ 회의는 6월 10일에 열렸다.

㉡ 가훈은 어느 것도 맞히지 못한 사람이다.

㉢ 다훈이 하나만 맞힌 사람이라면 회의는 화요일에 열렸다.

---

① ㉠, ㉡   ② ㉡, ㉢

③ ㉠, ㉢   ④ ㉠, ㉡, ㉢

✔해설 하나도 못 맞춘 사람에 따라 나머지 사람이 맞춘 항목 수를 알아보면 다음과 같다.
•가훈이 하나도 못 맞춘 사람일 경우
  6월 10일 화요일 : 나훈-2개(일, 요일), 다훈-1개(월)
  6월 10일 금요일 : 나훈-1개(일), 다훈-2개(월, 요일)
•나훈이 하나도 못 맞춘 사람일 경우
  6월 8일 목요일 : 가훈-2개(일, 요일), 다훈-2개(월, 일)
  6월 8일 금요일 : 가훈-1개(일), 다훈-3개(월, 일, 요일)
•다훈이 하나도 못 맞춘 사람일 경우
  5월 10일 화요일 : 가훈-1개(월), 나훈-3개(월, 일, 요일)
  5월 10일 목요일 : 가훈-2개(월, 요일), 나훈-2개(월, 일)
따라서 제시된 조건 중 마지막 조건에 의해 하나도 못 맞춘 사람은 '가훈'이다.

▌16~20▐ 다음 빈칸에 들어갈 가장 적절한 접속사를 고르시오.

16

> 검찰은 10년 전 발생한 이리나 씨 살인 사건의 범인을 추적하던 중 범인이 박을수라는 것을 밝혀내었다. 하지만 박을수는 7년 전 김갑수로 개명 신청하였다. ( ) 5년 전에 일본인으로 귀화하여 대한민국 국적을 잃었고 주민등록까지 말소되었다. ( ) 검찰은 김갑수를 10년 전 살인 사건의 피의자로 기소했다. 김갑수는 성형수술로 얼굴과 신체의 모습이 달라졌을 뿐만 아니라 지문이나 홍채 등 개인 신체정보로 활용되는 생체 조직을 다른 사람의 것으로 바꾸었다.

① 그러나, 그리고
② 예를 들어, 왜냐하면
③ 그리고, 또한
④ 또한, 하지만

> ✔해설 앞의 빈칸은 박을수가 7년 전 김갑수로 개명신청 했으며 덧붙여 일본인으로 귀화했다고 했으므로 '또한'이 적절하다. 두 번째 빈칸은 앞의 내용과 뒤의 내용이 상반되기 때문에 '하지만'이 적절하다.

17

> 한 개인의 창의성 발휘는 자기 영역의 규칙이나 내용에 대한 이해뿐만 아니라 현장에서 적용되는 평가기준과도 밀접한 관련을 가지고 있다. 어떤 미술 작품이 창의적인 것으로 평가받기 위해서는 당대 미술가들이나 비평가들이 작품을 바라보는 잣대에 들어맞아야 한다. _____ 라파엘로의 창의성은 미술사학, 미술 비평이론, 그리고 미적 감각의 변화에 따라 그 평가가 달라진다. 라파엘로는 16세기와 19세기에는 창의적이라고 여겨졌으나, 그 사이 기간이나 그 이후에는 그렇지 못했다. 라파엘로는 사회가 그의 작품에서 감동을 받고 새로운 가능성을 발견할 때 창의적이라 평가받을 수 있었다. 그러나 만일 그의 그림이 미술을 아는 사람들의 눈에 도식적이고 고리타분하게 보인다면, 그는 기껏해야 뛰어난 제조공이나 꼼꼼한 채색가로 불릴 수 있을 뿐이다.

① 따라서   ② 예를 들면
③ 하지만   ④ 게다가

> ✔해설 빈칸 앞에서는 미술 작품이 창의적인 것으로 평가받는 것이 당대 미술가들이나 비평가들의 기준에 따라 달라진다고 하였고, 빈칸 뒤에서는 그 예시로 '라파엘로'를 제시하여, 창의성 여부가 다양한 원인과 시기에 따라 다르게 평가받았다는 앞 내용을 뒷받침하고 있다.

18

우리는 자유주의 사상의 자기중심성과 "닫혀 있음"을 극복하기 위하여 "환대"라는 개념을 활용할 수 있다. 여기서 말하는 환대는 칸트가 주장한 환대가 아니라 데리다와 레비나스가 주장한 환대를 가리킨다. 칸트의 환대 개념은 원래 "이방인을 자기 땅에 맞아들이는 자의 의무인 동시에 누구든 낯선 땅에서 적대적으로 대우받지 않을 권리"를 의미하는데, 이것은 근본적으로 "내가 손님이 될 때를 염두에 둔 대칭적 상호성 원리"에 기반을 두고 있다. _____㉠_____ 이러한 환대는 "충돌과 갈등을 자기 관점에서 조정하고자 하는 하나의 허울"에 불과하다. _____㉡_____, 그것은 "타자와 공동체 내부의 차별성"을 전제하면서 단지 "배척되지 않을 소극적 권리"만을 부여하기 때문이다. 이러한 이유로 칸트의 환대 개념은 자유주의 사상의 자기중심성과 "닫혀 있음"을 벗어날 수 없다.

	㉠	㉡
①	그러나	그러나
②	그런데	그리고
③	따라서	왜냐하면
④	게다가	그래도

해설 ㉠ : 빈칸 앞의 내용에 이어 뒤에서 결론을 내리고 있기 때문에 '따라서'가 적절하다.
㉡ : ㉡ 뒤에 온 문장은 앞 문장의 근거를 말하고 있으므로 '왜냐하면'이 적절하다.

19

농작물을 재배하고, 아파트를 건설하고, 음악을 연주하는 생산 활동은 우리가 원하는 상품을 새로 만드는 것이기 때문에 가치 있는 일로 여겨지고 있다. 이러한 생산 활동에 비해서 교환활동은 어떤 것을 새로 만들어 내는 일이 아니기 때문에 가치 있는 일로 인정받지 못하는 경향이 있다. 그러나 교환도 생산 못지않게 우리에게 필요한 가치를 만들어 낸다.

어떤 것을 다른 것과 바꾸는 교환활동은 새로운 상품을 만들어 내지 않기 때문에 교환 당사자들 중에 어느 한 사람이 이익을 보면 다른 쪽이 손실을 보는 것으로 흔히 생각하기 쉽다. (㉠) 사람들이 교환활동을 자발적으로 하고 있다는 것만 생각해 보아도 이러한 생각이 잘못된 것이라는 것을 금방 알 수 있다. 즉, 상품을 사는 사람이나 파는 사람 어느 한쪽이라도 교환을 통해서 이익이 될 것이라고 생각하지 않는다면 자발적인 교환이 성립하지 않을 것이기 때문이다.

교환이 이렇게 교환 당사자에게 모두 이익이 되는 데에는 여러 가지 이유가 있다. 교환은 생산된 재화나 서비스를 해당 상품의 가치를 가장 높게 평가하는 사람에게로 이동시켜 주는 매우 중요한 역할을 한다. (㉡) 스포츠 분야에서는 일찍부터 이러한 교환의 이익을 얻기 위해 종종 선수를 맞교환하여 왔다. 야구에서 타력이 좋지만 투수력이 약한 팀은 자기들 팀의 타자들을 내어 놓고, 반대로 능력 있는 타자가 부족하지만 투수가 풍부한 팀은 투수를 내어 놓아 서로 선수를 맞교환하여 양 팀 모두의 전력을 상승시키는 것이다.

	㉠	㉡
①	하지만	그러나
②	그런데	그리고
③	따라서	그리고
④	그러나	예컨대

✔해설 ㉠의 앞말에서 언급한 내용을 뒷말에서 잘못된 것이라는 것을 금방 알 수 있다고 평가하였다. 따라서 반론이 되므로 역접을 나타내는 접속사 '그러나'가 ㉠에 알맞은 접속사이다. ㉡의 앞에서는 교환의 이익을 설명한 후, 뒤에서 스포츠 선수의 예를 들어 주장을 뒷받침하고 있으므로 '예컨대', '예를 들어' 등이 적절한 접속사이다.

20

　　사이비 과학은 잘못된 과학과 분명히 다르다. 과학은 오류를 통하여 성장하고 발전한다. 과학사를 보면 과학은 항상 오류를 점진적으로 제거해 나가는 방식으로 발전해왔다. 과학적 수행에서 등장한 가설들은 관찰과 실험 등과 같은 경험적 수단에 의한 반박 시도를 통과해야 한다. 만약 가설이 반박 시도를 이겨내면 그것은 잠정적으로 참이라고 인정되어 수용된다. 진정한 과학은 이처럼 반증을 이겨낸 가설들로 구성된다. 반박 시도를 통과하지 못한 가설들은 반증되었기 때문에 과학자 사회에서 폐기될 것이다.

　　물론 가설이 반증된 경우 원래 그것을 제안했던 과학자는 타격을 받겠지만 과학은 이러한 인간적인 요소를 성공적으로 극복해왔다. 반증은 과학적 연구 활동의 주요 목표이며 과학 이론을 평가하는 기준이다. 잘못된 과학의 가설들은 경험적 검사 과정을 거쳐서 거짓으로 드러난 반증된 가설들을 말한다. ＿＿＿⊙＿＿ 사이비 과학의 경우 사정은 달라진다. 사이비 과학의 가설들은 거의 항상 관찰과 실험에 의해 경험적으로 반증될 수 없다. ＿＿＿ⓛ＿＿ 그것들은 반증가능성을 갖지 않는다. 그 결과 사이비 과학에 속하는 어떤 가설을 경험적으로 평가하는 것은 불가능하다.

	⊙	ⓛ
①	그래서	그러나
②	그런데	그리고
③	그러나	즉
④	또한	그런데

✔해설　⊙ : 빈칸 앞에서는 '잘못된 과학'의 가설들에 대해 설명하고 있고, 빈칸 뒤에서는 '사이비 과학'의 경우를 대조해서 드러내고 있다.

　　　　ⓛ : 앞에서 말한 '사이비 과학의 가설들은 경험적으로 반증될 수 없다'고 한 내용을 빈칸 뒤에서 '반증가능성을 갖지 않는다'고 다시 정리하여 말하고 있다. 따라서 '즉'으로 연결하는 것이 적절하다.

| 21~25 | 다음 중 제시된 문장의 밑줄 친 어휘와 같은 의미로 사용된 것을 고르시오.

21

> 새로 지은 아파트는 뒷산의 경관을 <u>해치고</u> 있다.

① 모두들 미풍양속을 <u>해치지</u> 않도록 주의하시기 바랍니다.
② 담배는 모든 사람의 건강을 <u>해친다</u>.
③ 그는 잦은 술자리로 몸을 <u>해쳐</u> 병을 얻었다.
④ 안심해. 아무도 널 <u>해치지</u> 않을 거야.

> ✔해설 ① 어떤 상태에 손상을 입혀 망가지게 하다.
> ②③ 사람의 마음이나 몸에 해를 입히다.
> ④ 다치게 하거나 죽이다.

22

> 나는 우리 회사의 장래를 너에게 <u>걸었다</u>.

① 이 작가는 이번 작품에 생애를 <u>걸었다</u>.
② 우리나라는 첨단 산업에 승부를 <u>걸었다</u>.
③ 그는 친구를 보호하기 위해 자신의 직위를 <u>걸었다</u>.
④ 그는 관객들에게 최면을 <u>걸었다</u>.

> ✔해설 주어진 문장과 보기②의 '걸었다'는 '앞으로의 일에 대한 희망 따위를 품거나 기대하다'라는 뜻으로 쓰였다. ①③의 '(생애를, 목숨을, 직위를) 걸었다'에서는 '목숨, 명예 따위를 담보로 삼거나 희생할 각오를 하다'라는 뜻이다. ④의 '걸었다'는 '어떤 상태에 빠지도록 하다'의 뜻으로 쓰인 경우이다.

23

> 범인은 경찰의 손이 미치지 않는 곳으로 도망갔다.

① 요즘에는 손이 부족하다.
② 그 일은 손이 많이 간다.
③ 그 일은 선배의 손에 떨어졌다.
④ 그는 장사꾼의 손에 놀아났다.

③ '어떤 사람의 영향력이나 권한이 미치는 범위'라는 뜻으로 쓰여, 주어진 문장에서 사용된 의미와 동일하다. 나머지 보기에서는 각각 ①에서는 '일손', ②에서는 ' 어떤 일을 하는 데 드는 사람의 힘, 노력, 기술', ④에서는 '사람의 수완이나 꾀'의 뜻으로 쓰였다.

24

> 그녀는 의대에 가고 싶었지만 집안이 어려워 장학금을 받기 위해 성적보다 낮춰 대학에 지원했고, 맞선을 본 남편과 몇 달 만에 결혼했다.

① 그 부부는 아이를 봐 줄 사람을 구하였다.
② 지금 나 좀 잠깐 볼 수 있는지 한 번 물어봐 줄래?
③ 그 노인의 사정을 보니 딱하게 되었다.
④ 나 혼자 공연장 일을 보느라 끼니를 해결할 시간도 없다.

주어진 글에 쓰인 '맞선을 보다'는 선택지 ②의 '잠깐 좀 보다'의 경우와 함께 '일정한 목적 아래 만나다'의 의미를 갖는 어휘이다.
① '맡아서 보살피거나 지키다'의 의미를 갖는다.
③ '상대편의 형편 따위를 헤아리다'의 의미를 갖는다.
④ '어떤 일을 맡아 하다'의 의미를 갖는다.

25

> 강당에 사람이 가득 차서 더 이상 들어갈 수 없었다.

① 그는 승리의 기쁨에 가득 차서 눈물을 흘렸다.
② 할아버지는 혀를 끌끌 차며 손주의 행동을 바라보았다.
③ 미숙이는 성격이 차고 매서워서 사람들이 잘 따르지 않는다.
④ 초의 향과 따스함이 방 안에 가득 차 아늑한 분위기를 연출했다.

① 감정이나 기운 따위가 가득하게 되다.
② 혀를 입천장 앞쪽에 붙였다가 떼어 소리를 내다.
③ 인정이 없고 쌀쌀하다.
④ 일정한 공간에 사람, 사물, 냄새 따위가 더 들어갈 수 없이 가득하게 되다.

Answer 21.① 22.② 23.③ 24.② 25.④

┃26~30┃ 다음에 제시된 글을 흐름이 자연스럽도록 순서대로 배열하시오.

26

> (가) 과학과 기술의 발전으로 우리는 적어도 기아와 질병 등의 문제점으로부터는 어느 정도 탈출했다.
> (나) 새롭게 다가올 것으로 예상되는 재앙으로부터 우리를 보호해 줄 과학 기술은 아직 존재하지 않는다.
> (다) 많은 기후학자들은 이상 기상현상이 유례없이 빈번하게 발생하는 원인을 지구 온난화 현상에서 찾고 있다.
> (라) 그러나 과학과 기술의 발전으로 이룬 산업발전은 지구 온난화라는 부작용을 만들어냈다.

① (가) - (라) - (나) - (다)　　　　② (가) - (라) - (다) - (나)
③ (나) - (라) - (다) - (가)　　　　④ (가) - (다) - (라) - (나)

✔해설　주어진 네 개의 문장은 과학과 기술의 발전이 우리에게 닥친 재앙을 해결하고 인류를 보호해 줄 수 있느냐의 문제를 다루고 있다. 따라서 가장 먼저 화두를 던질 문장으로 적절한 것은 (가)이다. 이를 이어, 과학과 기술 발전의 문제점을 제시하며 반전을 이루는 (라)의 문장이 연결되어야 다음 문장들이 자연스럽게 등장할 수 있을 것이다. 또한 (라)에서 언급된 지구 온난화에 의해 (다)와 같은 기상이변이 발생된 것이며, 이러한 기상이변이 '새로운 재앙'을 의미하게 되어 (나)에서 준비되지 않은 인류의 문제점을 제시할 논리적 근거가 마련된 것으로 볼 수 있다. 따라서 (가) - (라) - (다) - (나)의 순서가 적절하다고 할 수 있다.

27

> (가) 천마총에 부장된 천마도 장니는 바로 신라에 유입된 새로운 마구 문화의 산물이라고 볼 수 있으며 신라에서는 황남대총 남분에서부터 시작하여 천마총, 그리고 5세기 후반 고분으로 알려진 금령총에 이르기까지 장니에 금속장식이 결합되거나 여기에 그림이 그려지는 등 장니 장식이 성행하였다.
> (나) 고구려에서도 4세기 이후 중장기병이 기마를 할 수 있는 마구들이 정비되기 시작하고 4~5세기 고구려에 유입된 이러한 기마문화가 신라로 점차 확산된 것이다.
> (다) 기마풍습은 북방 이민족들이 중국에 왕조를 세웠던 5호16국시대를 거치면서 동아시아에 널리 확산되는 모습을 보이는데 이는 이전의 전쟁이 보병을 주축으로 하던 것과는 달리 당시의 전쟁이 기마전 양상을 띠는 것과 연관된다.
> (라) 천마도가 그려진 장니는 마구의 일종으로 이는 신라에서 기마풍습이 있었다는 것을 의미하기도 한다.

① (가) - (나) - (다) - (라)　　　　② (라) - (나) - (다) - (가)
③ (가) - (다) - (나) - (라)　　　　④ (라) - (다) - (나) - (가)

✔해설　(라) 신라에 기마풍습이 있었음을 보여주는 천마도가 그려진 장니 - (다) 동아시아 지역으로 널리 확산된 기마풍습 - (나) 고구려에서 신라로 확산된 기마문화 - (가) 신라에 유입된 새로운 마구 문화의 산물인 천마도 장니

28

(개) 사유재산권 제도를 채택한 사회에서 재산의 신규취득 유형은 누가 이미 소유하고 있는 것을 취득하거나 아직 누구의 소유도 아닌 것을 취득하거나 둘 중 하나다.

(내) 시장 경제에서 매 생산단계의 투입과 산출은 각각 누군가의 사적 소유물이며, 소유주가 있는 재산은 대가를 지불하고 구입하면 그 소유권을 이전 받는다.

(다) 사적 취득의8 자유를 누구에게나 동등하게 허용하는 동등자유의 원칙은 사유재산권 제도에 대한 국민적 지지의 출발점으로서 신규 취득의 기회균등은 사유재산권 제도의 핵심이다.

(래) 누가 이미 소유하고 있는 재산의 취득을 인정받으려면 원 소유주가 해당 재산의 소유권 이전에 대해 동의해야 한다. 그리고 누구의 소유도 아닌 재산의 최초 취득은 사회가 정한 절차를 따라야 인정받는다.

① (개) – (다) – (래) – (내)   ② (다) – (개) – (내) – (래)

③ (내) – (개) – (래) – (다)   ④ (다) – (개) – (래) – (내)

✅**해설** 제시된 문장들의 내용을 종합하면 전체 글에서 주장하는 바는 '정당한 사적 소유의 생성'이라고 요약할 수 있다. 이를 위해 사적 소유의 정당성이 기회균등에서 출발한다는 점을 전제해야 하며 이것은 (다)가 가장 먼저 위치해야 함을 암시한다. 다음으로 (개)에서 재산의 신규취득 유형을 두 가지로 언급하고 있으며, 이 중 하나인 기소유물의 소유권에 대한 설명이 (래)에서 이어지며, (래) 단락에 대한 추가 부연 설명이 (내)에서 이어진다고 보는 것이 가장 타당한 문맥의 흐름이 된다.

참고로, 다음 단락에서는 신규취득 유형의 나머지 하나인, 누구의 소유도 아닌 것의 취득에 대한 설명이 이어진다고 추론할 수 있다.

29

(개) 대장균은 그 기원이 전부 동물의 배설물에 의한 것이므로, 시료에서 대장균의 균체 수가 일정 기준보다 많이 검출되면 그 시료에는 인체에 유해할 만큼의 병원체도 존재한다고 추정할 수 있다.

(나) 그러나 온혈동물에게서 배설되는 비슷한 종류의 다른 세균들을 배제하고 대장균만을 측정하기는 어렵다.

(다) 이 세균군을 총대장균군이라고 한다.

(라) 그렇기 때문에 대장균이 속해 있는 비슷한 세균군을 모두 검사하여 분변오염 여부를 판단한다.

(마) 이에 대표적인 것은 대장균이다.

(바) 분변으로 오염된 식수의 오염정도를 확인하기 위해 분변에 있는 병원체 수와 비례하여 존재하는 비병원성 세균을 지표생물로 이용한다.

① (개) - (나) - (라) - (다) - (바) - (마)   ② (다) - (바) - (마) - (라) - (개) - (나)

③ (마) - (개) - (라) - (바) - (다) - (나)   ④ (바) - (마) - (개) - (나) - (라) - (다)

 (바) 지표생물의 이용
(마)(개) 대표적인 지표생물인 대장균
(나) 대장균의 이용 한계
(라)(다) 대체방법인 총대장균군

30

(개) 반면에 반(反)본질주의는 그런 본질이란 없으며, 인간이 정한 언어 약정이 본질주의에서 말하는 본질의 역할을 충분히 달성할 수 있다고 주장한다.

(나) 서로 다른 개체를 동일한 종류의 것이라고 판단하고 의사소통에 성공하기 위해서는 개체들이 공유하는 무엇인가가 필요하다.

(다) 이른바 본질은 우리가 관습적으로 부여하는 의미를 표현한 것에 불과하다는 것이다.

(라) 본질주의는 그것이 우리와 무관하게 개체 내에 본질로서 존재한다고 주장한다.

① (나) - (개) - (라) - (다)   ② (나) - (라) - (개) - (다)

③ (라) - (개) - (나) - (다)   ④ (라) - (개) - (다) - (나)

 (라)의 '그것'은 (나)에서 언급한 '개체들이 공유하는 무엇인가'를 의미하며, (개)는 (라)에서 언급한 본질주의에 상반되는 반(反)본질주의에 대해 말하고 있으며 (다)에서는 반(反)본질주의를 자세하게 설명하고 있다. 따라서 글의 순서는 (나) - (라) - (개) - (다)가 된다.

31 다음 내용을 바탕으로 글을 쓸 때 그 주제로 알맞은 것은?

- 경찰청은 고속도로 갓길 운행을 막기 위해 갓길로 운행하다 적발되면 30일간의 면허 정지 처분을 내리기로 결정했다.
- 교통사고 사망률 세계 1위라는 불명예는 1991년에 이어 1992년에도 계속되었다.
- 교통사고의 원인으로는 운전자의 부주의와 교통 법규 위반의 비율이 가장 높다.
- 교통 법규 위반자는 자신의 과실로 다른 사람에게 피해를 준다는 점에서 문제가 더욱 심각하다.
- 우리나라는 과속 운전, 난폭 운전이 성행하고 있다. 이를 근절하기 위한 엄격한 법이 필요하다.

---

① 교통사고를 줄이기 위해서는 엄격한 법이 필요하다.
② 사고 방지를 위한 대국민적인 캠페인 운동을 해야 한다.
③ 교통사고의 사망률은 교통 문화 수준을 반영한 것이다.
④ 올바른 교통 문화 정착을 위해 국민적 자각이 요구된다.

✔해설 제시된 내용은 교통사고가 교통 법규를 제대로 지키지 않은 데서 발생하며, 이를 근절하기 위해 보다 엄격한 교통 법규가 필요함을 강조하고 있다.

32 다음 제시된 글에서 추론할 수 있는 것은?

> 가격분산이 발생하는 원인은 크게 판매자의 경제적인 이유에 의한 요인, 소비자 시장구조에 의한 요인, 재화의 특성에 따른 요인, 소비자에 의한 요인으로 구분할 수 있다. 첫째, 판매자 측의 경제적인 이유로는 소매상점의 규모에 따른 판매비용의 차이와 소매상인들의 가격 차별화 전략의 두 가지를 들 수 있다. 상점의 규모가 클수록 대량으로 제품을 구매할 수 있으므로 판매비용이 절감되어 보다 낮은 가격에 제품을 판매할 수 있다. 가격 차별화 전략은 소비자의 지불 가능성에 맞추어 그때그때 최고 가격을 제시함으로써 이윤을 극대화하는 전략을 말한다. 둘째, 소비자 시장구조에 의한 요인으로 소비자 시장의 불완전성과 시장 규모의 차이에서 기인하는 것이다. 새로운 판매자가 시장에 진입하거나 퇴거할 때 각종 가격 세일을 실시하는 것과 소비자의 수가 많고 적음에 따라 가격을 다르게 정할 수 있는 것을 예로 들 수 있다. 셋째, 재화의 특성에 따른 요인으로 하나의 재화가 얼마나 다른 재화와 밀접하게 관련되어 있느냐에 관한 것, 즉 보완재의 여부에 따라 가격분산을 가져올 수 있다. 넷째, 소비자에 의한 요인으로 가격과 품질에 대한 소비자의 그릇된 인지를 들 수 있다. 소비자가 가격분산의 정도를 잘못 파악하거나 가격분산을 과소평가하게 되면 정보 탐색을 적게 하고 이는 시장의 규율을 늦춤으로써 가격분산을 지속시키는 데 기여하게 되는 것이다.

① 가격분산이 큰 제품일수록 가격에 대한 신뢰도는 낮을 것이다.
② 대체할 재화의 유무에 따라 가격분산이 발생할 수 있을 것이다.
③ 정부의 엄격한 규제가 있으면 가격분산을 막을 수 있을 것이다.
④ 정보력의 부재는 가격분산에 따른 소비자의 피해를 키우는 원인이 될 것이다.

> ✔ **해설** '셋째 재화의 특성에 따른 요인으로 하나의 재화가 얼마나 다른 재화와 밀접하게 관련되어 있느냐에 관한 것 즉 보완재의 여부에 따라 가격분산을 가져올 수 있다.'에서 유추할 수 있는 내용이다.

33 다음 글에 대한 내용으로 옳지 않은 것은?

> 판소리의 동서편은 전라도 지방의 지리산 또는 섬진강을 기준으로 운봉, 구례, 순창, 흥덕 등지를 동편이라 하고 광주, 나주, 보성 등지를 서편이라고 한 데서 유래된 것입니다. 그러나 조선 후기에 들어와서 판소리 명창들의 지역 이동이 심해지고 교습 지역의 변동으로 원래의 특성도 희석되고 지역적 연고성도 단절되어 지금은 다만 전승 계보에 따라 그런 특성이 판소리에 일부 남아 있을 뿐입니다.
>
> 즉, 동편제(東便制)나 서편제(西便制)와 같은 소리 유파는 산과 강이 가로막아 교통이 불편하여 지역 간의 교류가 어렵던 시절 때문에 생긴 것입니다. 현재의 판소리를 서편제, 동편제 등으로 구분하는 것 자체가 쓸모없는 일이라는 주장도 있으나 일제 강점기 때만 하더라도 이러한 지역적 특성을 지닌 판소리가 전승되고 있었습니다.
>
> 가령 서편제 소리는 대체로 부드럽게 시작하는 데 반해서, 동편제 소리는 장중하게 시작된다든가, 서편제 소리는 대체로 느리게 끌고 가며 미세한 장식으로 진한 맛을 내는데 반하여, 동편제 소리는 박진감 있게 끌고 가며 윤곽이 뚜렷한 음악성을 구사합니다. 또한 서편제 소리를 꽃과 나무에, 동편제 소리를 봉우리 위에서 달이 뜨는 모습에 비유했습니다. 어떤 사람은 서편제 소리를 '진한 고기 맛'에 동편제 소리를 '채소처럼 담백한 맛'에 비유하기도 합니다.
>
> 1989년에 작고한 명 고수 김명환은 "동편 소리는 창으로 큰 고기만 찍어 잡는 격이고, 서편 소리는 손으로 잔고기를 훑어 잡는 격"이라고 말했습니다. 말하자면 서편제 소리는 애조 띤 여성의 소리로 시김새의 기교가 뛰어나며 풍부한 음악성으로 아기자기한 느낌을 전달합니다. 이러한 서편 소리는 동편 소리에 비해 대중적인 인기도 높았습니다.

① 동편과 서편을 가르는 경계는 지리산 또는 섬진강이다.

② 서편제는 동편제의 소리에 비해 부드럽고 느리게 끌고 간다.

③ 동편과 서편의 판소리는 현재에도 그 구분이 분명하며 판소리의 양대 흐름으로 독자적 발전을 모색하고 있다.

④ 동편제, 서편제로 구분하는 것 자체가 별로 의미가 없다고 말하는 이도 있다.

> ✔해설 ③ 첫 번째 문단의 둘째 문장 '그러나 ~ 뿐입니다.'를 참고하면, 현재는 동편과 서편의 구분이 뚜렷하지 않음을 알 수 있다.

Answer   32.② 33.③

34 다음 지문의 내용을 통해 알 수 없는 것은?

> 이탈리아의 작곡가 비발디는 1678년 베네치아 상 마르코 극장의 바이올리니스트였던 지오반니 바티스타 비발디의 장남으로 태어났습니다. 어머니가 큰 지진에 놀라는 바람에 칠삭둥이로 태어났다는 그는 어릴 때부터 시름시름 앓으면서 간신히 성장했다고 합니다. 당시 이탈리아의 3대 음악 명문 중 한 집안 출신답게 비발디는 소년 시절부터 바이올린 지도를 아버지에게 충분히 받았고, 이것이 나중에 그가 바이올린의 대가로 성장할 수 있는 밑거름이 되었습니다.
>
> 15세 때 삭발하고 하급 성직자가 된 비발디는 25세 때 서품을 받아 사제의 길로 들어섰습니다. 그리고 그해 9월 베네치아의 피에타 여자 양육원의 바이올린 교사로 취임했습니다. 이 양육원은 여자 고아들만 모아 키우는 일종의 고아원으로 특히 음악 교육에 중점을 두던 곳이었습니다. 비발디는 이곳에서 실기 지도는 물론 원생들로 구성된 피에타 관현악단의 지휘를 맡아 했으며, 그들을 위해 여러 곡을 작곡하기도 했습니다. 비발디의 음악이 대체로 아름답기는 하지만 다소 나약하다는 평을 듣는 이유가 이 당시 여자아이들을 위해 쓴 곡이 많기 때문이라는 이야기도 있습니다.
>
> 근대 바이올린 협주곡의 작곡 방법의 기초를 마련했다는 평을 듣는 그는 79개의 바이올린 협주곡, 18개의 바이올린 소나타, 12개의 첼로를 위한 3중주곡 등 수많은 곡을 썼습니다. 뿐만 아니라 38개의 오페라와 미사곡, 모데토, 오라토리오 등 교회를 위한 종교 음악도 많이 작곡했습니다.
>
> 허약한 체질임에도 불구하고 초인적인 창작 활동을 한 비발디는 자신이 명바이올리니스트였던 만큼 독특하면서 화려한 기교가 담긴 바이올린 협주곡들을 만들었고, 이 작품들은 아직까지도 많은 사람들의 사랑을 받고 있습니다.
>
> 그러나 오페라의 흥행 사업에 손을 대고, 여가수 안나 지로와 염문을 뿌리는 등 그가 사제로서의 의무를 충실히 했는가에 대해서는 많은 의문의 여지가 있습니다. 자만심이 강하고 낭비벽이 심했던 그의 성격도 갖가지 일화를 남겼습니다. 이런 저런 이유로 사람들의 빈축을 사 고향에서 쫓겨나다시피 한 그는 각지를 전전하다가 오스트리아의 빈에서 객사해 그곳의 빈민 묘지에 묻혔습니다.

① 비발디는 피에타 여자 양육원의 바이올린 교사로 취임하기도 했다.
② 비발디는 수많은 바이올린 협주곡을 작곡하였다.
③ 비발디는 이탈리아의 유명한 작곡가이자 바이올리니스트였다.
④ 비발디는 교향곡 작곡가로도 명성을 날렸다.

> ✔️**해설** 비발디는 바이올린 협주곡, 바이올린 소나타, 첼로를 위한 3중주곡, 오페라 등을 작곡했다고 했으나 교향곡에 대한 언급은 없으므로, 지문을 통해서는 비발디가 교향곡 작곡가로 명성을 날렸는지 알 수 없다.

35 다음 글을 통해 추론할 수 있는 것으로 가장 적절한 것은 어느 것인가?

> 많은 이들이 우리 사회 민주주의의 문제점들을 관계와 소통의 회복을 통해 극복하고자 하는 노력들을 경주하고 있다. 이들은 네트워크 시대가 만들어낸 시민들의 개인화·개별화 경향에 우려를 표하고 있다. 네트워크 시대의 개인은 복합적 네트워킹을 통해 너무나 다양하고 폭넓은 관계를 맺고 살고 있지만, 개인들 간의 유대감은 낮기 때문에 그 관계는 지속적이기보다는 매우 유동적이고, 관계를 맺고 있는 개인들 간에 합의되어 나오는 행동들도 매우 일시적인 경향을 띤다. 즉, 온라인 공론장은 개별 주체들의 모임으로써 그 개별화된 개인들의 선택에 의해 매우 유동적으로 움직이게 된다.
>
> 예를 들어, 같은 사이트들이라도 이슈에 따라 공론장이 형성될 수도 형성되지 않을 수도 있으며, 이 공론장 형성 여부는 멤버들의 개인적·사적 이해관계에 따라 결정되는 경우가 많다. 나와 내 자녀들이 먹을 먹거리이기 때문에 쇠고기 수입에는 지대한 관심을 가지던 사람들은 나와는 아무런 관련이 없어 보이는 계약직 근로자의 부당한 대우에는 관심을 가질 필요가 없기 때문에 대화의 장을 마련할 이유를 찾지 못한다. 즉, 온라인 공론장은 때로는 시민사회를 포획하려는 지배 권력과 정치적 세력 또는 사적 영역에 대한 대안적 채널로서 역할을 하지만 또 다른 경우에는 공공영역으로서의 역할을 전혀 하지 못하는 모습을 보일 수 있다는 것이다. 이러한 점에서 분절적이고 분산된 네트워크를 보다 유기적으로 조직화하여 공공영역으로서의 지속성을 가질 수 있도록 하는 시도들이 필요하다 하겠다.

① 네트워크를 구성하는 개인들은 결속력이 매우 강한 모습을 보인다.
② 온라인상에서는 정보의 진위 여부를 떠나 집단 감성이 발현되기 매우 어렵다.
③ 유대감 없는 인터넷 공간의 자율성이나 공개성이 신뢰 받기 어렵다.
④ 신뢰성을 바탕으로 상호이해를 도출하지 못하는 공론장은 무의미하다.

✔해설 온라인상에서는 정보의 진위 여부를 떠나 개인들의 선택에 의해 공론장이 매우 유동적으로 움직이는 경향이 있으므로 집단 감성이 생성되기 어렵다고 설명하고 있다. 특정하게 형성된 집단 감성에 동조하는 구성원들 간에는 강한 유대감이 형성되지만, 자신과 관계없는 분야에 있어서는 전혀 집단 감성이 형성되지 않는 것이다.
① 모든 면에 있어 그러한 것은 아니며, 사적인 이해관계에 따라 전혀 결속력이 없게 되는 경우도 있다.
③ 유대감이 인터넷 공간의 자율성이나 공개성에 영향을 주는 것은 아니다.
④ 상호이해를 도출하는 것이 공론장으로서의 필수적인 조건이라고 할 수는 없다.

Answer   34.④ 35.②

(가) 나는 평강공주와 함께 온달산성을 걷는 동안 내내 '능력 있고 편하게 해줄 사람'을 찾는 당신이 생각났습니다. '신데렐라의 꿈'을 버리지 못하고 있는 당신이 안타까웠습니다. 현대사회에서 평가되는 능력이란 인간적 품성이 도외시된 ㉠'경쟁적 능력'입니다. 그것은 다른 사람들의 낙오와 좌절 이후에 얻을 수 있는 것으로 한마디로 숨겨진 칼처럼 매우 ㉡비정한 것입니다. 그러한 능력의 품속에 안주하려는 우리의 소망이 과연 어떤 실상을 갖는 것인 지 고민해야 할 것입니다. - 중략 -

'편안함' 그것도 경계해야 할 대상이기는 마찬가지입니다. 편안함은 흐르지 않는 강물이기 때문입니다. '불편함'은 ⓐ흐르는 강물입니다. 흐르는 강물은 수많은 소리와 풍경을 그 속에 담고 있는 추억의 물이며 어딘가를 희망하는 잠들지 않는 물입니다.

당신은 평강공주의 삶이 남편의 입신(立身)이라는 가부장적 한계를 뛰어넘지 못한 것이라고 하였습니다만 산다는 것은 살리는 것입니다. 살림(生)입니다. 그리고 당신은 자신이 공주가 아니기 때문에 평강공주가 될 수 없다고 하지만 살림이란 '뜻의 살림'입니다. ㉢세속적 성취와는 상관없는 것이기도 합니다. 그런 점에서 나는 평강공주의 이야기는 한 여인의 사랑의 메시지가 아니라 그것을 뛰어넘은 '삶의 메시지'라고 생각합니다.

(나) 왕십리의 배추, 살곶이다리의 무, 석교의 가지, 오이, 수박, 호박, 연희궁의 고추, 마늘, 부추, 파, 염교 청파의 물미나리, 이태원의 토란 따위를 심는 밭들은 그 중 상의 상을 골라 심는다고 하더라도, 그들이 모두 엄씨의 똥거름을 가져다가 걸찍하게 가꿔야만, 해마다 육천 냥이나 되는 돈을 번다는 거야. 그렇지만 엄 행수는 아침에 밥 한 그릇만 먹고도 기분이 만족해지고, 저녁에도 밥 한 그릇뿐이지. 누가 고기를 좀 먹으라고 권하면 고기반찬이나 나물 반찬이나 목구멍 아래로 내려가서 배부르기는 마찬가지인데 입맛에 당기는 것을 찾아 먹어서는 무얼 하느냐고 하네. 또, 옷과 갓을 차리라고 권하면 넓은 소매를 휘두르기에 익숙지도 못하거니와, 새 옷을 입고서는 짐을 지고 다닐 수가 없다고 대답하네.

해마다 정원 초하룻날이 되면 비로소 갓을 쓰고 띠를 띠며, 새 옷에다 새 신을 신고, 이웃 동네 어른들에게 두루 돌아다니며 세배를 올린다네. 그리고 돌아와서는 옛 옷을 찾아 다시 입고 다시금 흙 삼태기를 메고는 동네 한복판으로 들어가는 거지. 엄 행수야말로 자기의 모든 덕행을 저 더러운 똥거름 속에다 커다랗게 파묻고, 이 세상에 참된 은사 노릇을 하는 자가 아니겠는가?

엄 행수는 똥과 거름을 져 날라서 스스로 먹을 것을 장만하기 때문에, 그를 '지극히 조촐하지는 않다'고 말하는지는 모르겠네. 그러나 그가 먹을거리를 장만하는 방법은 지극히 향기로웠으며, 그의 몸가짐은 지극히 더러웠지만 그가 정의를 지킨 자세는 지극히 고항했으니, 그의 뜻을 따져 본다면 비록 만종의 녹을 준다고 하더라도 바꾸지 않을 걸세. 이런 것들로 살펴본다면 세상에는 조촐하다면서 조촐하지 못한 자도 있거니와, 더럽다면서 ㉣더럽지 않은 자도 있다네.

누구든지 그 마음에 도둑질할 뜻이 없다면 엄 행수를 갸륵하게 여기지 않을 사람이 없을 거야. 그리고 그의 마음을 미루어 확대시킨다면 성인의 경지에라도 이를 수 있을 거야. 대체 선비가 좀 궁하다고 궁기를 떨어도 수치스런 노릇이요, 출세한 다음 제 몸만 받들기에 급급해도 수치스러운 노릇일세. 아마 엄 행수를 보기에 부끄럽지 않을 사람이 거의 드물 것이네. 그러니 내가 엄 행수더러 스승이라고 부를지언정 어찌 감히 벗이라고 부르겠는가? 그러기에 내가 엄 행수의 이름을 감히 부르지 못하고 '예덕 선생'이란 호를 지어 일컫는 것이라네.

36 (개와 (나)에 대한 설명으로 적절한 것은?

① (개)는 대립되는 의미를 나열하여 주제를 부각하고, (나)는 인물의 행위와 그에 따른 의견을 중심으로 전개한다.

② (개)는 함축적인 언어를 통해 대상을 상징화시키고, (나)는 사실적인 진술을 통해 판단을 독자에게 맡기고 있다.

③ (개)는 간결한 문장을 사용하여 단정적인 느낌을 준다.

④ (나)는 나의 대화를 통해 주인공의 부정적 성격을 풍자한다.

> ✔ 해설 (개)는 '당신'의 편안함과, 평강공주의 '불편함'을 대립시켜 현대사회의 바람직한 인간형을 제시하고, (나)는 예덕선생의 구체적인 행동과 그 의미를 서술자가 평가하여 주제를 전달하고 있다.
> ② (개)는 산문이므로 함축이 없고, (나)는 글쓴이의 판단이 나타난다.
> ③ (개) 문장의 길이가 긴 만연체이다.
> ④ (나) 주인공의 긍정적 성격을 그린다.

37 ㉠~㉣ 중에서 (개)의 ⓐ와 그 의미가 가장 가까운 것은?

① ㉠ 경쟁적 능력   ② ㉡ 비정

③ ㉢ 세속적 성취   ④ ㉣ 더럽지 않은 자

> ✔ 해설 ④ 편안함은 경계해야 할 대상이지만, 흐르는 강물은 불편함이며, 추억과 희망의 긍정적 의미를 가진다.

38 (개)의 글쓴이와 (나)의 글쓴이가 대화를 나눈다고 할 때 적절하지 않은 것은?

① (개): 저는 세속적 편안함을 거부한 한 여인의 삶을 통해 현대인들에게 깨달음을 주려 했습니다.

② (나): 그 깨달음은 자신의 자리에서 묵묵히 일하는 '엄 행수의 삶과도 연결될 수 있겠군요.

③ (개): 하지만, 현대인들의 무모한 욕심이 인간의 생명을 경시하는 풍조를 만들게 되었습니다.

④ (나): 맞습니다. 그렇기에 노동과 땀의 가치가 더욱 중요한 것이겠지요.

> ✔ 해설 ③ 인간의 무모한 욕심이 생명경시를 만들어 낸 것은 아니다. 본문에서 언급된 것은 능력으로 인한 비정과, 편안함에 안주하려는 태도이다.

Answer   36.① 37.④ 38.③

|39~40| 다음 글을 읽고 이어지는 물음에 답하시오.

4차 산업혁명이 문화예술에 영향을 끼치는 사회적 변화 요인으로는 급속한 고령화 사회와 1인 가구의 증가 등 인구구조의 변화와 문화다양성 사회로의 진전, 디지털 네트워크의 발전 등을 들 수 있다. 이로 인해 문화예술 소비층이 시니어와 1인 중심으로 변화하고 있으며 문화 복지대상도 어린이, 장애인, 시니어로 확장되고 있다. 디지털기기 사용이 일상화 되면서 문화향유 범위도 이전의 음악, 미술, 공연 중심에서 모바일 창작과 게임, 놀이 등으로 점차 확대되고 특히 고령화가 심화됨에 따라 높은 문화적 욕구를 지닌 시니어 층이 새로운 기술에 관심을 보이고 자신들의 건강한 삶을 위해 테크놀로지 수용에 적극적인 모습을 보이면서 문화예술 향유계층도 다양해질 전망이다. 유쾌함과 즐거움 중심의 일상적 여가는 스마트폰을 통한 스낵컬쳐적 여가활동이 중심이 되겠지만 지식과 경험을 획득하고 삶의 의미를 찾고 성취감을 느끼고 싶어 하는 진지한 여가에 대한 열망도도 점차 높아질 것으로 관측된다.

기술의 발전과 더불어 근로시간의 축소 등으로 여가시간이 늘어나면서 일과 여가의 균형을 맞추려는 워라밸(Work and Life Balance) 현상이 자리 잡아가고 있다. 문화관광연구원에서 실시한 국민인식조사에 따르면 기존에 문화여가를 즐기지 않던 사람들이 문화여가를 즐기기 시작하고 있다고 답한 비율이 약 47%로 나타난 것은 문화여가를 여가활동의 일부로 인식하는 국민수준이 높아지고 있다는 것을 보여준다. 또한, 경제적 수준이나 지식수준에 상관없이 문화예술 활동을 다양하게 즐기는 사람들이 많아지고 있다고 인식하는 비율이 38%로 나타났다. 이는 문화가 국민 모두가 향유해야 할 보편적 가치로 자리잡아가고 있다는 것을 말해 준다.

디지털·스마트 문화가 일상문화의 많은 부분을 차지하는 중요 요소로 자리 잡으면서 일상적 여가 뿐 아니라 콘텐츠 유통, 창작활동 등에 많은 변화를 가져오고 있다. 이러한 디지털 기기의 사용이 문화산업분야에서는 소비자 및 향유자들의 적극적인 참여로 그 가능성에 주목하고 있으나, 순수문화예술 부분은 아직까지 홍보의 부차적 수단 정도로 활용되고 있어 기대감은 떨어지고 있다.

39 다음 중 윗글의 제목으로 가장 적절한 것은 어느 것인가?

① 4차 산업혁명이 변화시킬 노인들의 삶
② 4차 산업혁명이 문화예술에 미치는 영향
③ 4차 산업혁명에 의해 나타나는 사회적 부작용
④ 순수문화예술과 디지털기기의 접목

> ✔해설 글의 첫 문장에서 4차 산업혁명이 문화예술에 미치는 영향은 어떤 것들이 있는지를 소개하였으며, 이어지는 내용은 모두 그러한 영향들에 대한 부연설명이라고 볼 수 있다. 후반부에서 언급된 문화여가와 디지털기기의 일상화 등에 대한 내용 역시 4차 산업혁명이 사회에 깊숙이 관여해 있는 모습을 보여준다는 점에서 문화예술에 미치는 4차 산업혁명의 영향을 뒷받침하는 것이라고 볼 수 있다.
> ① 노인들의 삶에 변화가 있을 것이라는 언급을 하고 있으나, 이는 글의 일부분에 해당하는 내용이므로 제목으로 선정할 수는 없다.
> ③ 4차 산업혁명에 의해 나타나는 사회적 부작용에 대하여 언급하지는 않았다.
> ④ 역시 글 전체를 포괄하는 제목으로는 부족한 내용을 언급하고 있다.

40 다음 중 윗글을 통해 알 수 있는 필자의 의견과 일치하지 않는 설명은 어느 것인가?

① 4차 산업혁명은 문화의 다양성을 가져다 줄 것으로 기대된다.

② 디지털기기는 순수문화예술보다 문화산업분야에 더 적극적인 변화를 일으키고 있다.

③ 4차 산업혁명으로 인해 문화를 향유하는 사회계층이 다양해질 것이다.

④ 스마트폰의 보급으로 인해 내적이고 진지한 여가 시간에 대한 욕구는 줄어들 것이다.

> ✔ 해설 　지식과 경험을 획득하고 삶의 의미를 찾고 성취감을 느끼고 싶어 하는 진지한 여가에 대한 열망도도 점
> 　차 높아질 것으로 관측된다는 설명을 통해 내적이고 진지한 여가 시간에 대한 욕구가 줄어들 것이라는
> 　것은 필자의 의견과 다른 것임을 알 수 있다.
> ① 필자는 4차 산업혁명의 영향으로 문화예술 활동을 다양하게 즐기는 사람들이 많아지고 있다는 언급
> 　을 하고 있다.
> ② 순수문화예술 부분에서는 스마트폰 등 디지털기기가 아직 홍보 수단 정도의 기능에 머물러 있다고
> 　설명하였다.
> ③ 문화 자체의 다양성뿐 아니라 문화를 누리는 대상 층 역시 어린이, 장애인, 시니어 등으로 점차 다
> 　양화될 것을 전망하고 있다.

41 다음 중 밑줄 친 단어의 맞춤법이 옳은 것은?

① 그의 무례한 행동은 저절로 눈쌀을 찌푸리게 했다.

② 손님은 종업원에게 당장 주인을 불러오라고 닥달하였다.

③ 멸치와 고추를 간장에 졸였다.

④ 걱정으로 밤새 마음을 졸였다.

> ✔ 해설 　① 눈쌀→눈살
> 　② 닥달하였다→닦달하였다
> 　③ 졸였다→조렸다
> 　※ '졸이다'와 '조리다'
> 　　㉠ 졸이다 : 찌개, 국, 한약 따위의 물이 증발하여 분량이 적어지다. 또는 속을 태우다시피 초조해하다.
> 　　㉡ 조리다 : 양념을 한 고기나 생선, 채소 따위를 국물에 넣고 바짝 끓여서 양념이 배어들게 하다.

42 다음 중 표준어로만 묶인 것은?

① 사글세, 멋쟁이, 아지랭이, 윗니
② 웃어른, 으레, 상판때기, 고린내
③ 딴전, 어저께, 가엽다, 귀이개
④ 주근깨, 코빼기, 며칠, 느즈감치

> **해설** ③'가엽다'는 '가엾다'와 함께 표준어로 쓰인다.
> ①아지랭이 → 아지랑이 ②상판때기 → 상판대기 ④느즈감치 → 느지감치

43 어문 규정에 어긋난 것으로만 묶인 것은?

① 기여하고저, 뻐드렁니, 돌('첫 생일')
② 퍼붇다, 쳐부수다, 수퇘지
③ 안성마춤, 삵괭이, 더우기
④ 고샅, 일찍이, 굼주리다

> **해설** ① 기여하고저 → 기여하고자
> ② 퍼붇다 → 퍼붓다
> ③ 안성마춤 → 안성맞춤, 삵괭이 → 살쾡이, 더우기 → 더욱이
> ④ 굼주리다 → 굶주리다

44 다음 밑줄 친 부분의 띄어쓰기가 바른 문장은?

① 마을 사람들은 어느 말을 정말로 믿어야 <u>옳은 지</u> 몰라서 멀거니 두 사람의 입을 쳐다보고만 있었다.
② 강아지가 집을 나간 지 <u>사흘만에</u> 돌아왔다.
③ 그냥 모르는 척 <u>살만도 한데</u> 말이야.
④ 자네, 도대체 이게 <u>얼마 만인가</u>.

> **해설** ① 옳은 지 → 옳은지, 막연한 추측이나 짐작을 나타내는 어미이므로 붙여서 쓴다.
> ② 사흘만에 → 사흘 만에, '시간의 경과'를 의미하는 의존명사이므로 띄어서 사용한다.
> ③ 살만도 → 살 만도, 붙여 쓰는 것을 허용하기도 하나(살 만하다) 중간에 조사가 사용된 경우 반드시 띄어 써야 한다(살 만도 하다).

45 다음 중 표준어로만 옳게 짝지어진 것은?

① 웃입술, 냄비, 주책없다

② 깡총깡총, 네째, 강낭콩

③ 끄나풀, 괴팍하다, 소금쟁이

④ 미장이, 수평아리, 숫염소

> **✔해설** ① 웃입술→윗입술
> ② 깡총깡총, 넷째
> • 깡총깡총 → 깡충깡충, 양성 모음이 음성 모음으로 바뀌어 굳어진 단어는 음성 모음 형태를 표준
> 어로 삼는다〈표준어 규정 제8항〉.
> 예 : 깡충깡충, 막둥이, 쌍둥이, 바람둥이, 발가숭이, 오뚝이, 뻗정다리
> • 네째→넷째, 다음 단어들은 의미를 구별함 없이, 한 가지 형태만을 표준어로 삼는다〈표준어 규정
> 제6항〉.
> 예 : 돌(생일, 주기), 둘째, 셋째, 넷째, 빌리다
> ③ 소금장이 → 소금쟁이

46 다음 중 띄어쓰기가 바르지 않은 것은?

① 모르는 것이 약이다.

② 그가 떠난지 벌써 1년이 지났다.

③ 어떻게 네가 나한테 그럴 수 있니?

④ 이상은 위에서 지적한 바와 같습니다.

> **✔해설** ② 떠난지 → 떠난 지, 문장 내에서 '지'는 '어떤 일이 있었던 때로부터 지금까지의 동안을 나타내는 의존
> 명사로 띄어 쓴다.

47 다음 중 띄어쓰기가 모두 옳은 것은?

① 동생네는∨때맞추어∨모든∨일을∨잘∨처리해∨나갔다.

② 이처럼∨희한한∨구경은∨난생∨처음입니다.

③ 이제∨별볼일이∨없으니∨그냥∨돌아갑니다.

④ 하잘것없는∨일로∨형제∨끼리∨다투어서야∨되겠소?

> ✔해설 ① '때맞추다'는 한 단어이므로 붙여 쓴 것이 맞다. '처리해 나갔다'에서 '나가다'는 '앞말이 뜻하는 행동을 계속 진행함'을 뜻하는 보조동사로 본용언과 띄어 쓰는 것이 원칙이다.
> ② '난생처음'은 한 단어이므로 붙여 쓰기 한다.
> ③ '별∨볼∨일이'와 같이 띄어쓰기 한다.
> ④ '하잘것없다'는 형용사로 한 단어이므로 붙여 쓰고, '끼리'는 접미사이므로 '형제끼리'와 같이 앞 단어와 붙여 쓴다.

48 밑줄 친 부분이 어법에 맞게 표기된 것은?

① 박 사장은 자기 돈이 어떻게 <u>쓰여지는 지</u>도 몰랐다.

② 그녀는 조금만 <u>추어올리면</u> 기고만장해진다.

③ <u>나룻터</u>는 이미 사람들로 가득 차 있었다.

④ 우리들은 <u>서슴치</u> 않고 차에 올랐다.

> ✔해설 '위로 끌어 올리다'의 뜻으로 사용될 때는 '추켜올리다'와 '추어올리다'를 함께 사용할 수 있지만 '실제보다 높여 칭찬하다'의 뜻으로 사용될 때는 '추어올리다'만 사용해야 한다.
> ① 쓰여지는 지 → 쓰이는지
> ③ 나룻터 → 나루터
> ④ 서슴치 → 서슴지

49 다음 중 밑줄 친 어휘의 사용이 올바르지 않은 것은 어느 것인가?

① 생사를 <u>가름</u>하는 물음에 웃음으로 답변을 <u>갈음</u>할 수는 없다.

② 그렇게 여러 번 당해서 <u>데고도</u> 또 시간에 <u>대서</u> 오질 못했다.

③ 그녀는 잠자리에서 몸을 <u>추켜세우고는</u> 화장대에서 눈썹을 <u>치켜세우기</u> 시작하였다.

④ 콩이 <u>붓기</u> 시작하니 어머니는 가마솥에 물을 <u>붇고</u> 끓이기 시작하였다.

> ✔ 해설 액체나 가루 따위를 다른 곳에 담는 것은 '붓다'이며, 물에 젖어서 부피가 커지는 것은 '붇다'이다. 따라서 '콩이 붇기', '물을 붓고'가 올바른 표현이다.
> ① '가름'은 이것과 저것을 구분하여 나눈다는 의미이며 '갈음'은 다른 것으로 바꾸어 대신한다는 의미이다.
> ② '대다'는 정해진 시간에 닿거나 맞춘다는 의미이다.
> ③ '몸이나 눈썹을 위쪽으로 올리다'는 뜻으로 '추켜세우다'와 '치켜세우다' 모두 사용할 수 있다.

50 밑줄 친 단어의 쓰임이 적절한 것은?

① 흙덩이를 잘게 <u>부신</u> 후 가져가세요.

② 그릇과 그릇이 <u>부딪치는</u> 소리가 요란했다.

③ 이 파이프는 굵기가 너무 <u>얇아서</u> 안 되겠다.

④ 쏟아지는 뜨거운 눈물을 <u>겉잡을</u> 수가 없었다.

> ✔ 해설 ② 부딪치다 : '부딪다(무엇과 무엇이 힘 있게 마주 닿거나 마주 대다. 또는 닿거나 대게 하다.)'를 강조하여 이르는 말
> ① 부시다 → 부수다(단단한 물체를 여러 조각이 나게 두드려 깨뜨리다.)
> ③ 얇다 → 가늘다(물체의 굵기가 보통에 미치지 못하고 잘다.)
> ④ 겉잡다 → 걷잡다(마음을 진정하거나 억제하다.)

Answer　47.①　48.②　49.④　50.②

수리능력

| 1~5 | 다음 주어진 값의 단위변환이 올바른 것을 고르시오.

1

$$0.5kg = (\qquad)$$

① $5,000,000\mu g$　　　　　② $50g$
③ $500,000mg$　　　　　　④ $0.005t$

✔ 해설　$0.5kg = 500g = 500,000mg = 500,000,000\mu g = 0.0005t$

2

$$4.1\ell = (\qquad)$$

① $410d\ell$　　　　　　　② $4,100cc$
③ $0.041m^3$　　　　　　④ $41cm^3$

✔ 해설　$4.1\ell = 41d\ell = 4,100cc = 0.0041m^3 = 4,100cm^3$

3

$$3,800cm^3 = (\qquad)$$

① $380cc$　　　　　　　② $38,000m\ell$
③ 0.38ℓ　　　　　　　④ $38d\ell$

✔ 해설　$3,800cm^3 = 3,800cc = 3,800m\ell = 3.8\ell = 38d\ell$

4

$$1atm = (\qquad)$$

① 1,013.25Pa
② 101.325hPa
③ 760mmHg
④ 1.01325mb

✔ 해설 1atm=101,325Pa=1,013.25hPa=760mmHg=1,013.25mb

5

$$5m/s = (\qquad)$$

① 3km/min
② 0.05km/s
③ 1,800m/h
④ 18km/h

✔ 해설 5m/s=0.3km/min=0.005km/s=18,000m/h=18km/h

6 $x + x^{-1} = 3$일 때, $x^3 + x^{-3}$의 값은?

① -18
② -9
③ 9
④ 18

✔ 해설 $x \cdot x^{-1} = 1,\ x + x^{-1} = 3$이므로
$x^3 + x^{-3} = (x + x^{-1})^3 - 3x \cdot x^{-1}(x + x^{-1})$
$= 3^3 - 3 \times 1 \times 3 = 18$
• $a^3 + b^3 = (a+b)^3 - 3ab(a+b)$

Answer   1.③ 2.② 3.④ 4.③ 5.④ 6.④

7 $a > 0$, $a \neq 1$이고 $\sqrt[3]{a^2} = \sqrt[4]{a\sqrt{a^k}}$ 일 때, k의 값을 구하면?

① $\dfrac{1}{3}$ ② $\dfrac{2}{3}$

③ $\dfrac{7}{3}$ ④ $\dfrac{10}{3}$

✔ **해설** $a^{\frac{2}{3}} = (a \times a^{\frac{k}{2}})^{\frac{1}{4}} = (a^{\frac{2+k}{2}})^{\frac{1}{4}} = a^{\frac{2+k}{8}}$

$\Rightarrow \dfrac{2}{3} = \dfrac{2+k}{8}$ $(\because a \neq 1)$

$\therefore k = \dfrac{10}{3}$

8 이차방정식 $x^2 - 6x + 3 = 0$의 두 근이 $\log_{10} a$, $\log_{10} b$ 일 때, $\log_a b + \log_b a$ 의 값은?

① 6 ② 9

③ 10 ④ 11

✔ **해설** 이차방정식의 근과 계수와의 관계에 의하여

$\log_{10} a + \log_{10} b = 6$, $\log_{10} a \cdot \log_{10} b = 3$

$\therefore \log_a b + \log_b a = \dfrac{\log_{10} b}{\log_{10} a} + \dfrac{\log_{10} a}{\log_{10} b}$

$= \dfrac{(\log_{10} a)^2 + (\log_{10} b)^2}{\log_{10} a \cdot \log_{10} b}$

$= \dfrac{(\log_{10} a + \log_{10} b)^2 - 2\log_{10} a \cdot \log_{10} b}{\log_{10} a \cdot \log_{10} b}$

$= \dfrac{6^2 - 2 \cdot 3}{3} = 10$

9 모든 실수 x에 대하여 $\log_a(x^2 + ax + a)$ 가 성립한 a값의 범위를 구하면?

① $0 < a < 3$ ② $0 < a < 4$

③ $0 < a < 3$, $3 < a < 4$ ④ $0 < a < 1$, $1 < a < 4$

✔ **해설** (i) $a > 0$이고, $a \neq 1$

(ii) $x^2 + ax + a > 0$에서 $D = a^2 - 4a < 0$ $\therefore 0 < a < 4$

(i), (ii)에서 $0 < a < 1$, $1 < a < 4$

10 $\log_2 3 = a$, $\log_3 5 = b$ 라 할 때 $\log_{15} 80$ 을 a, b로 바르게 나타낸 것은?

① $\dfrac{2+b}{a+b}$ ② $\dfrac{4+a}{b+ab}$

③ $\dfrac{4+b}{a+ab}$ ④ $\dfrac{4+ab}{a+ab}$

✔ **해설**

$$\log_{15} 80 = \frac{\log_3(2^4 \times 5)}{\log_3(3 \times 5)} = \frac{4\log_3 2 + \log_3 5}{\log_3 3 + \log_3 5} = \frac{\dfrac{4}{\log_2 3} + b}{1 + b}$$

$$= \frac{\dfrac{4}{a} + b}{b+1} = \frac{4+ab}{a+ab}$$

11 두 실수 x, y 가 $10^x = 27$, $5^y = 9$를 만족시킬 때, $\dfrac{3}{x} - \dfrac{2}{y}$의 값은?

① $\log_3 2$ ② $\log_2 3$

③ 2 ④ 3

✔ **해설**

$10^x = 27$에서 $x = \log_{10} 27 = \dfrac{\log_3 27}{\log_3 10} = \dfrac{3}{\log_3 2 + \log_3 5}$

$5^y = 9$에서 $y = \log_5 9 = \dfrac{\log_3 9}{\log_3 5} = \dfrac{2}{\log_3 5}$ 이므로

$\dfrac{3}{x} - \dfrac{2}{y} = \dfrac{3}{\dfrac{3}{\log_3 2 + \log_3 5}} - \dfrac{2}{\dfrac{2}{\log_3 5}}$

$\qquad = (\log_3 2 + \log_3 5) - \log_3 5 = \log_3 2$

12 $\log 3250$ 의 정수부분을 n, $\log 0.00325$ 의 소수부분을 a 라 할 때, n과 a의 곱 na의 값은?
(단, $\log 3.25 = 0.5119$ 로 계산한다)

① 0.5119　　　　　　　　　　② 1.5357

③ 2.0476　　　　　　　　　　④ 2.5595

✔️해설 $\log 3250$에서 진수 3250은 4자리 정수이므로 $n = 3$이고, $\log 0.00325$와 $\log 3.25$는 진수의 0을 제외한 숫자
의 배열이 같으므로 소수부분도 같다. $\therefore \alpha = \log 3.25 = 0.5119$
따라서 $n + \alpha = 3 \times 0.5119 = 1.5357$

13 곡선 $y = x^3 - 2x$ 위의 점 $(2, 4)$에서의 접선과 x축, y축으로 둘러싸인 삼각형의 넓이를 S라 할 때,
$10S$의 값은?

① 124　　　　　　　　　　② 126

③ 128　　　　　　　　　　④ 130

✔️해설 $y' = 3x^2 - 2$이므로 곡선 위의 점 $(2, 4)$에서의 접선의 기울기는 10이다.
따라서 구하는 접선의 방정식은
$y - 4 = 10(x - 2)$, $y = 10x - 16$
$S = \dfrac{1}{2} \cdot 16 \cdot \dfrac{8}{5} = \dfrac{64}{5}$
$\therefore 10S = 128$

14 함수 $f(x) = ax^3 - 6ax^2 + b\ (-1 \le x \le 2)$ 의 최댓값이 3이고 최솟값이 -29일 때, 양수 a, b의 합은?

① 2　　　　　　　　　　② 3

③ 4　　　　　　　　　　④ 5

✔️해설 $f'(x) = 3ax^2 - 12ax = 3ax(x - 4) = 0$에서 $x = 0, 4$
주어진 구간이 $[-1, 2]$이므로 $f(x)$는 $f(0)$에서만 극값을 갖는다.
$f(-1)$, $f(2)$, $f(0)$을 구하면
$f(-1) = -7a + b$, $f(0) = b$, $f(2) = -16a + b$
a, b는 양수이므로 최댓값은 b, 최솟값은 $-16a + b$가 되어
$b = 3$, $-16a + b = -29$
두 식에서 $a = 2$, $b = 3$이므로
$\therefore a + b = 5$

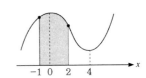

15 함수 $f(x)$의 도함수 $f'(x)$의 그래프가 다음과 같을 때, 다음 중 옳은 것은?

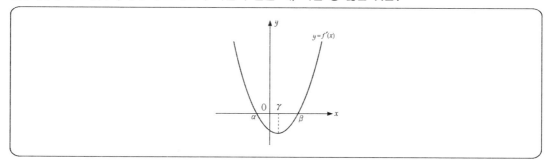

① $f(x)$는 $x=r$에서 극솟값을 갖는다.
② $f(x)$는 $x=0$에서 극댓값을 갖는다.
③ $f(x)$는 $x=\alpha$에서 극댓값, $x=\beta$에서 극솟값을 갖는다.
④ $f(x)$는 극값을 갖지 않는다.

✔해설

x	$\cdots$	α	$\cdots$	β	$\cdots$
$f'(x)$	$+$	0	$-$	0	$+$
$f(x)$	↗		↘		↗

$x=\alpha$에서 극댓값, $x=\beta$에서 극솟값을 갖는다.

Answer　12.② 13.③ 14.④ 15.③

16 열린 구간 $(-5, 15)$에서 정의된 미분가능한 함수 $f(x)$에 대하여, 도함수 $y = f'(x)$의 그래프가 그림과 같다. 함수 $f(x)$가 극댓값을 갖는 x의 개수를 a, 극솟값을 갖는 x의 개수를 b라 할 때, $a - b$의 값은?

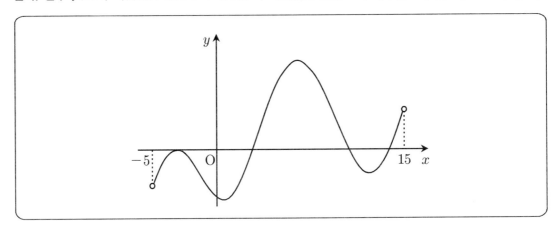

① -1

② 0

③ 1

④ 2

✔**해설** 아래 그림에서와 같이 $y = f'(x)$와 x축과의 교점의 x좌표를 차례대로 p, q, r, s라 하면 함수의 증감표는 아래와 같다.

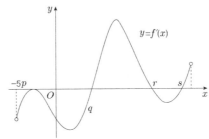

x	$x = -5$	$\cdots$	$x = p$	$\cdots$	$x = q$	$\cdots$
$f'(x)$		$-$	0	$-$	0	$+$
$f(x)$		↘	감소	↘	극소	↗

$x = r$	$\cdots$	$x = s$	$\cdots$	$x = 15$
0	$-$	0	$+$	
극대	↘	극소	↗	

∴ 함수 $y = f(x)$는 $x = r$ 극댓값, $x = q$, $x = s$에서 극솟값을 갖는다.

즉, 극댓값을 갖는 x의 개수 $a = 1$, 극솟값을 갖는 x의 개수 $b = 2$이다.

따라서 $a - b = 1 - 2 = -1$

17 삼차방정식 $x^3 - 3x^2 - 9x - k = 0$이 중근과 한 실근을 가질 때, k값들의 합은?

① 28   ② 22

③ −16   ④ −22

> ✔**해설** $f(x) = x^3 - 3x^2 - 9x - k$라 하면
> $f'(x) = 3x^2 - 6x - 9 = 3(x+1)(x-3) = 0$
> $x = -1$, $x = 3$에서 극값을 갖는다.
> 방정식이 중근과 한 실근을 가지려면 극값 중 하나가 0이 되어야 하므로
> $f(-1) \cdot f(3) = 0$
> $(5-k)(-27-k) = 0$
> $\therefore k = 5$ 또는 $k = -27$
> 따라서 k값들의 합은 -22

18 수직선 위를 움직이는 두 점 P, Q에 대하여 시각 t일 때 두 점의 위치는 각각 $P(t) = \frac{1}{3}t^3 + 4t - \frac{2}{3}$, $Q(t) = 2t^2 - 10$이다. 두 점 P, Q의 속도가 같아지는 순간 두 점 P, Q 사이의 거리는?

① 10   ② 12

③ 14   ④ 16

> ✔**해설** P, Q의 속도를 구하면 $P'(t) = t^2 + 4$, $Q'(t) = 4t$
> 두 점의 속도가 같아지는 시각은
> $t^2 + 4 = 4t$, $(t-2)^2 = 0$
> $\therefore t = 2$
> 시각 t일 때 두 점 사이의 거리는
> $\overline{PQ} = \left| \frac{1}{3}t^3 - 2t^2 + 4t + \frac{28}{3} \right|$ 에서
> $t = 2$일 때 $\overline{PQ} = \left| \frac{8}{3} - 8 + 8 + \frac{28}{3} \right| = \frac{36}{3} = 12$

19 그림과 같은 직육면체에서 모든 모서리의 길이의 합이 36일 때, 부피의 최댓값은?

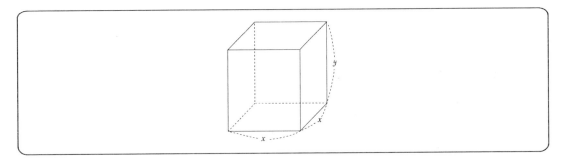

① 25   ② 27

③ 29   ④ 30

✔ **해설** 모서리 길이의 합이 36이므로

직육면체의 가로와 세로의 길이를 x, 높이를 y라 하면

$8x + 4y = 36$이고

부피 $V = x^2 y = x^2(9 - 2x)$가 최대가 될 때는

$V' = -6x(x-3)$이므로 $x = 3$

따라서 부피는 27

20 정적분 $\displaystyle\int_{-1}^{2} |x^2 - 1| dx$의 값은?

① $\dfrac{4}{3}$ ② 2

③ $\dfrac{8}{3}$ ④ $\dfrac{10}{3}$

✔ **해설** $|x^2 - 1| = \begin{cases} 1 - x^2 & (-1 \leq x \leq 1) \\ x^2 - 1 & (1 \leq x \leq 2) \end{cases}$ 이므로

$$\int_{-1}^{2} |x^2 - 1| dx = \int_{-1}^{1} |x^2 - 1| dx + \int_{1}^{2} |x^2 - 1| dx$$

$$= \int_{-1}^{1} (1 - x^2) dx + \int_{1}^{2} (x^2 - 1) dx = \left[x - \frac{1}{3} x^3 \right]_{-1}^{1} + \left[\frac{1}{3} x^3 - x \right]_{1}^{2}$$

$$= \left\{ \left(1 - \frac{1}{3}\right) - \left(-1 + \frac{1}{3}\right) \right\} + \left\{ \left(\frac{8}{3} - 2\right) - \left(\frac{1}{3} - 1\right) \right\} = \frac{4}{3} + \frac{4}{3} = \frac{8}{3}$$

21 이차함수 $y=f(x)$의 그래프가 아래로 볼록이고 두 점 $(1,\,0)$, $(3,\,0)$을 지난다. 함수 $g(x)=\displaystyle\int_0^x f(t)\,dt$의 극댓값이 4일 때, $f(x)$의 최솟값은?

① -1 ② -2

③ -3 ④ -4

✔해설 (i) 이차함수 $y=f(x)$의 그래프가 아래로 볼록이고 두 점 $(1,0)$, $(3,0)$을 지나므로
$f(x)=a(x-1)(x-3)\ (a>0)$이다.

(ii) $g(x)=\displaystyle\int_0^x f(t)\,dt$에서 $g'(x)=f(x)$이므로 $x=1$에서 극대가 된다.

∴ 극댓값은

$$g(1)=\int_0^1 f(t)\,dt=\int_0^1 a(t-1)(t-3)\,dt=a\int_0^1 (t^2-4t+3)\,dt=a\left[\frac{1}{3}x^3-2x^2+3x\right]_0^1=\frac{4}{3}a=4$$

∴ $a=3$

즉, $f(x)=3(x-1)(x-3)=3x^2-12x+9$

따라서 $f(x)=3x^2-12x+9=3(x-2)^2-3$는 $x=2$일 때 최솟값 -3을 갖는다.

22 곡선 $y=x^3-3x+2$와 x축으로 둘러싸인 도형의 넓이는?

① $\dfrac{25}{4}$ ② $\dfrac{13}{2}$

③ $\dfrac{27}{4}$ ④ 7

✔해설 $y=x^3-3x+2=(x-1)^2(x+2)$와 x축으로 둘러싸인 도형은 다음 그림과 같다.

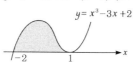

$$\int_{-2}^1 (x^3-3x+2)\,dx=\left[\frac{1}{4}x^4-\frac{3}{2}x^2+2x\right]_{-2}^1=\left(\frac{1}{4}-\frac{3}{2}+2\right)-(4-6-4)=\frac{27}{4}$$

23 같은 높이의 지면에서 동시에 출발하여 지면과 수직인 방향으로 올라가는 두 물체 A, B가 있다. 그림은 시각 $t\,(0 \le t \le c)$에서 물체 A의 속도 $f(t)$와 물체 B의 속도 $g(t)$를 나타낸 것이다.

$\int_0^c f(t)dt = \int_0^c g(t)dt$이고 $0 \le t \le c$일 때, 옳은 것만을 〈보기〉에서 모두 고른 것은?

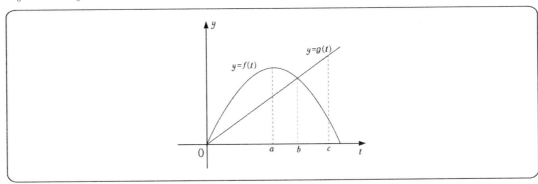

㉠ $t=a$일 때, 물체 A는 물체 B보다 높은 위치에 있다.
㉡ $t=b$일 때, 물체 A와 물체 B의 높이의 차가 최대이다.
㉢ $t=c$일 때, 물체 A와 물체 B는 같은 높이에 있다.

---

① ㉡

② ㉢

③ ㉠, ㉡

④ ㉠, ㉡, ㉢

✔해설 ㉠ $t=a$일 때,

물체 A의 높이는 $\int_0^a f(t)dt$이고,

물체 B의 높이는 $\int_0^a g(t)dt$이다.

이때, 주어진 그림에서 $\int_0^a f(t)dt > \int_0^a g(t)dt$이므로

A가 B보다 높은 위치에 있다. (참)

㉡ $0 \le t \le b$일 때 $f(t)-g(t) \ge 0$이므로
시각 t에서의 두 물체 A, B의 높이의 차는 점점 커진다.
또, $b < t \le c$일 때 $f(t)-g(t) < 0$이므로
시각 t에서의 두 물체 A, B의 높이의 차는 점점 줄어든다.
따라서 $t=b$일 때, 물체 A와 물체 B의 높이의 차가
최대이다. (참)

㉢ $\int_0^c f(t)dt = \int_0^c g(t)dt$이므로 $t=c$일 때,

물체 A와 물체 B는 같은 높이에 있다. (참)
이상에서 옳은 것은 ㉠, ㉡, ㉢이다.

24 다음 그림과 같이 좌표평면 위의 점 $A(5, 3)$, 직선 $y = x$ 위의 점 B, x축 위의 점 C로 이루어진 삼각형 ABC의 둘레의 길이 $\overline{AB} + \overline{BC} + \overline{CA}$의 최솟값은?

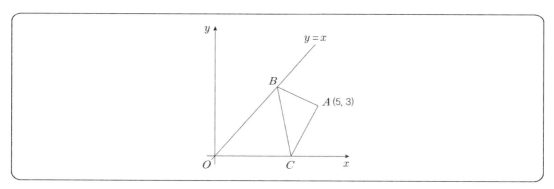

① $\sqrt{14}$

② $\sqrt{15}$

③ $2\sqrt{15}$

④ $2\sqrt{17}$

✔해설 그림에서 점 $A(5, 3)$을 $y = x$, x에 대칭이동시킨 점을 각각 P, Q라 하면 $P(3, 5)$, $Q(5, -3)$이다.

이때 $\overline{AB} = \overline{PB}$, $\overline{CA} = \overline{CQ}$이므로

$\overline{AB} + \overline{BC} + \overline{CA} = \overline{PB} + \overline{BC} + \overline{CQ}$

따라서 $\overline{AB} + \overline{BC} + \overline{CA}$의 최솟값은

$\overline{PQ} = \sqrt{(5-3)^2 + (-3-5)^2} = \sqrt{68} = 2\sqrt{17}$

25 어떤 공장에서 제품 A, B를 각각 1kg 씩 만드는 데 필요한 전력과 가스 및 제품 1kg 에서 얻어지는 이익이 아래 표와 같다. 하루 동안 이 공장에서 사용할 수 있는 전력은 180kWh, 가스는 180m³일 때, 하루 동안 제품 A, B를 생산하여 얻을 수 있는 최대 이익은?

제품	전력(kWh)	가스(m³)	이익(만원)
A	4	3	9
B	5	6	12

① 240만 원   ② 300만 원

③ 360만 원   ④ 420만 원

✔ **해설** 하루에 제품 A를 $x$kg, 제품 B를 $y$kg을 생산한다고 하면

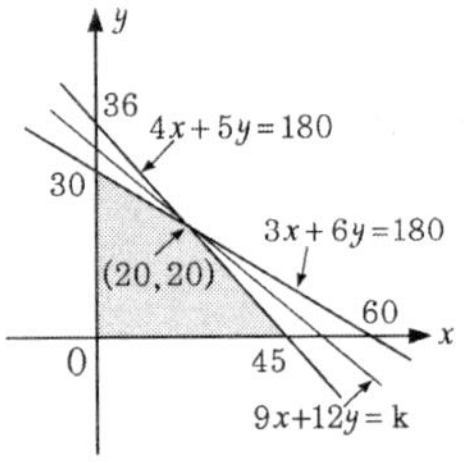

$x \geq 0,\ y \geq 0$ ······ ㉠

또, 하루 동안 사용할 수 있는 전체 전력과 가스의 한도는

각각 180kWh, 180m³이므로

$4x + 5y \leq 180$ ······ ㉡

$3x + 6y \leq 180$ ······ ㉢

이때, ㉠, ㉡, ㉢을 동시에 만족하는 영역은 오른쪽 그림의 어두운 부분(경계선 포함)과 같다.

하루 동안 얻을 수 있는 이익을

$9x + 12y = k$ (k는 상수) ······ ㉣로 놓으면

직선 ㉣이 교점 $(20, 20)$을 지날 때, k의 값이 최대가 된다.

따라서 하루 동안에 제품 A를 20kg, 제품 B를 20kg씩 만들면 최대 이익은 $9 \times 20 + 12 \times 20 = 420$(만 원)

| 26~27 | 다음 질문에 알맞은 답을 고르시오.

어느 공장에 인형을 조립하는 기계는 1개의 인형을 조립하는데 3분이 걸리고, 인형을 포장하는 기계는 1개의 인형을 포장하는데 5분이 걸린다. 이 공장의 오전 업무시간은 9시~12시, 오후 업무시간은 1시~6시이고, 업무시간 이외의 시간에는 기계를 가동시키지 않는다.

26 오전 업무시간 동안 조립기계 2대만 가동하고, 오후 업무시간 동안 조립기계 2대와 포장기계 3대를 동시에 가동할 때, 하루 업무를 끝낸 시점에 포장되지 않고 남아있는 인형은 몇 개인가? (단, 어제 포장되지 않고 남아있는 인형은 없었다.)

① 120개   ② 140개

③ 200개   ④ 220개

✔해설 오전(180분) 동안 조립되는 인형의 수 : $\frac{180}{3} \times 2 = 120$(개)

오후(300분) 동안 조립되는 인형의 수 : $\frac{300}{3} \times 2 = 200$(개)

오후(300분) 동안 포장되는 인형의 수 : $\frac{300}{5} \times 3 = 180$(개)

∴ $120 + 200 - 180 = 140$(개)

27 업무시간동안 조립기계 1대와 포장기계 3대를 동시에 가동하는데 더 이상 포장할 인형이 없는 시점에 포장기계는 가동을 중지하고 더 이상 작동시키지 않을 때, 포장기계가 가동을 중지하는 시간은 몇 시인가? (단, 전날 포장되지 않고 남아있는 인형의 수는 96개이다.)

① 3시   ② 3시 20분

③ 4시   ④ 4시 40분

✔해설 기계가 돌아가는 시간을 x분이라 할 때, 더 이상 포장할 인형이 없는 시점은 조립된 인형과 포장된 인형의 개수가 같아지는 시점이므로 $96 + \frac{x}{3} = \frac{x}{5} \times 3$이다. $x = 360$(분)이므로 6시간이 지나면 포장할 인형이 없어진다. 오전 9시에 업무를 시작해서 중간에 1시간 휴식이 있으므로 오후 4시에 포장기계가 가동을 중지한다.

28 재민이는 동화책 한 권을 3일 동안 다 읽었다. 첫째 날에는 전체 쪽수의 $\frac{1}{3}$보다 10쪽을 더 읽었고, 둘째 날에는 나머지 쪽수의 $\frac{3}{5}$보다 18쪽을 더 읽고, 마지막 날은 30쪽을 읽었다. 이 동화책은 모두 몇 쪽인가?

① 195쪽   ② 205쪽

③ 310쪽   ④ 420쪽

✔해설 동화책의 전체 쪽수를 x라고 하면

첫째 날 읽은 쪽수 : $\frac{1}{3}x + 10$

둘째 날 읽은 쪽수 : $\frac{3}{5} \times \left(x - \frac{1}{3}x - 10\right) + 18 = \frac{2}{5}x + 12$

마지막 날 읽은 쪽수 : 30

모두 더하면, $\frac{1}{3}x + 10 + \frac{2}{5}x + 12 + 30 = x$가 된다.

∴ $x = 195$

29 1일 날 8시간 동안 갑과 을이 함께 작업하여 일의 $\frac{1}{4}$을 마쳤고, 2일 날 8시간 동안 을과 병이 함께 작업하여 일의 $\frac{1}{3}$을 마쳤고, 3일 날 8시간 동안 갑과 병이 함께 작업하여 일을 마쳐 3일 만에 기계 1대를 만들었다. 갑, 을, 병이 모두 함께 일을 시작하여 하루 4시간씩 작업할 때, 기계 20대를 만드는데 걸리는 일수는?

① 20일   ② 40일

③ 60일   ④ 80일

✔해설 하루 8시간에 일하는 양은 갑+을=$\frac{1}{4}$, 을+병=$\frac{1}{3}$, 갑+병=$\frac{5}{12}$이므로, 갑, 을, 병이 다 같이 작업할 때 8시간 만에 끝내는 양은 갑+을+병=$\frac{1}{2}$이다.

8시간씩 이틀 동안 작업하여 기계 1대를 만들 수 있으므로 하루 4시간씩 작업하여 기계 20대를 만드는데 걸리는 시간은 80일이다.

30 은행에서 10명이 업무를 하면 60시간이 걸린다. 24시간 안에 일을 끝내고 싶다면 최소 몇 명이 더 필요한가?

① 6명
② 13명
③ 15명
④ 18명

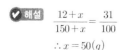 전체 작업량을 1이라 하면, 10명이서 60시간 동안 일을 완성하므로 시간당 작업량은 $\frac{1}{60}$ 이다.

10명이므로 1인당 작업량은 시간당 $\frac{1}{600}$ 이다.

x명이 24시간 동안 일을 하면

$$\frac{1}{600} \times x \times 24 = 1$$

$$\therefore x = 25$$

지금보다 15명 이상이 많아야 한다.

31 4%의 소금물과 10%의 소금물을 섞은 후 물을 더 부어 4.5%의 소금물 200g을 만들었다. 10%의 소금물의 양과 더 부은 물의 양이 같다고 할 때, 4% 소금물의 양은 몇 g인가?

① 100g
② 105g
③ 110g
④ 120g

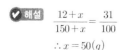 4%의 소금물을 x, 10%의 소금물을 y라 하면
$x + 2y = 200 \cdots ①$
$$\frac{4}{100}x + \frac{10}{100}y = \frac{45}{1000} \times 200 \cdots ②$$
두 식을 연립하면 $x = 100$, $y = 50$이므로 4% 소금물의 양은 100g이다.

32 8%의 소금물 150g에 소금 xg을 섞었더니 31%의 소금물이 되었다. 추가된 소금의 양은 얼마인가?

① 20g
② 30g
③ 40g
④ 50g

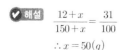 $$\frac{12 + x}{150 + x} = \frac{31}{100}$$
$$\therefore x = 50(g)$$

33 일의 자리의 숫자가 8인 두 자리의 자연수에서 십의 자리와 일의 자리의 숫자를 바꾸면 원래의 수의 2배보다 26만큼 크다. 이 자연수는?

① 28 　　　　　　　　　　② 38

③ 48 　　　　　　　　　　④ 58

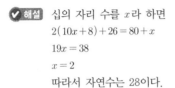 십의 자리 수를 x라 하면

$2(10x+8)+26 = 80+x$

$19x = 38$

$x = 2$

따라서 자연수는 28이다.

34 A팀 후보 6명, B팀 후보 4명 중 국가대표 선수 두 명을 뽑는다. 뽑힌 두 명의 선수가 같은 팀일 확률은 얼마인가? (소수점 셋째자리에서 반올림하시오.)

① 0.47 　　　　　　　　② 0.5

③ 0.53 　　　　　　　　④ 0.56

✔해설 뽑힌 두 명의 선수가 같은 팀일 경우는 두 명 모두 A팀이거나, 모두 B팀인 경우이다.

$$\therefore \frac{{}_6C_2 + {}_4C_2}{{}_{10}C_2} = \frac{\dfrac{6\times5}{2\times1} + \dfrac{4\times3}{2\times1}}{\dfrac{10\times9}{2\times1}} = \frac{15+6}{45} = 0.46666\cdots \fallingdotseq 0.47$$

35 페인트 한 통과 벽지 5묶음으로 51m^2의 넓이를 도배할 수 있고, 페인트 한 통과 벽지 3묶음으로는 39m^2를 도배할 수 있다고 한다. 이때, 페인트 2통과 벽지 2묶음으로 도배할 수 있는 넓이는?

① 45m^2 ② 48m^2

③ 51m^2 ④ 54m^2

> ✔해설 페인트 한 통으로 도배할 수 있는 넓이를 $x\text{m}^2$,
> 벽지 한 묶음으로 도배할 수 있는 넓이를 $y\text{m}^2$라 하면
> $\begin{cases} x+5y=51 \\ x+3y=39 \end{cases}$ 이므로 두 식을 연립하면 $2y=12 \Rightarrow y=6, \ x=21$
> 따라서 페인트 2통과 벽지 2묶음으로 도배할 수 있는 넓이는
> $2x+2y=42+12=54(\text{m}^2)$이다.

36 어떤 학교의 운동장은 둘레의 길이가 200m이다. 경석이는 자전거를 타고, 나영이는 뛰어서 이 운동장을 돌고 있다. 두 사람이 같은 지점에서 동시에 출발하여 같은 방향으로 운동장을 돌면 1분 40초 뒤에 처음으로 다시 만나고, 서로 반대 방향으로 돌면 40초 뒤에 처음으로 다시 만난다. 경석이의 속력은 나영이의 속력의 몇 배인가?

① $\dfrac{3}{7}$ 배   ② $\dfrac{1}{2}$ 배

③ $\dfrac{7}{3}$ 배   ④ $\dfrac{8}{3}$ 배

> ✔해설 경석이의 속력을 x, 나영이의 속력을 y라 하면
> $\begin{cases} 40x+40y=200 \Rightarrow x+y=5 \ \cdots \ \bigcirc \\ 100(x-y)=200 \Rightarrow x-y=2 \ \cdots \ \bigcirc \end{cases}$ 이므로 두 식을 연립하면 $x=\dfrac{7}{2}, \ y=\dfrac{3}{2}$
> 따라서 경석이의 속력은 나영이의 속력의 $\dfrac{7}{3}$ 배이다.

37 서울 사람 2명과 대전 사람 2명, 대구, 부산, 세종 사람 각 1명씩 모여 7개의 의자에 일렬로 앉았다. 양쪽 끝에 같은 지역의 사람이 앉아있을 확률은?

① $\dfrac{1}{21}$

② $\dfrac{2}{21}$

③ $\dfrac{4}{21}$

④ $\dfrac{8}{21}$

✔ 해설   ㉠ 7명의 사람이 의자에 일렬로 앉을 수 있는 경우의 수 : $7!$
ㄴ 서울 사람이 양쪽 끝의 의자에 앉는 경우 : $5! \times 2$
ㄷ 대전 사람이 양쪽 끝의 의자에 앉는 경우 : $5! \times 2$
∴ $\dfrac{ㄴ+ㄷ}{㉠} = \dfrac{5! \times 2 \times 2}{7!} = \dfrac{2}{21}$

38 학생 수가 50명인 초등학교 교실이 있다. 이 중 4명을 제외한 나머지 학생 모두가 방과 후 교실 프로그램으로 승마 또는 골프를 배우고 있다. 승마를 배우는 학생이 26명이고 골프를 배우는 학생이 30명일 때, 승마와 골프를 모두 배우는 학생은 몇 명인가?

① 9명

② 10명

③ 11명

④ 12명

✔ 해설   전체 학생의 집합을 U, 승마를 배우는 학생의 집합을 A, 골프를 배우는 학생의 집합을 B라 하면
$n(U)=50$, $n(A)=26$, $n(B)=30$
4명을 제외한 모든 학생이 승마 또는 골프를 배운다고 하였으므로
방과 후 교실 프로그램에 참여하는 모든 학생 수는 $50-4=46$(명)이다.
따라서 승마와 골프를 모두 배우는 학생의 수는
$n(A)+n(B)-46=26+30-46=10$(명)이다.

39 다음 그림에서 구분되는 네 부분에 서로 다른 색을 칠하려 한다. 7가지 색깔에서 4가지 색을 칠하려 한다면 방법의 수는?

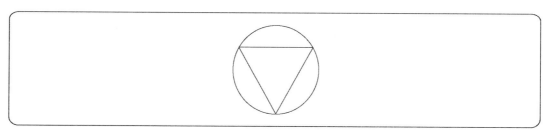

① 190가지

② 230가지

③ 280가지

④ 320가지

✔해설 7가지 색에서 4가지 색을 선택하는 방법의 수는 $_7C_4$, 선택된 4가지 색에서 1가지 색을 선택하는 방법의 수는 $_4C_1$이고 이것을 가운데 ▽부분에 칠하며, 나머지 3가지 색을 둘레에 칠하는 방법의 수는 원순열에 해당하므로 $(3-1)!$

∴ $_7C_4 \times _4C_1 \times (3-1)! = 280$(가지)

40 상자 속에 검사하지 않은 제품 30개가 있다. 이 상자에서 2개의 제품을 임의로 선택하여 한 개씩 검사할 때, 두 개 모두 합격품이면 30개 모두 합격품인 것으로 인정한다. 30개의 제품 중 불량품이 6개 들어 있을 때, 이들 30개의 제품이 합격품으로 인정받을 확률은?

① $\dfrac{82}{145}$

② $\dfrac{87}{145}$

③ $\dfrac{91}{135}$

④ $\dfrac{92}{145}$

✔해설 • 30개의 제품이 합격품으로 인정받으려면 24개의 합격품 중 2개를 뽑아야 한다.

• 상자에서 처음 꺼낸 제품이 합격품이 나올 확률은 $\dfrac{24}{30} = \dfrac{4}{5}$, 두 번째 제품이 합격품일 확률은 $\dfrac{23}{29}$이다.

∴ $\dfrac{4}{5} \times \dfrac{23}{29} = \dfrac{92}{145}$

41 20,000원을 모두 사용해서 800원짜리 색연필과 2,000원짜리 볼펜을 종류에 상관없이 최대한 많이 산다고 할 때 색연필과 볼펜을 합하여 총 몇 개를 살 수 있는가? (단, 색연필과 볼펜 모두 한 개 이상 사야한다.)

① 25개   ② 22개
③ 20개   ④ 16개

✔해설 색연필 구매 개수를 x, 볼펜 구매 개수를 y라 할 때,
$800x + 2000y = 20000$인 정수 x, y는 (5, 8), (10, 6), (15, 4), (20, 2)이므로 종류에 상관없이 최대한 많이 살 수 있는 경우는 (20, 2)로 총 22개를 살 수 있다.

42 원가가 2,200원인 상품을 3할의 이익이 남도록 정가를 책정하였다. 하지만 판매부진으로 할인하여 판매하였고, 할인가가 원가보다 484원 저렴했다. 그렇다면 정가의 얼마를 할인한 것인가?

① 2할2푼   ② 3할
③ 3할5푼   ④ 4할

✔해설 정가 $= 2200(1+0.3) = 2860$(원)
할인율을 x라 하면 $2860 \times (1-x) - 2200 = -484$이므로
$2860 - 2860x = 1716$
$x = 0.4$
즉, 4할을 할인한 것이다.

43 전교생이 1,000명이고 이 중 남학생이 여학생보다 200명이 많은 어느 학교에서 안경 낀 학생 수를 조사하였다. 안경 낀 학생은 안경을 끼지 않은 학생보다 300명이 적었다. 안경 낀 남학생은 안경 낀 여학생의 1.5배이었다면 안경 낀 여학생은 몇 명인가?

① 120명   ② 140명
③ 160명   ④ 180명

✔해설 안경을 낀 학생 수를 x라 하면
안경을 끼지 않은 학생 수는 $x+300$이다.
$x + (x+300) = 1,000$이므로 x는 350명이다.
안경을 낀 남학생을 $1.5y$라 하면,
안경을 낀 여학생은 y가 된다.
$y + 1.5y = 350$이므로 y는 140명이다.
따라서 안경을 낀 여학생 수는 140명이다.

44 A전자마트에서 TV는 원가의 10%를 더하여 정가를 정하고, 에어컨은 원가의 5%를 더하여 정가를 정하는데 직원의 실수로 TV와 에어컨의 이익률을 반대로 계산했다. TV 15대, 에어컨 10대를 판매한 후에야 이 실수를 알았을 때, 제대로 계산했을 때와 잘못 계산했을 때의 손익계산으로 옳은 것은? (단, TV가 에어컨보다 원가가 높고, TV와 에어컨 원가의 차는 20만 원, 잘못 계산된 정가의 합은 150만 원이다.)

① 60만 원 이익　　　　　　　　　② 60만 원 손해

③ 30만 원 이익　　　　　　　　　④ 30만 원 손해

> **✔해설** TV의 원가를 x, 에어컨의 원가를 y라 할 때,
> $x - y = 20$만 원
> $1.05x + 1.1y = 150$만 원
> 두 식을 연립하여 풀면 $x = 80$, $y = 60$이다.
> ㉠ 잘못 계산된 정가
> 　TV : 1.05×80만 $= 84$만 원
> 　에어컨 : 1.1×60만 $= 66$만 원 이므로
> 　TV 15대, 에어컨 10대의 가격은 $84 \times 15 + 66 \times 10 = 1,260 + 660 = 1,920$만 원
> ㉡ 제대로 계산된 정가
> 　TV : 1.1×80만 $= 88$만 원
> 　에어컨 : 1.05×60만 $= 63$만 원 이므로
> 　TV 15대, 에어컨 10대의 가격은 $88 \times 15 + 63 \times 10 = 1,320 + 630 = 1,950$만 원
> ∴ 30만 원 손해

45 두 자리의 자연수에 대하여 각 자리의 숫자의 합은 11이고, 이 자연수의 십의 자리 숫자와 일의 자리 숫자를 바꾼 수의 3배 보다 5 큰 수는 처음 자연수와 같다고 한다. 처음 자연수의 십의 자리 숫자는?

① 9　　　　　　　　　　　　　　② 7

③ 5　　　　　　　　　　　　　　④ 3

> **✔해설** 십의 자리 숫자를 x, 일의 자리 숫자를 y라고 할 때,
> $x + y = 11 \cdots ㉠$
> $3(10y + x) + 5 = 10x + y \cdots ㉡$
> ㉡을 전개하여 정리하면 $-7x + 29y = -5$이므로
> ㉠ $\times 7 +$ ㉡을 계산하면 $36y = 72$
> 따라서 $y = 2$, $x = 9$이다.

46 다음은 우리나라 연도별 성별 월급여액과 국제간 남녀 임금격차 비교표이다. 〈보기〉에서 다음 표에 관해 옳게 해석한 것을 모두 고르면?

〈표 1〉 성별 월급여액

(단위 : 천 원)

구분	2016	2017	2018	2019	2020	2021	2022
여성 월급여액	1,015	1,112	1,207	1,286	1,396	1,497	1,582
남성 월급여액	1,559	1,716	1,850	1,958	2,109	2,249	2,381

※ 남성 대비 여성 임금 비율 = $\dfrac{\text{여성 월급여액}}{\text{남성 월급여액}} \times 100$

〈표 2〉 국제간 남성 대비 여성 임금 비율 비교

(단위 : %)

연도	프랑스	독일	일본	한국	영국	미국	OECD 평균
2011	90	76	63	58	74	76	78
2021	88	77	67	62	79	81	82

〈보기〉
㉠ 2021년 우리나라의 남녀 임금격차는 최고 수준이며, OECD 국가 평균의 2배 이상이다.
㉡ 남성 근로자의 임금 대비 여성 근로자의 임금 수준은 2016년에 비해 2022년 1.3% 정도로 소폭 상승하였다.
㉢ 국제간 남녀 임금격차가 가장 적은 나라는 프랑스이다.
㉣ OECD 국가들은 남녀 임금격차가 줄어드는 추세이다.

① ㉠

② ㉠, ㉡

③ ㉠, ㉡, ㉢

④ ㉡, ㉢, ㉣

✔**해설** ㉠ 2021년의 남녀 임금격차가 66.6%로 최고 수준이었으나, OECD 국가 평균의 2배 이상은 아니다.
㉡ 우리나라의 남성 근로자의 임금 대비 여성 근로자의 임금 수준은 다음과 같다.

구분	2016	2017	2018	2019	2020	2021	2022
남성 대비 여성 임금 비율	65.1%	64.8%	65.2%	65.7%	66.2%	66.6%	66.4%

2016년에 비해 2022년에는 1.3% 정도로 소폭 상승하였다.
㉢ 남녀 임금격차가 적다는 것은 남녀의 임금격차가 거의 없어 100%가 되어야 한다는 뜻이다. 프랑스는 OECD 국가 중에서 남녀 임금격차가 가장 적다.
㉣ OECD 평균이 78%에서 82%로 100%에 가까워졌으므로 남녀 임금격차가 줄어들고 있다고 볼 수 있다.

47 직원들을 대상으로 대중교통을 이용하는 횟수에 대한 설문 조사를 한 결과가 다음과 같다. 응답자 전원의 월 평균 대중교통을 이용하는 횟수가 65회라면, 빈 칸 ㉠에 들어갈 알맞은 인원수는 몇 명인가?

월 평균 대중교통 이용 횟수(회)	인원 수(명)
0 ~ 20	10
20 ~ 40	20
40 ~ 60	30
60 ~ 80	35
80 ~ 100	(㉠)
100 ~ 120	20

① 32

② 30

③ 28

④ 25

✔️**해설** 각 계급에 속하는 정확한 변량을 알 수 없는 경우에는 해당 계급의 중간값인 계급값을 사용하여 평균을 구할 수 있다. 따라서 빈 칸의 인원수를 x로 두고 다음과 같이 계산한다.

$$평균 이용 횟수 = \frac{전체 이용 횟수}{전체 인원 수} = \frac{(10 \times 10) + (30 \times 20) + (50 \times 30) + (70 \times 35) + (90 \times x) + (110 \times 20)}{10 + 20 + 30 + 35 + x + 20} = 65$$

이를 정리하면 $\frac{6,850 + 90x}{115 + x} = 65$, 따라서 $x = 25$가 된다.

48 다음은 3개 회사의 '갑' 제품에 대한 국내 시장 점유율 현황을 나타낸 자료이다. 다음 자료에 대한 설명 중 적절하지 않은 것은 어느 것인가?

(단위 : %)

구분	2018	2019	2020	2021	2022
A사	17.4	18.3	19.5	21.6	24.7
B사	12.0	11.7	11.4	11.1	10.5
C사	9.0	9.9	8.7	8.1	7.8

① 2018년부터 2022년까지 3개 회사의 점유율 증감 추이는 모두 다르다.

② 3개 회사를 제외한 나머지 회사의 '갑' 제품 점유율은 2018년 이후 매년 감소하였다.

③ 2018년 대비 2022년의 점유율 감소율은 C사가 B사보다 더 크다.

④ 3개 회사의 '갑' 제품 국내 시장 점유율이 가장 큰 해는 2022년이다.

✔해설 ② A, B, C 3개 회사의 '갑' 제품 점유율 총합은 2018년부터 순서대로 38.4%, 39.9%, 39.6%, 40.8%, 43.0%이다. 2020년도에는 전년도에 비해 3개 회사의 점유율이 감소하였으므로, 반대로 3개 회사를 제외한 나머지 회사의 점유율은 증가하였음을 알 수 있다. 따라서 나머지 회사의 점유율이 2018년 이후 매년 감소했다고 할 수 없다.

① A사는 지속 증가, B사는 지속 감소, C사는 증가 후 감소하는 추이를 보인다.

③ C사는 $\frac{7.8-9.0}{9.0} \times 100 ≒ -13.3\%$ 이며, B사는 $\frac{10.5-12.0}{12.0} \times 100 ≒ -12.5\%$ 로 C사의 감소율이 B사보다 더 크다.

④ 매년 증가하여 2022년에 3개 회사의 점유율은 43%로 가장 큰 해가 된다.

49 자료에 대한 분석으로 옳은 것은?

구분		2017년	2022년	증가율(%)
총인구		45,125	47,345	4.9
65세 이상		3,371	4,365	29.5
성별	남자	1,287	1,736	34.9
	여자	2,084	2,629	26.1
지역	도시	2,001	2,747	37.2
	농촌	1,370	1,618	18.1

〈고령 인구 규모 및 추이〉 (단위 : 천 명)

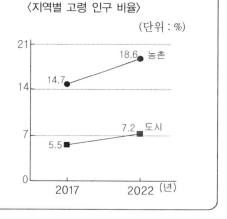

〈지역별 고령 인구 비율〉 (단위 : %)

① 도시의 고령화가 농촌보다 빠르게 진행되었다.

② 도시 지역은 2017년에 고령화 단계에 진입하였다.

③ 총 인구 수보다 고령 인구 수가 더 많이 증가하였다.

④ 여성 고령자의 비중이 더 크지만 증가율은 남성이 더 높다.

✔해설 ① 전체 인구에 대한 고령 인구의 비율 즉, 고령화 정도는 농촌이 도시보다 빠르게 진행되고 있다.

② 전체 인구 중 고령 인구가 차지하는 비율이 7%, 14%, 21% 이상이면 각각 고령화 사회, 고령 사회, 초고령 사회라고 한다.

③ 총 인구 수는 222만 명, 고령 인구(65세 이상) 수는 99만 4천 명 증가하였다.

Answer 48.② 49.④

50 다음 자료를 참고할 때, H사의 차량을 구입하여 2년 사용했을 때와 같은 경비는 F사의 차량을 구입하여 사용한 지 몇 개월째에 발생하는가? 단, 모든 차량이 1년에 24,000km 거리를 주행하며, 매달 주행거리는 동일하다고 가정한다.

〈자동차 종류별 특성〉

제조사	차량 가격(만 원)	연료 용량(L)	연비(km/L)	연료 종류
H사	2,000	55	15	LPG
F사	2,100	60	10	휘발유
S사	2,050	60	12	경유

〈종류별 연료가격/L〉

LPG	800원
휘발유	1,500원
경유	1,200원

* 자동차 이용에 따른 총 경비는 구매가격과 연료비의 합으로 산정하고, 5년간 연료비 변동은 없다고 가정한다.

① 4개월   ② 5개월
③ 6개월   ④ 7개월

✔해설 우선 H사의 차량을 2년 사용했을 때의 경비를 구해 보면 다음과 같다.

$$2,000만 원 + \frac{2 \times 24,000(km)}{15(km/L)} \times 800(원/L) = 2,256만 원$$

F사의 자동차로 주행한 거리를 x 라고 할 때, 총 경비가 2,256만 원이 되는 수식은 다음과 같다.

$$2,100만 원 + \frac{x(km)}{10(km/L)} \times 1,500(원/L) = 2,256만 원$$

계산해 보면 $x = 10,400$km가 된다. 1년에 24,000km를 주행하고 매달 주행거리는 같으므로 1개월에 2,000km를 주행하는 것이 된다. 따라서 10,400km를 주행하는 데는 $10,400 \div 2,000 = 5.2$(개월)이 걸린다. F사 차량을 5개월째 이용하는 시점에 그 총 경비가 H사 차량을 2년 동안 주행한 총 경비와 같아진다.

51 다음 표는 A, B, C, D 도시의 인구 및 총 인구에 대한 여성의 비율과 그 여성 중 독신자의 비율을 나타낸 것이다. 올해 A 도시의 여성 독신자의 7%가 결혼을 하였다면 올해 결혼한 독신여성은 모두 몇 명인가?

구분	A 도시	B 도시	C 도시	D 도시
인구(만 명)	25	39	43	52
여성 비율(%)	42	53	47	57
여성 독신자 비율(%)	42	31	28	32

① 3,087명　　　　　　　　② 4,210명

③ 5,658명　　　　　　　　④ 6,407명

 해설　A 도시의 여성 수는 $250,000 \times \dfrac{42}{100} = 105,000$명

A 도시의 여성 독신자 수는 $105,000 \times \dfrac{42}{100} = 44,100$명

A 도시의 여성 독신자 중 7%에 해당하는 수는 $44,100 \times \dfrac{7}{100} = 3,087$명

52 다음의 설문에 대한 응답 결과를 통해 추론할 수 있는 내용으로 가장 타당한 것은?

> • 소득이 감소한다면, 소비 지출을 줄이겠습니까?
> • 소비 지출을 줄인다면, 어떤 부분부터 줄이겠습니까?

(단위 : %)

구분		지출 줄임						줄일 수 없음
		음식료비	외식비	주거관련비	문화여가비	사교육비	기타	
지역	도시	5.8	20.5	15.7	7.1	4.6	26.7	19.6
	농촌	8.6	12.0	18.5	4.9	3.2	18.8	34.0
학력	중졸 이하	9.9	10.4	24.9	4.2	2.1	11.9	36.6
	고졸	5.4	20.2	15.1	7.2	4.8	30.8	16.5
	대졸 이상	4.9	25.9	7.6	8.1	3.5	37.0	13.0

① 도시 지역과 농촌 지역의 소비 행태는 거의 비슷하다.
② 도시 가구는 소득이 감소하면 주거 관련비를 가장 많이 줄인다.
③ 학력이 낮을수록 소득이 감소하면 소비 지출을 더 줄이려는 경향이 있다.
④ 학력 수준에 관계없이 소득 감소가 사교육비에 미치는 영향은 가장 적다.

✔ 해설 ④ 표에서 필수적 생활비는 음식료비와 주거 관련비를 말한다.
소득이 감소할 때 소비 지출을 줄이겠다고 응답한 사람은 농촌보다 도시에서, 학력이 높을수록 높게 나타난다. 지출을 줄이겠다고 응답한 사람들의 항목별 비율에서는 외식비, 주거 관련비를 줄이겠다고 응답한 사람들의 비율이 높은 반면, 사교육비 지출을 줄이겠다는 사람들은 학력에 관계없이 가장 적게 나타나고 있다.

53 다음은 우체국 택배물 취급에 관한 기준표이다. 미영이가 서울에서 포항에 있는 보람이와 설희에게 각각 택배를 보내려고 한다. 보람이에게 보내는 물품은 10kg에 130cm이고, 설희에게 보내려는 물품은 4kg에 60cm이다. 미영이가 택배를 보내는 데 드는 비용은 모두 얼마인가?

(단위 : 원/개)

중량(크기)		2kg까지 (60cm까지)	5kg까지 (80cm까지)	10kg까지 (120cm까지)	20kg까지 (140cm까지)	30kg까지 (160cm까지)
동일지역		4,000원	5,000원	6,000원	7,000원	8,000원
타지역		5,000원	6,000원	7,000원	8,000원	9,000원
제주 지역	빠른(항공)	6,000원	7,000원	8,000원	9,000원	11,000원
	보통(배)	5,000원	6,000원	7,000원	8,000원	9,000원

※ 1) 중량이나 크기 중에 하나만 기준을 초과하여도 초과한 기준에 해당하는 요금을 적용한다.
　 2) 동일지역은 접수지역과 배달지역이 동일한 시/도이고, 타지역은 접수한 시/도지역 이외의 지역으로 배달되는 경우를 말한다.
　 3) 부가서비스(안심소포) 이용시 기본요금에 50% 추가하여 부가한다.

① 13,000원　　　　　　　　　　② 14,000원
③ 15,000원　　　　　　　　　　④ 16,000원

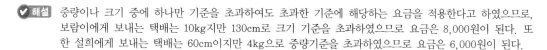 중량이나 크기 중에 하나만 기준을 초과하여도 초과한 기준에 해당하는 요금을 적용한다고 하였으므로, 보람이에게 보내는 택배는 10kg지만 130cm로 크기 기준을 초과하였으므로 요금은 8,000원이 된다. 또한 설희에게 보내는 택배는 60cm이지만 4kg으로 중량기준을 초과하였으므로 요금은 6,000원이 된다.

54 서울시 유료 도로에 대한 자료이다. 산업용 도로 3km의 건설비는 얼마가 되는가?

분류	도로수	총길이	건설비
관광용 도로	5	30km	30억
산업용 도로	7	55km	300억
산업관광용 도로	9	198km	400억
합계	21	283km	730억

① 약 5.5억 원　　　　　　　　　② 약 11억 원
③ 약 16.5억 원　　　　　　　　　④ 약 22억 원

해설 $300 \div 55 = 5.45 \fallingdotseq 5.5$(억 원)이고 3km이므로 $5.5 \times 3 =$ 약 16.5(억 원)

Answer 52.④ 53.② 54.③

|55~56| 어느 해의 사이버 쇼핑몰 상품별 거래액에 관한 표이다. 물음에 답하시오.

(단위 : 백만 원)

	1월	2월	3월	4월	5월	6월	7월	8월	9월
컴퓨터	200,078	195,543	233,168	194,102	176,981	185,357	193,835	193,172	183,620
소프트웨어	13,145	11,516	13,624	11,432	10,198	10,536	45,781	44,579	42,249
가전·전자	231,874	226,138	251,881	228,323	239,421	255,383	266,013	253,731	248,474
서적	103,567	91,241	130,523	89,645	81,999	78,316	107,316	99,591	93,486
음반·비디오	12,727	11,529	14,408	13,230	12,473	10,888	12,566	12,130	12,408
여행·예약	286,248	239,735	231,761	241,051	288,603	293,935	345,920	344,391	245,285
아동·유아용	109,344	102,325	121,955	123,118	128,403	121,504	120,135	111,839	124,250
음·식료품	122,498	137,282	127,372	121,868	131,003	130,996	130,015	133,086	178,736

55 1월 컴퓨터 상품 거래액의 다음 달 거래액과 차이는?

① 4,455백만 원
② 4,535백만 원
③ 4,555백만 원
④ 4,655백만 원

✔**해설** 200,078 − 195,543 = 4,535백만 원

56 1월 서적 상품 거래액은 음반·비디오 상품의 몇 배인가? (소수 둘째자리까지 구하시오)

① 8.13
② 8.26
③ 9.53
④ 9.75

✔**해설** 103,567 ÷ 12,727 = 8.13배

57 다음 표는 A백화점의 판매비율 증가를 나타낸 것으로 전체 평균 판매증가비율과 할인기간의 판매증가비율을 구분하여 표시한 것이다. 주어진 조건을 고려할 때 A~F에 해당하는 순서대로 차례로 나열한 것은?

월별 \ 구분	A 전체	A 할인	B 전체	B 할인	C 전체	C 할인	D 전체	D 할인	E 전체	E 할인	F 전체	F 할인
1	20.5	30.9	15.1	21.3	32.1	45.3	25.6	48.6	33.2	22.5	31.7	22.5
2	19.3	30.2	17.2	22.1	31.5	41.2	23.2	33.8	34.5	27.5	30.5	22.9
3	17.2	28.7	17.5	12.5	29.7	39.7	21.3	32.9	35.6	29.7	30.2	27.5
4	16.9	27.8	18.3	18.9	26.5	38.6	20.5	31.7	36.2	30.5	29.8	28.3
5	15.3	27.7	19.7	21.3	23.2	36.5	20.3	30.5	37.3	31.3	27.5	27.2
6	14.7	26.5	20.5	23.5	20.5	33.2	19.5	30.2	38.1	39.5	26.5	25.5

> ㉠ 의류, 냉장고, 보석, 핸드백, TV, 가구에 대한 표이다.
> ㉡ 가구는 1월에 비해 6월에 전체 평균 판매증가비율이 높아졌다.
> ㉢ 냉장고는 3월을 제외하고는 할인기간의 판매증가비율이 전체 평균 판매증가비율보다 크다.
> ㉣ 핸드백은 할인기간의 판매증가비율보다 전체 평균 판매증가비율이 더 크다.
> ㉤ 1월과 6월을 비교할 때 의류는 전체 평균 판매증가비율의 감소가 가장 크다.
> ㉥ 보석은 1월에 전체 평균 판매증가비율과 할인기간의 판매증가비율의 차이가 가장 크다.

① TV – 의류 – 보석 – 핸드백 – 가구 – 냉장고
② TV – 냉장고 – 의류 – 보석 – 가구 – 핸드백
③ 의류 – 보석 – 가구 – 냉장고 – 핸드백 – TV
④ 의류 – 냉장고 – 보석 – 가구 – 핸드백 – TV

✔ **해설** 주어진 표에 따라 조건을 확인해보면, 조건의 ㉡은 B, E가 해당하는데 ㉢에서 B가 해당하므로 ㉡은 E가 된다. ㉣은 F가 되고 ㉤은 C가 되며 ㉥은 D가 된다. 남은 것은 TV이므로 A는 TV가 된다. 그러므로 TV – 냉장고 – 의류 – 보석 – 가구 – 핸드백 순이다.

58 다음은 영화관 2곳의 매출실적에 관한 표이다. 이에 대한 설명으로 옳은 것은?

구분	평균				품목별 총점
	A지점		B지점		
	남사원 20명	여사원 10명	남사원 15명	여사원 15명	
영화관람권	60	65	㉠	60	3,650
스낵바	㉡	55	50	60	3,200
팝콘팩토리	50	50	60	50	3,150

① ㉠은 ㉡보다 크다.

② 3개 제품의 전체 평균의 경우 A지점 여사원 평균이 A지점 남사원 평균보다 낮다.

③ 영화관람권은 B지점 사원 평균이 A지점 사원의 평균보다 높다.

④ 전체 남사원의 팝콘팩토리 매출 실적 평균은 전체 여사원의 팝콘팩토리 매출 실적 평균보다 낮다.

 해설 ㉠을 구하면 $20 \times 60 + 10 \times 65 + 15 \times ㉠ + 15 \times 60 = 3,650$ ∴ ㉠ = 60

㉡을 구하면 $㉡ \times 20 + 10 \times 55 + 15 \times 50 + 15 \times 60 = 3,200$ ∴ ㉡ = 50

② 3개 제품의 전체 평균의 경우 A지점 여사원 평균이 56.7점, A지점 남사원 평균이 53.3점이므로 남사원 평균이 더 낮다.

③ 영화관람권은 B지점 사원 평균이 60점, A지점 사원의 평균이 62.5점이므로 A지점이 더 높다.

④ 전체 남사원의 팝콘팩토리 매출 실적 평균은 55점, 전체 여사원의 팝콘팩토리 매출 실적 평균은 50점이므로 전체 남사원의 매출 실적 평균이 더 높다.

59 다음은 신재생 에너지 및 절약 분야 사업 현황이다. '신재생 에너지' 분야의 사업별 평균 지원액이 '절약' 분야의 사업별 평균 지원액의 5배 이상이 되기 위한 사업 수의 최대 격차는? (단, '신재생 에너지' 분야의 사업 수는 '절약' 분야의 사업 수보다 큼)

(단위 : 억 원, %, 개)

구분	신재생 에너지	절약	합
지원금(비율)	3,500(85.4)	600(14.6)	4,100(100.0)
사업 수	( )	( )	600

① 44개   ② 46개

③ 48개   ④ 54개

✔**해설** '신재생 에너지' 분야의 사업 수를 x, '절약 분야의 사업 수를 y라고 하면

$x + y = 600 \cdots\cdots$ ㉠

$\dfrac{3,500}{x} \geq 5 \times \dfrac{600}{y} \rightarrow$ (양 변에 xy 곱함) $\rightarrow 3,500y \geq 3,000x \cdots\cdots$ ㉡

㉠, ㉡을 연립하여 풀면 $y \geq 276.92\cdots$

따라서 '신재생 에너지' 분야의 사업별 평균 지원액이 '절약 분야의 사업별 평균 지원액의 5배 이상이 되기 위한 사업 수의 최대 격차는 '신재생 에너지' 분야의 사업 수가 323개, '절약 분야의 사업 수가 277개일 때로 46개이다.

60 다음은 A사의 2023년 추진 과제의 전공별 연구책임자 현황에 대한 자료이다. 다음 설명 중 옳지 않은 것을 고르면?

(단위 : 명, %)

전공 \ 연구책임자	남자		여자	
	연구책임자 수	비율	연구책임자 수	비율
이학	2,833	14.8	701	30.0
공학	11,680	61.0	463	19.8
농학	1,300	6.8	153	6.5
의학	1,148	6.0	400	17.1
인문사회	1,869	9.8	544	23.3
기타	304	1.6	78	3.3
계	19,134	100.0	2,339	100.0

① 전체 연구책임자 중 공학전공의 연구책임자가 차지하는 비율이 50%를 넘는다.
② 전체 연구책임자 중 의학전공의 여자 연구책임자가 차지하는 비율은 1.9%이다.
③ 전체 연구책임자 중 인문사회전공의 연구책임자가 차지하는 비율은 12%를 넘는다.
④ 전체 연구책임자 중 농학전공의 남자 연구책임자가 차지하는 비율은 6%를 넘는다.

✔**해설** ③ $\dfrac{1,869 + 544}{19,134 + 2,339} \times 100 = 11.23$이므로 12%를 넘지 않는다.

Answer 58.① 59.② 60.③

1 25℃, 1기압에서 헬륨 0.2g을 채울 수 있는 그릇에 어떤 기체를 채웠더니 1.6g이 들어갔다면 이 기체는 무엇인가? (단, 헬륨 원자량 = 4)

① N_2
② CH_2
③ O_2
④ CO_2

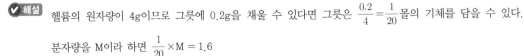

✔️해설 헬륨의 원자량이 4g이므로 그릇에 0.2g을 채울 수 있다면 그릇은 $\frac{0.2}{4} = \frac{1}{20}$ 몰의 기체를 담을 수 있다.

분자량을 M이라 하면 $\frac{1}{20} \times M = 1.6$

∴ M = 32이므로 O_2이다.

① $14 \times 2 = 28$
② $12 + 1 \times 4 = 16$
③ $16 \times 2 = 32$
④ $12 + 16 \times 2 = 44$

2 다음 중 이산화탄소(CO_2)에 섞여있는 수증기를 제거하는 데 사용하는 건조제로 가장 적절한 것은?

① CaO
② KOH
③ NaOH
④ P_4O_{10}

✔️해설 건조제
㉠ 산성 건조제 : 물질이 산성일 때 수증기와 암모니아 같은 염기성 기체를 흡수한다.
예 진한 황산, 오산화인
㉡ 염기성 건조제 : 물질이 염기성일 때 수증기와 이산화탄소 같은 산성 기체를 흡수한다.
예 소다석회
㉢ 중성 건조제 : 물질이 중성일 때 수증기 등을 흡수한다.
예 염화칼슘, 실리카겔

3 다음 실제기체 중 이상기체와 거리가 가장 먼 것은?

① NH_3

② H_2

③ O_2

④ N_2

> **해설** 이상기체와 거리가 먼 기체는 분자 간의 인력이 큰 극성 분자들이다. H_2, N_2, O_2, CO_2는 무극성 분자들이며, 분자 자체의 부피는 없다. 실제기체 중에서 분자량이 작을수록 분자 자체의 크기를 무시할 수 있으므로 이상기체에 가깝다.
> ① NH_3는 극성분자이다.

4 다음 중 수소 2g과 산소 32g으로 물을 생성할 때 산소 16g이 반응하지 않고 남아 있는 경우 적용될 수 있는 법칙으로 옳은 것은?

① 배수비례의 법칙

② 기체반응의 법칙

③ 일정성분비의 법칙

④ 질량보존의 법칙

> **해설** 일정성분비의 법칙 … 어느 한 화합물을 구성하고 있는 성분원소의 질량비는 항상 일정하다.

5 다음 중 일정한 온도, 압력하에서 수소 10ml와 산소 10ml를 반응시킬 때 수증기가 생성되고 남은 기체의 양은 몇 ml인가?

① 수소 3ml

② 산소 3ml

③ 수소 5ml

④ 산소 5ml

> **해설** $2H_2 + O_2 \longrightarrow 2H_2O$로,
> 수소 : 산소 : 수증기 $= 2 : 1 : 2 = 10 : 5 : 10$ 이다.
> 그러므로 수소 10ml와 산소 5ml가 반응하여 수증기 10ml를 생성하고 남은 기체는 산소 5ml가 된다.

Answer 1.③ 2.④ 3.① 4.③ 5.④

6 다음 중 어떤 고체유기물질을 정제하려는 과정에서 물질이 순수한 상태인지 알아보는 방법으로 옳은 것은?

① 밀도   ② 색깔

③ 녹는점   ④ 원자수

> ✔해설 순수한 물질은 녹는점과 끓는점이 일정한 성질을 갖는다.

7 다음 중 기체의 운동론에 대한 설명으로 옳지 않은 것은?

① 기체분자들은 완성 탄성체로 간주한다.

② 기체분자들 자체가 차지하는 부피는 너무 작다.

③ 기체분자 상호간에는 반발력이 크게 작용한다.

④ 기체분자들은 끊임없이 빠른 속도로 열운동을 한다.

> ✔해설 ③ 기체분자 상호간에는 반발력이나 인력이 작용하지 않는다.

8 다음 중 기체분자의 운동에너지를 결정하는 조건으로 옳은 것은?

① 화학적 성질   ② 분자량

③ 온도   ④ 분자가 갖는 총 전자수

> ✔해설 기체분자의 운동에너지는 온도에만 의존한다.

9 다음 중 몰 증발열에 대한 설명으로 옳지 않은 것은?

① 액체상태에서 분자 사이의 인력이 큰 물질일수록 몰 증발열이 크고, 끓는점도 높다.

② 증발이 일어나는 동안 액체의 온도가 내려간다.

③ 6.02×10^{24}개의 액체분자를 액체표면에서 기체상태로 증발시키는 데 필요한 운동에너지이다.

④ 액체의 온도를 일정하게 유지하기 위해 외부의 열에너지를 계속 공급받아야 한다.

✔ **해설** ③ 몰 증발열은 6.02×10^{23}개의 액체분자를 액체표면에서 기체상태로 증발시키는 데 필요한 열에너지이다. 어느 일정한 온도에서 1몰의 액체가 완전히 증발하여 액체와 같은 온도의 기체로 되는데 필요한 열량을 말하며 몰 증발열이 클수록 분자 사이의 인력이 크다.

10 다음 중 20℃에서 수용액 위의 산소압력이 1.0기압일 때 물 100g에 녹는 산소의 양이 Xml라면 2.0기압일 때 물 100g에 녹는 산소의 부피로 옳은 것은?

① $\frac{1}{2}x$ ml

② x ml

③ $2x$ ml

④ $4x$ ml

✔ **해설** 녹는 기체의 부피는 압력과 무관하므로 1기압일 때와 2기압일 때의 물 100g에 녹는 산소의 양은 같다.

11 다음 보어의 수소원자모형에 대한 설명 중 옳지 않은 것은?

① 전자는 어떤 특정한 궤도에서만 움직인다.

② 에너지크기의 순서는 K < L < M < N이다.

③ 정량적으로 화학결합을 설명하는 것이 가능하다.

④ 전자가 2개 이상인 원자에서는 맞지 않는다.

✔ **해설** ③ 화학결합을 정량적으로 설명하는 것은 불가능하다.

12 다음 중 수소의 선 스펙트럼과 관련된 사항으로 옳은 것은?

① 중성자의 질량과 에너지

② 양성자의 전하량과 질량

③ 전자가 가지는 에너지의 불연속성

④ 전자의 전하량과 질량

> ✔해설 수소의 에너지준위가 불연속이기 때문에 선 스펙트럼이 나타난다.

13 다음 중 이온결합물질의 성질로 옳지 않은 것은?

① 고체와 액체에서 모두 도체이다.

② 물과 같은 극성 용매에 용해가 쉽게 된다.

③ 녹는점이 비교적 높다.

④ 단단하지만 힘을 가하면 부서진다.

> ✔해설 이온결합물질의 성질
> ㉠ 물에 비교적 잘 녹고, 녹은 수용액은 전기양도체이다.
> ㉡ 전기전도성은 고체에서 없고, 용융 상태에서 양도체이다.
> ㉢ 반지름이 작고 전하량이 클수록 녹는점과 끓는점이 높다.

14 분자식이 X_2O인 기체와 산소의 확산속도 비가 $1 : 4$일 때 원소 X의 원자량은?

① 112 　　　　　　　　　　② 162

③ 216 　　　　　　　　　　④ 248

> ✔해설 그레이엄의 법칙에서
> $$\frac{V_1}{V_2} = \sqrt{\frac{M_2}{M_1}}$$
> X_2O의 속도를 v_x 라 하고 산소의 분자량이 32이므로
> $$\frac{v_x}{4v_x} = \sqrt{\frac{32}{M_1}} \text{ 에서 } \frac{1}{16} = \frac{32}{M_1} \quad \therefore M_1 = 512$$
> $M_1 = 2X + 16 = 512$
> $\therefore X = 248$

15 다음 중 반응속도에 영향을 미치는 요인으로 옳지 않은 것은?

① 농도　　　　　　　　　　　　② 압력
③ 부피　　　　　　　　　　　　④ 촉매

> ✔해설 반응속도에 영향을 미치는 요인 … 압력, 온도, 농도, 촉매 등이 있다.

16 다음 열화학 반응식을 이용하여 $C(s)+H_2O(g) \rightarrow CO(g)+H_2(g)$의 반응($\Delta H$)을 구하면?

- $C(s)+O_2(g) \rightarrow CO_2(g)+80.2kcal$　　　　ㄱ
- $2H_2(g)+O_2(g) \rightarrow 2H_2O(g)+107.4kcal$　　ㄴ
- $2CO(g)+O_2(g) \rightarrow 2CO_2(g)+126.8kcal$　　ㄷ

① $-73.8kcal$　　　　　　　　② $36.9kcal$
③ $-36.9kcal$　　　　　　　　④ $73.8kcal$

> ✔해설 화학반응에서 처음과 마지막 상태가 같다면, 반응경로와 무관하게 방출 또는 흡수되는 열량은 같다(헤스의 법칙). 보기에 주어진 열화학 반응식을 이용하여 $C(s)+H_2O(g) \rightarrow CO(g)+H_2(g)$의 반응열을 구한다.
>
> $ㄱ-\left(ㄴ\times\dfrac{1}{2}+ㄷ\times\dfrac{1}{2}\right) = C(s)+H_2O(g) \rightarrow CO(g)+H_2(g)-36.9kcal$
>
> 그러므로 $\Delta H=36.9kcal$

17 다음 설명 중 옳지 않은 것은?

① 산화칼슘은 산화마그네슘보다 물에 잘 녹는다.
② 칼슘이나 마그네슘의 염은 모두 특유의 불꽃반응을 나타낸다.
③ 산화마그네슘보다 산화칼슘의 녹는점이 더 낮다.
④ 황산마그네슘은 물에 잘 녹지만 황산칼슘은 물에 녹기 어렵다.

> ✔해설 ② 마그네슘의 염은 특유의 불꽃반응을 나타내지 않는다.

Answer 12.③ 13.① 14.④ 15.③ 16.② 17.②

18 다음 중 알칼리금속이 불꽃반응을 일으키는 이유로 옳은 것은?

① 전자들이 더 낮은 에너지준위로 떨어지면서 에너지를 방출하기 때문이다.

② 전자들이 더 높은 에너지준위로 옮겨지면서 에너지를 흡수하기 때문이다.

③ 가열에 의한 화학적 변화 때문이다.

④ 공기 중의 불순물이 원인이다.

> ✔해설 안정한 상태에 있는 원자의 전자는 가능한 한 낮은 에너지 상태로 향하려 한다. 전자들이 낮은 에너지 준위로 떨어질 때 에너지를 방출하면서 특유의 색깔의 빛을 내게 된다.

19 다음 반응식에서 반응열이 생성열인 것은?

① $H_2O(l) \rightarrow H_2(g) + \frac{1}{2} O_2(g)$, $\Delta H = -68.3 \text{kcal}$

② $2CO(g) + O_2(g) \rightarrow 2CO_2(g)$, $\Delta H = 135.2 \text{kcal}$

③ $\frac{1}{2} N_2(g) + \frac{1}{2} O_2(g) \rightarrow NO(g)$, $\Delta H = +21.6 \text{kcal}$

④ $H^+(aq) + OH^-(aq) \rightarrow H_2O(l)$, $\Delta H = +13.8 \text{kcal}$

> ✔해설 생성열은 물질 1몰이 성분원소로부터 생성될 때의 반응열이다. NO가 그 물질을 구성하고 있는 성분 홑 원소 물질로부터 1몰 생성되었을 때 생성열 $\Delta H = 21.6 \text{kcal}$가 발생한다.

20 온실효과에 관한 설명 중 옳지 않은 것은?

① 온실효과는 대기 중의 입자상 물질이 기온에 미치는 영향과 반대이다.

② 대기 중의 수증기는 지구에서 방출되는 복사선을 흡수한다.

③ 대기 중의 CO2는 적외선을 흡수한다.

④ 대기 중의 CO는 자외선을 흡수한다.

> ✔해설 ④ 온실효과에 관여하는 것은 적외선이다.

21 다음 중 4주기 전이원소에 대한 설명으로 옳지 않은 것은?

① 녹는점, 끓는점이 높고 밀도가 크다.

② 금속으로 되어 있으며 전기양도체이다.

③ 이온은 여러 종류의 리간드와 착화합물을 형성한다.

④ 모두 하나의 원자가전자만 갖는다.

> ✔해설 ④ Cr과 Cu를 제외하고 모든 전이원소의 원자가전자수는 2개이다.

22 물 40g에 비전해질 물질 3.6g을 용해시킨 용액의 어는점이 −0.93℃였다. 이 물질로 옳은 것은? (단, 물의 몰랄내림 상수의 값=1.86)

① C_6H_6

② $C_6H_{12}O_6$

③ $C_{12}H_{22}O_{11}$

④ $(NH_2)_2CO$

> ✔해설 비전해질의 분자량 측정에서 용매 Wg에 비전해질 wg을 녹였다면
> 용매 1,000g 중에 녹는 용질의 수는 W : w = 1,000 : x에 대입하면
> 40 : 3.6 = 1,000 : x에서 x = 90
> $\Delta T_f = K_f \cdot m$이므로 0.93 = 1.86×m에서 m을 구하면 m = 0.5
> M을 분자량이라하면 m(몰랄농도)= $\dfrac{90}{M}$
> $0.5 = \dfrac{90}{M}$ 이므로 M=180
> $C_6H_{12}O_6$의 분자량이 180이므로 물질은 $C_6H_{12}O_6$가 된다.

23 다음 중 벤젠에 대한 설명으로 옳은 것은?

① 시클로헥산과 동일한 입체구조로 되어 있다.

② 독특한 냄새가 나는 무색, 휘발성 액체로 인화성이 강하다.

③ 분자 내 벤젠고리를 포함한 화합물을 지방족 탄화수소라고 한다.

④ 불포화 탄화수소이며 첨가반응이 잘 일어난다.

> ✔해설 ① 벤젠은 6개의 탄소원자가 육각형의 고리모양을 이루고 있는 정육각형 평면구조로 되어 있다.
> ③ 분자 내 벤젠고리를 포함한 화합물은 대부분 냄새가 있으므로 방향족 탄화수소라고 한다.
> ④ 불포화 탄화수소이지만 공명혼성구조로 안정하므로 첨가반응보다는 치환반응이 잘 일어난다.

Answer 18.① 19.③ 20.④ 21.④ 22.② 23.②

24 다음 중 전기를 전도하는 물질들의 나열로 옳은 것은?

① $NaCl(s)$, $Ag(s)$, $HCl(aq)$

② $NaCl$(용융), $Ag(s)$, 흑연

③ $NaCl$(용융), $Ag(s)$, 다이아몬드

④ $NaCl(aq)$, $Ag(s)$, 다이아몬드

> ✔해설 이온결정물질은 고체 상태에서 전기전도성이 없고 액체나 수용액 상태에서는 전기전도성을 갖는다. 금
> 속은 액체, 고체 모두 전기전도성이 있고 공유결합물질은 액체, 고체 모두 전기전도성이 없으나 흑연은
> 공유결합물질이어도 전기전도성이 있다.

25 다음 중 화학변화로 옳은 것은?

① 구리선에 전류가 흐른다.　　　　② 얼음이 녹는다.

③ 자석에 철이 붙는다.　　　　　　④ 음식물이 부패한다.

> ✔해설 화학적 · 물리적 변화
> ㉠ 화학적 변화 : 연소반응, 전기분해, 산화 · 환원반응
> ㉡ 물리적 변화 : 상태의 변화, 전자기적 성질

26 다음 중 원유의 구성성분으로 유기물인 단백질의 분해에 의해 생긴 것끼리 짝지어진 것은?

① 질소 · 황　　　　　　　　　　② 산소 · 탄소

③ 황 · 산소　　　　　　　　　　④ 탄소 · 질소

> ✔해설 원유의 주성분은 탄소 84~87%, 수소 11~14% 외 소량의 황 · 질소 · 산소로 구성되어 있으며 이 중 황 ·
> 질소는 유기물인 단백질 분해에 의해 생긴다. 석유는 이 원유를 정제하여 만든 것이다.

27 상온에서 두 액체 A, B의 증기압력은 각각 80mmHg, 150mmHg이었다. 두 액체의 끓는점과 분자 간의 인력을 비교한 것 중 옳은 것은?

① 끓는점 A > B, 인력 A > B

② 끓는점 A > B, 인력 A < B

③ 끓는점 A < B, 인력 A > B

④ 끓는점 A < B, 인력 A < B

✔해설 증기압력이 큰 액체는 끓는점이 낮고, 인력이 작다.

28 다음 중 ΔH에 관한 설명으로 옳지 않은 것은?

① 생성물질의 엔탈피와 반응물질의 엔탈피 차이이다.

② ΔH가 +이면 열을 흡수한다.

③ ΔH가 -이면 흡열반응이다.

④ ΔH가 -이면 반응물질의 에너지 함량이 생성물질보다 크다.

✔해설 ③ ΔH는 '생성물의 엔탈피-반응물의 엔탈피이다.
$\Delta H > 0 \Rightarrow$ 생성물의 엔탈피 > 반응물의 엔탈피 $\Rightarrow$ 흡열반응
$\Delta H < 0 \Rightarrow$ 생성물의 엔탈피 < 반응물의 엔탈피 $\Rightarrow$ 발열반응

29 표는 바닥 상태인 2주기 원소 A, B, C, D의 홀전자 수와 이온화 에너지를 나타낸 것이다. 이에 대한 설명으로 옳은 것은? (단, A, B, C, D는 임의의 원소 기호이다)

	A	B	C	D
홀전자 수 [개]	1	2	2	3
제1 이온화 에너지 [KJ/mol]	1681	1314	1086	1402

① 바닥 상태에서 전자가 들어 있는 오비탈 수는 B가 C보다 많다.

② 원자 반지름은 A가 D보다 크다.

③ 유효 핵전하는 D가 B보다 크다.

④ 원자가 전자 수는 C, B, D, A의 순서로 커진다.

✔**해설** A : 홀전자 수 1, 가장 큰 이온화 에너지→17족(F)
　　　　B, C : 홀전자 수 2→14족, 16족→이온화 에너지가 큰 B=O, 이온화 에너지가 작은 C=C
　　　　D : 홀전자 수 3→15족(N)
　　　　② 원자 반지름은 D가 A보다 크다.
　　　　③ 유효 핵전하는 B가 D보다 크다.
　　　　④ 원자가 전자 수는 C < D < B < A의 순서로 커진다.

30 다음 중 원자와 분자에 대한 설명으로 옳은 것은?

① 원자는 물질을 구성하는 기본적인 성분이다.

② 수소 원자는 수소 기체의 성질을 가진다.

③ 모든 원자는 불안정하여 단독으로 존재하지 않는다.

④ 광합성 과정에서 생성된 산소는 분자 형태로 존재한다.

✔**해설** ① 원자는 물질을 구성하는 가장 작은 입자 단위이며, 물질을 구성하는 기본적인 성분은 원소이다.
　　　　② 수소 원자는 수소 기체의 성질을 가지지 않는다.
　　　　③ Ar(아르곤)과 같은 원자는 안정하여 단독으로 존재한다.

31 다음은 같은 온도, 같은 부피의 상자 속에 들어 있는 질소(N_2)와 암모니아(NH_3) 기체를 분자 모형으로 나타낸 것이다. 이에 대한 설명으로 옳은 것은?

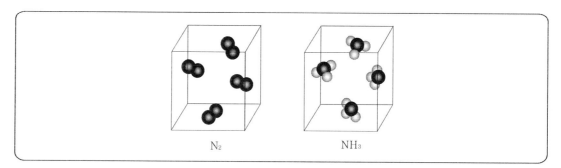

N₂   NH₃

① 몰 질량이 같다.

② 몰 부피가 같다.

③ 같은 부피 속에 들어 있는 원자 수가 같다.

④ 암모니아 기체가 들어 있는 상자의 압력이 더 크다.

> ✔해설 ① 몰 질량과 밀도는 질소 기체가 더 크다.
> ③ 원자 수는 암모니아 기체가 더 많다.
> ④ 같은 온도, 같은 부피 속에 들어 있는 기체 분자 수가 같으므로 압력은 같다.

| 32~33 | 그림은 원소 X(●)로 이루어진 분자와 원소 Y(●)로 이루어진 분자의 반응을 나타낸 것이다.

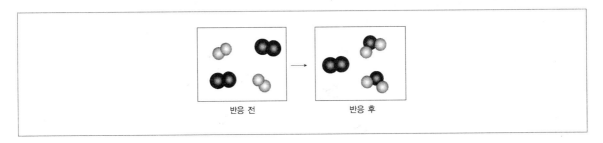

반응 전 → 반응 후

32 이 반응의 화학 반응식으로 적절한 것은?

① $X_2 + 2Y_2 \rightarrow 2XY_2$

② $2X_2 + Y_2 \rightarrow 2X_2Y$

③ $2X_2 + 2Y_2 \rightarrow 2XY_2 + X_2$

④ $2X_2 + 2Y_2 \rightarrow 2X_2Y + Y_2$

✔️**해설** X_2 2개와 Y_2 1개가 반응하여 분자 X_2Y(X 2개, Y 1개) 두 개와 Y_2 분자 한 개가 생성되었다.

33 위 반응에 대한 〈보기〉의 설명 중 옳지 않은 것을 모두 고른 것은?

〈보기〉
㉠ 반응 후 분자 수는 반응 전에 비해 감소하였다.
㉡ 화학 반응이 일어나는 동안 원자의 배열은 바뀌지 않았다.
㉢ 1몰의 X_2가 모두 반응하려면 2몰의 Y_2가 필요하다.

① ㉠, ㉡

② ㉠, ㉢

③ ㉡, ㉢

④ ㉠, ㉡, ㉢

✔️**해설** 반응이 일어나는 동안 원자는 생성되거나 소멸되지 않고 배열만 달라진다. 또한, Y_2 1몰이 완전히 반응하려면 2몰의 X_2가 필요하다.

34 다음은 불꽃 반응을 통해 알아낸 물질들의 불꽃색이다. 〈보기〉의 설명 중 옳은 것을 모두 고른 것은?

물질	불꽃색	물질	불꽃색
염화나트륨	노랑색	질산나트륨	노랑색
염화리튬	빨강색	질산리튬	빨강색
염화칼륨	보라색	질산칼륨	보라색
염화스트론튬	빨강색	질산스트론튬	빨강색

〈보기〉

㉠ 나트륨의 불꽃색은 노랑색이다.
㉡ 리튬과 스트론튬은 불꽃 반응으로 구분하기 어렵다.
㉢ 불꽃 반응을 이용하면 염화칼륨과 질산칼륨을 구분할 수 있다.

① ㉠

② ㉡

③ ㉠, ㉡

④ ㉡, ㉢

✔해설 ㉠ [○] 염화나트륨과 질산나트륨 모두 불꽃색이 노란색이다.
㉡ [○] 염화리튬과 염화스트론튬, 질산리튬과 질산스트론튬 모두 빨간색으로 나타나므로 불꽃색만으로
는 리튬과 스트론튬을 구분할 수 없다.
㉢ [×] 염화칼륨과 질산칼륨의 불꽃색이 모두 보라색이므로 불꽃 반응을 통해 이들을 구분하기는 어렵다.

Answer   32.④   33.③   34.③

35 다음은 빵이 부풀어 오를 때 일어나는 화학 변화에 대한 화학 반응식이다. 위 반응식으로 알 수 있는 정보를 〈보기〉에서 모두 고른 것은?

$$2NaHCO_3(s) \xrightarrow{\triangle} 2NaCO_3(s) + H_2O(l) + CO_2(g)$$

〈보기〉

㉠ 이 반응에는 열에너지가 필요하다.
㉡ 반응이 일어나면 기체가 발생한다.
㉢ 반응 물질보다 생성 물질의 질량의 합이 더 크다.

① ㉠   ② ㉡

③ ㉠, ㉡   ④ ㉡, ㉢

✔해설 해설) △ 는 화학 반응에 열에너지가 필요함을 의미한다. 또한 화학반응의 결과로 기체 상태의 이산화 탄소[$CO_2(g)$]가 발생했음을 알 수 있다. 질량보존의 법칙에 따라 반응 물질의 질량의 합과 생성 물질의 질량의 합은 같다.

36 다음 그림과 같이 묽은 염산과 수산화나트륨 수용액에 같은 크기의 마그네슘 조각을 넣었다. 이 실험에 대한 〈보기〉의 설명 중 옳은 것을 모두 고른 것은?

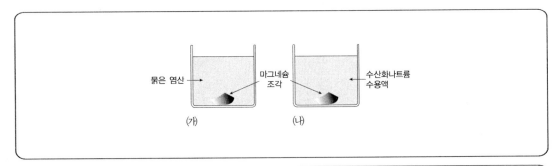

〈보기〉

㉠ (가)에서 용액 중 마그네슘 이온의 수가 증가한다.
㉡ (나)에서 용액 중 수산화 이온의 수가 감소한다.
㉢ (가)에서 반응이 진행됨에 따라 비커의 전체 질량이 감소한다.

① ㉠   ② ㉡

③ ㉠, ㉢   ④ ㉡, ㉢

산성 용액(묽은 염산)은 금속과 반응하지만 염기성 용액(수산화나트륨 수용액)은 금속과 반응하지 않는다. 산과 금속이 반응하여 수소 기체가 발생하므로, 용액 속의 금속 이온은 증가하고 전체 질량은 감소한다.

37 다음은 실생활에서 중화 반응을 이용하는 예이다. 밑줄 친 물질 중 염기로 작용하는 것을 모두 고른 것은?

> • 위산 과다로 속이 쓰릴 때 ㉠ 제산제를 복용한다.
> • 생선 비린내를 없애기 위해 ㉡ 레몬즙을 뿌린다.
> • 신 김치에 ㉢ 달걀 껍질을 넣어 둔다.
> • 개미에 물렸을 때 ㉣ 암모니아수를 발라 준다.
> • 산성화된 토양에 ㉤ 재를 뿌린다.

① ㉠, ㉡, ㉢
② ㉠, ㉢, ㉣
③ ㉡, ㉢, ㉣, ㉤
④ ㉠, ㉢, ㉣, ㉤

생선 비린내는 염기성 물질에 의해 발생하고 산성인 레몬즙을 뿌리면 중화반응이 일어나 비린내가 줄어든다.

38 다음 두 화학 반응에 대한 〈보기〉의 설명 중 옳은 것을 모두 고른 것은?

> • 철솜에 불을 붙이면 격렬한 연소 반응이 일어나서 산화철(Ⅲ)이 생성된다.
> • 철이 공기에 노출되면 녹이 슬어 산화철(Ⅲ)이 생성된다.

> 〈보기〉
> ㉠ 두 반응에서 생성된 물질은 다르다.
> ㉡ 두 반응이 진행되는 속도는 다르다.
> ㉢ 두 반응은 모두 산화 – 환원 반응이다.

① ㉠ ② ㉡
③ ㉠, ㉢ ④ ㉡, ㉢

✔해설 연소와 부식은 모두 산화 – 환원 반응으로서, 생성되는 물질이 동일하지만 진행되는 속도는 다르다.

39 다음은 금속 A, B, C, D 및 철의 반응성과 관련된 몇 가지 실험 결과를 나타낸 것이다. 실험 결과를 바탕으로 할 때, 철보다 반응성이 작은 금속을 모두 고른 것은?

> ㉠ A로 도금한 철판에 흠집이 생겨도 철은 녹슬지 않는다.
> ㉡ B로 도금한 철판에 흠집이 생기면 철이 더 잘 녹슨다.
> ㉢ C의 양이온이 녹아 있는 수용액에 B를 넣으면 C가 석출된다.
> ㉣ D의 양이온이 녹아 있는 수용액에 B를 넣으면 변화가 없다.

① A, B ② B, C
③ A, C, D ④ B, C, D

✔해설 철과 네 가지 금속의 반응성 순서는 A 〉 철 〉 B 〉 C 〉 D로 나타난다.

40 다음 그래프는 수산화칼륨 수용액 50ml에 염산을 조금씩 떨어뜨릴 때, 혼합 용액에 들어 있는 이온 수를 나타낸 것이다. A, B에 해당하는 이온은 무엇인가?

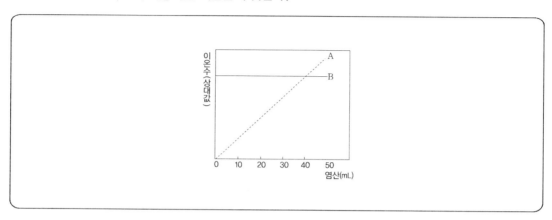

	A	B
①	K^+	Cl^-
②	Cl^-	K^+
③	H^+	Cl^-
④	H^+	OH^-

 수산화칼륨(KOH)과 염산(HCl)의 화학 반응식은 'HCl + KOH → H_2O + K^+ + Cl^-'이다. 그래프는 구경꾼 이온의 개수를 나타낸 것이며, 문제에서 염산을 조금씩 떨어뜨린다고 했으므로 증가하는 이온 A는 Cl^-이며, 수에 변화가 없는 이온 B는 K^+이다.

04 물리

1 다음은 일상에서 사용되는 전자기파의 예를 설명한 것으로 ㉠~㉢의 특성을 옳게 짝지 것은?

> ㉠ 휴대전화와 같은 통신기기나 전자레인지에 사용된다.
> ㉡ 물질에 쉽게 흡수되므로 물질을 가열하며, 비접촉 온도계에 사용된다.
> ㉢ 에너지가 높아 생체조직과 유기체를 쉽게 투과하며, 공항에서 가방 속 물건을 검사하는 데 사용된다.

	㉠	㉡	㉢
①	마이크로파	적외선	X선
②	마이크로파	자외선	X선
③	자외선	적외선	γ선
④	적외선	자외선	X선

✔해설 ㉠ [마이크로파] 휴대전화와 같은 통신기기나 전자레인지에 사용된다.
㉡ [적외선] 물질에 쉽게 흡수되므로 물질을 가열하며, 비접촉 온도계에 사용된다.
㉢ [γ선] 에너지가 높아 생체조직과 유지체를 쉽게 투과하며, 공항에서 가방 속 물건을 검사하는데 사용된다.

2 1m짜리 막대 양끝을 묶어서 A, B에 매달고 A'에서 2.5cm 떨어진 곳에 100N의 물체를 매달 때, A에 걸리는 장력 T_1은 몇 N인가?

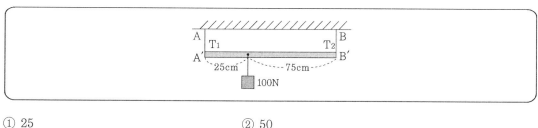

① 25

② 50

③ 75

④ 100

 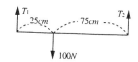

물체와 장력이 평형을 이루고 있으므로 제1조건 $T_1 + T_2 = 100\text{N} \cdots \bigcirc$

제2조건 $T_1 \times 25 = T_2 \times 75 \cdots \bigcirc\!\!\bigcirc$

위 $\bigcirc$, $\bigcirc\!\!\bigcirc$식을 풀면 $T_1 = 75$를 얻는다.

3 질량이 2kg과 4kg인 공이 그림과 같이 같은 높이에서 지면으로 떨어졌다. 다음 중 바닥에 더 먼저 떨어지는 것은? (단, 공기의 저항은 무시한다)

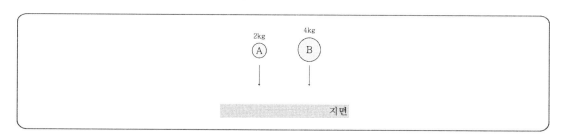

① A

② B

③ 동시에 떨어진다.

④ 알 수 없다.

해설 무게는 물체에 작용하는 중력의 크기이며, $W = mg$ 로 표현한다. 중력 가속도 g는 같지만 두 물체는 질량이 다르므로, 무게나 중력도 다르다. 그러나 공기의 저항이 없으면 떨어지는 물체에 작용하는 힘은 중력뿐이므로 $F = ma = mg$ 이다. 따라서 같은 높이에서 떨어지는 물체들은 질량에 관계없이 동시에 지면에 떨어진다.

Answer 1.① 2.③ 3.③

4 다음과 같이 롤러코스터가 레일을 따라 달리고 있다. 다음 중 속력이 가장 빠른 지점은?

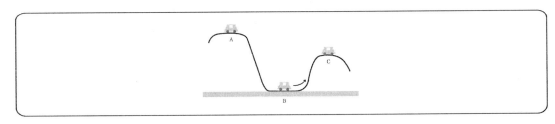

① A   ② B
③ C   ④ 모두 같다.

> ✅ **해설** 에너지 보존 법칙에 따라 운동에너지의 합과 위치에너지의 합은 같다. 속력은 운동에너지가 가장 많은 지점(= 위치에너지가 가장 작은 지점)에서 가장 빠르므로 속력이 가장 빠른 지점은 B이다.

5 다음 그림과 같은 도르래의 줄을 각각 2m 아래로 당겼다. 이 때 한 일의 양이 가장 많은 경우는? (단, 물체의 무게는 모두 같고, 도르래의 무게와 마찰은 무시한다)

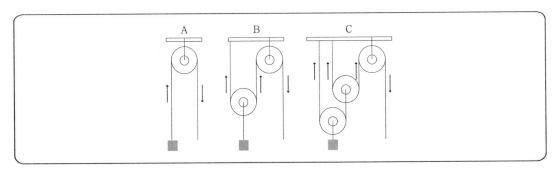

① A   ② B
③ C   ④ 모두 같다.

> ✅ **해설** 줄을 당긴 거리가 같으므로 힘의 크기가 가장 큰 경우가 일을 가장 많이 한 경우이다. 힘의 크기는 A>B>C순이므로 일의 양은 A가 가장 많다.

6 탄성계수 2인 용수철 3개를 그림과 같이 연결하면, 합성탄성계수는 얼마인가?

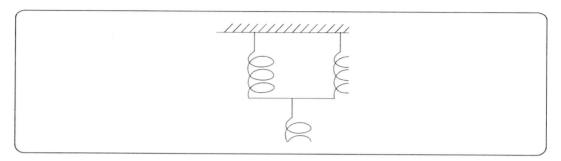

① 1N/m

② $\dfrac{1}{3}$ N/m

③ $\dfrac{4}{3}$ N/m

④ 2N/m

✔ 해설

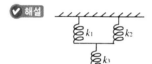

그림에서 합성탄성계수는 $k = \dfrac{1}{\dfrac{1}{k_1 + k_2} + \dfrac{1}{k_3}}$ (N/m)이므로

$k_1 = k_2 = k_3 = 2$를 대입하여 계산하면 $k = \dfrac{4}{3}$ N/m이다.

7 물 밑의 반지름 1cm인 기포가 수면에 떠올랐을 때 반지름 2cm인 기포가 되었다. 물 밑에서 기포가 받은 압력은? (단, 대기압=1기압, 수온과 기온이 같다)

① 1

② 2

③ 4

④ 8

✔ 해설 기포의 반지름이 2배가 되므로 부피는 $\dfrac{4}{3}\pi r^3$에서 $2^3 (=8)$배가 된다.

$PV = P'V'$에서 $P \times V = 1 \times 8V$, $\therefore P = 8$기압

8 그림 (가)는 단색광이 매질 A에서 매질 B로 입사각 θ로 입사할 때 반사하는 일부의 빛과 굴절하는 일부의 빛의 진행 경로를 나타낸 것이다. 그림 (나)는 같은 단색광이 매질 C에서 매질 B로 입사각 θ로 입사할 때 매질의 경계면에서 모두 반사되는 빛의 진행 경로를 나타낸 것이다. 이에 대한 설명으로 옳은 것은?

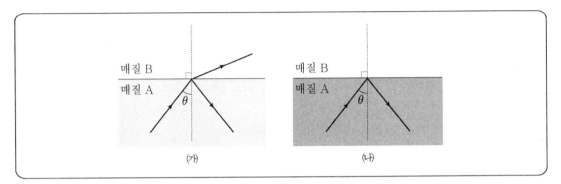

① 단색광의 속력은 A에서보다 C에서 더 크다.

② 매질 A의 굴절률이 가장 크다.

③ (나)에서 임계각은 θ보다 작다.

④ 매질 A에서 매질 C로 같은 단색광을 입사각 θ로 입사하면 전반사가 일어난다.

✔ 해설 그림으로부터 굴절률의 관계는 $n_C > n_A > n_B$ 이다.
　① 단색광의 속력은 A에서보다 C에서 더 적다.
　② 매질 C의 굴절률이 가장 크다.
　③ θ에서 전반사가 일어나고 있으므로 (나)에서 임계각은 θ보다 작다.
　④ $n_C > n_A$이므로 매질 A에서 매질 C로 같은 단색광을 입사각 θ로 입사하면 전반사가 일어나지 않는다.

9 파장 20cm, 진폭 10cm인 사인파가 200cm/s의 속도로 전파하고 있을 때 파동의 주기는?

① $\dfrac{1}{10}$ s

② $\dfrac{1}{100}$ s

③ 1s

④ 10s

 해설 $v = \dfrac{\lambda}{T}$ 이므로 이 식을 변형하면 $200 = \dfrac{20}{T}$, $T = \dfrac{20}{200} = \dfrac{1}{10}$ 이므로 주기는 $\dfrac{1}{10}$ s

10 다음 그림 중에서 제일 적은 힘으로 끌어올릴 수 있는 순으로 옳은 것은?

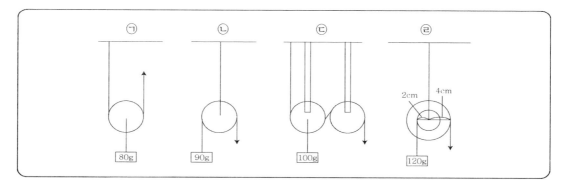

① ㉠㉡㉢㉣

② ㉡㉣㉢㉠

③ ㉠㉢㉣㉡

④ ㉠㉢㉡㉣

해설 ㉠ 움직이는 도르래로서 끌어올리는 힘은 물체 무게의 $\dfrac{1}{2}$ 인 40g이다.

㉡ 고정 도르래의 끌어올리는 힘은 물체 무게와 같으므로 90g이다.

㉢ 왼쪽의 도르래는 움직이는 도르래이며, 오른쪽 도르래는 고정 도르래이다. 따라서 50g이다.

㉣ 고정 바퀴축은 '작은 바퀴측 반지름 × 물체의 무게 = 큰 바퀴측 반지름 × 끌어당기는 힘'이므로 $2 \times 120 = 4 \times x$ 이고 $x = 60(\text{g})$ 이 된다.

11 그림은 질량이 5kg인 정지한 물체에 작용하는 알짜 힘을 시간에 대해 나타낸 것이다. 알짜 힘이 작용하는 동안 물체의 운동 방향은 변하지 않는다. 물체의 운동에 대한 설명으로 옳은 것만을 모두 고르면?

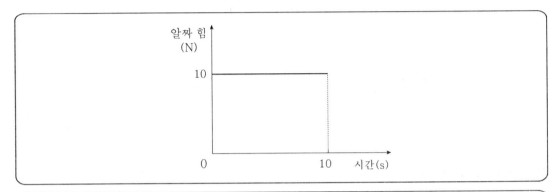

ⓐ 0에서 10초까지 물체가 받은 충격량의 크기는 100 N·s이다.
ⓑ 0에서 10초까지 물체의 운동량의 크기는 일정하다.
ⓒ 10초에서 물체의 속력은 20m/s이다.

① ⓑ
② ⓒ
③ ⓐ, ⓑ
④ ⓐ, ⓒ

✔해설 ⓐ [O] 0초에서 10초까지 물체가 받은 충격량의 크기는 $10 \times 10 = 100 \ N \cdot s$이다.
ⓑ [×] 0초에서 10초까지 $100 N \cdot s$의 충격량을 받으므로 물체의 운동량의 크기는 증가한다.
ⓒ [O] 10초에서 운동량 $p = 5v = 100$이므로 10초에서 물체의 속력은 $20 m/s$이다.

12 매끄러운 수평면 위에 정지해 있던 질량 5kg의 물체에 10N의 힘이 4초 동안 작용했을 때 10초 후의 속도는?

① 2m/s
② 4m/s
③ 8m/s
④ 16m/s

✔해설 $V-t$ 그래프를 그려보면 다음과 같다.
$t = 4$까지의 기울기는 $f = ma$에서
$$a = \frac{f}{m} = \frac{10}{5} = 2(\text{m/s}^2)$$
$V = V_0 + at$ 에서 $V = 0 + 2 \times 4 = 8(\text{m/s})$
4초 후에는 힘이 가해지지 않았으므로 $t = 10$일 때의 속도는 8m/s이다.

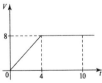

13 다음은 어떤 물체의 $v-t$ 관계를 나타낸 그래프이다. 설명으로 옳은 것은?

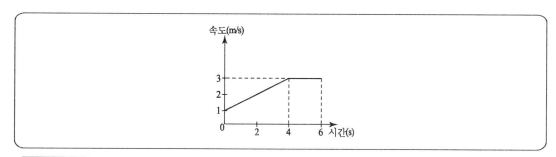

⊙ 4초일 때 물체의 속력은 3m/s이다.
ⓒ 6초 동안 물체의 이동거리는 14m이다.
ⓒ 0~4초 사이에서 물체의 가속도는 0.75m/s^2로 일정하다.

① ⊙ⓒ

② ⓒⓒ

③ ⊙ⓒ

④ ⊙ⓒⓒ

✔해설 ⊙ 4초 때의 속력은 3m/s이다.
ⓒ $v-t$ 그래프에서 이동거리는 면적과 같으므로
$$(6 \times 3) - \frac{1}{2}(4 \times 2) = 18 - 4 = 14(\text{m})$$
ⓒ 가속도$(a) = \frac{\Delta v}{t} = \frac{2}{4} = 0.5(\text{m/s}^2)$

14 다음과 같이 100kg짜리 드럼통을 빗면을 따라 밀어 올리려 한다. 빗면의 길이가 6m이고, 높이가 3m라면, 이 드럼통을 밀어 올리는 데 필요한 최소한의 힘은?

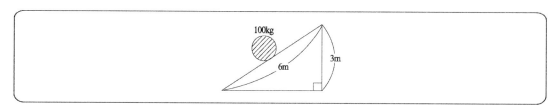

① 25kg중

② 50kg중

③ 100kg중

④ 150kg중

✔해설 $F = mg\sin\theta = 100 \times \frac{3}{6} = 50(\text{kg중})$

15 그림에서 실선은 어느 파동의 한 순간의 모습을 나타낸 것이다. 0.1초 후에 점선과 같이 이동했다고 할 때, 이 파동의 속력[m/s]은?

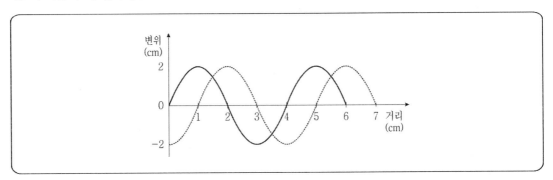

① 0.05

② 0.10

③ 0.15

④ 0.20

> ✅해설 그래프를 보면 0.1초 후에 $\frac{1}{4}$ 주기만큼 이동한 것이므로 $\frac{T}{4} = 0.1$, $T = 0.4$
>
> 따라서 $v = \frac{\lambda}{T} = \frac{0.04}{0.4} = 0.1(m/s)$ 이다.

16 스프링 저울을 수평으로 놓고 양끝에 질량이 10kg인 두 물체를 달아 놓았다. 저울 눈금(kg)은?

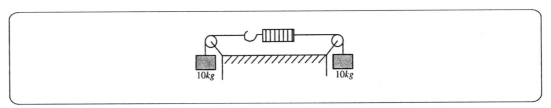

① 0kg

② 5kg

③ 10kg

④ 20kg

> ✅해설 (가)에서 용수철 저울 양 끝에 작용하는 힘을 나타낸 것과 (나)에서 저울의 양 끝에 작용하는 힘의 크기는 같으므로, 저울 눈금은 10kg을 나타낸다.
>
>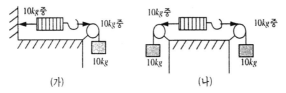

17 다음 그림과 같이 2kg인 물체를 10N의 힘으로 끌었더니 가속도가 3m/s²이 되었다. 이 때 면과 물체 사이에 작용하는 마찰력은?

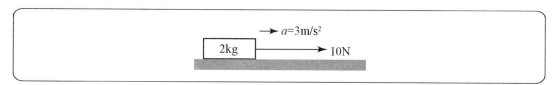

① 0N

② 2N

③ 4N

④ 6N

✔해설 마찰력이 있을 때 가한 힘 $F = ma + F_f$(마찰력)이므로
$F = 10N$, $a = 3m/s^2$, $m = 2kg$을 대입하여 계산하면 $10 = 2 \times 3 + F_f$
$F_f = 4N$

18 다음 그림과 같이 3kg인 물체와 2kg인 물체를 도르래를 사용해서 매달았다. 수평면의 마찰력을 무시하면 3kg인 물체의 운동가속도는? (단, 중력가속도 $g = 10m/s^2$이다)

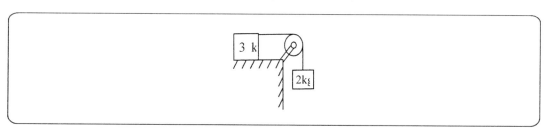

① $10m/s^2$

② $8m/s^2$

③ $6m/s^2$

④ $4m/s^2$

✔해설 두 물체의 운동가속도를 a라 하면 두 물체에
작용하는 힘은 2kg인 물체에 작용하는 중력과 같으므로 $F = ma = 2 \times 10 = 20N$
힘=질량×가속도이므로 $F = 20 = (3+2) \times a$
$a = 4m/s^2$

19 그림은 보어의 원자모형에서 에너지준위 E_1, E_2, E_3와 전자가 전이하는 과정 a, b를 나타낸 것이다. 이에 대한 설명으로 옳은 것만을 모두 고르면?

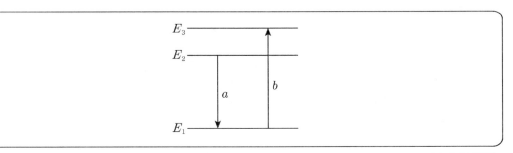

⊙ 에너지 준위는 불연속적이다.
ⓛ 과정 a에서 빛이 방출된다.
ⓒ 출입하는 빛에너지는 과정 a에서가 과정 b에서보다 크다.

① ⊙   ② ⓛ

③ ⊙, ⓛ   ④ ⓛ, ⓒ

✔해설   ⊙ [○] 에너지 준위는 불연속적이다.
           ⓛ [○] 과정 a에서 빛이 방출된다.
           ⓒ [×] 출입하는 빛에너지는 과정 a에서가 과정 b에서보다 작다.

20 마찰이 없는 수평면상에 탄성계수 100N/m인 용수철에 질량 1kg의 물체를 매달고 0.1m 당겼다 놓으면 물체의 최대속도는?

① 1m/s   ② 1.5m/s

③ 2m/s   ④ 0.5m/s

 용수철의 저장에너지 = 최대 운동에너지이므로

$$\frac{1}{2}kx^2 = \frac{1}{2}mV^2$$

$k = 100\text{N/m}$, $x = 0.1\text{m}$, $m = 1\text{kg}$을
대입하여 계산하면 $V = 1\text{m/s}$

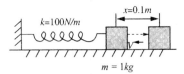

21 10N으로 크기가 같은 두 힘 F_1과 F_2가 $120°$를 이루며 힘이 작용할 때 합력의 크기는?

① $10\,N$

② $10\sqrt{2}\,N$

③ $10\sqrt{3}\,N$

④ $20\,N$

✔해설 두 벡터의 사이 각이 θ일 때

합성벡터(F)의 크기 $F=\sqrt{F_1^2+F_2^2+2F_1F_2\cos\theta}$ 이므로

$F_1=F_2=10$, $\theta=120°$를 대입하고 계산하면,

$F=\sqrt{10^2+10^2+2\cdot10\cdot10\cdot\cos120°}$

$\quad=\sqrt{200+200\left(-\dfrac{1}{2}\right)}=\sqrt{100}=10N$

※ $\cos120°=\cos(180°-60°)=\cos(-60°)=-\cos60°=-\dfrac{1}{2}$

22 다음 그림에서 중심 0에 대한 힘 100N의 모멘트는 몇 N · m인가?

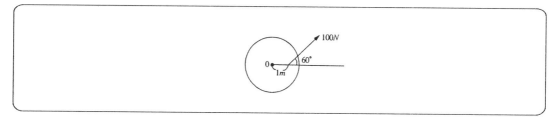

① 50

② $50\sqrt{3}$

③ 100

④ $100\sqrt{3}$

✔해설 $M=F\times l\times\cos\theta$ 이다. F와 수직이 되는 l 의 값이 되려면 $\cos30°$가 되어야 하므로

$F=100N$, $l=1m$, $\cos30°$를 대입하여 계산하면

$M=50\sqrt{3}\,N\cdot m$이다.

23 길이 10cm인 고무줄에 5g의 분동을 걸었더니 15cm가 되었다. 지금 어떤 물체를 걸어보니 20cm가 되었다. 이 물체는 몇 g인가?

① 10   ② 15

③ 20   ④ 25

> ✔ 해설 훅(Hook)의 법칙 ⋯ $F=kx$ (k : 탄성계수)
>
> $$k=\frac{F}{x}=\frac{5}{15-10}=1$$
>
> $$\therefore\ F=1\times(20-10)=10$$

24 물체가 정지 상태에서 출발하여 다음 그래프와 같이 가속된다. t = 0s에서 t = 20s까지 물체가 이동한 거리[m]는? (단, 물체는 직선상에서 운동한다)

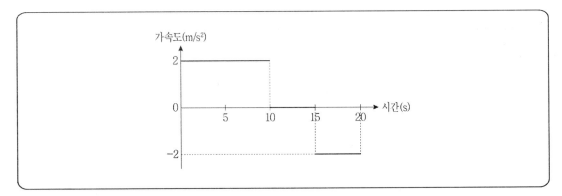

① 225   ② 250

③ 275   ④ 300

> ✔ 해설 0_S에서 10_S : $s=\frac{1}{2}\times2\times10^2=100$[m]
>
> 10_S에서 15_S : 10_S일 때 속도 $2\times10=20$[m/s]이므로 $s=20\times5=100$[m]
>
> 15_S에서 20_S : $s=20\times5+\frac{1}{2}\times(-2)\times5^2=75$[m]
>
> $100+100+75=275$[m]

25 각각 $+1\mu C$, $+5\mu C$으로 대전된 두 작은 금속구 A, B 사이의 거리가 30cm일 때, A, B 사이에 작용하는 전기력이 0.5N이었다. A, B를 잠시 접촉시켰다가 10cm 떼어 놓으면 이들 사이에 작용하는 전기력은?

① 1.2N

② 1.8N

③ 2.7N

④ 8.1N

 A, B가 접촉하면 $+6\mu C$의 전하량이 두 극에 나누어지므로, 각각 $+3\mu C$의 전하를 갖게 된다.

$+3\mu C = +3 \times 10^{-6} C$이므로 쿨롱의 법칙에 의해 $F = 9 \times 10^9 \times \dfrac{(3 \times 10^{-6})^2}{0.1^2} = 8.1\text{N}$이 된다.

26 다음과 같이 질량 m인 물체를 길이 L인 실에 매달아 매초 n번씩 돌릴 경우 실에 걸리는 힘은?

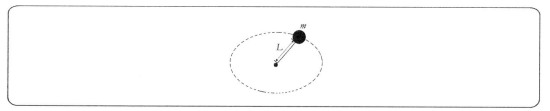

① $mL(\pi n)$

② $mL(\pi n)^2$

③ $mL(2\pi n)$

④ $mL(2\pi n)^2$

 실에는 구심력이 걸리는데 $F = ma = \dfrac{mv^2}{r} = mrw^2 = \dfrac{4\pi^2 mr}{T^2}\left(w = \dfrac{2\pi}{T}\right)$이므로

질량 m, $r = L$, $T = \dfrac{1}{n}$ 을 대입하면, $\dfrac{4\pi^2 mL}{\left(\dfrac{1}{n}\right)^2} = mL(2\pi n)^2$

Answer　23.①　24.③　25.④　26.④

27 고도가 지구반지름인 곳에서 도는 인공위성의 속도는? (단, G : 중력상수, M : 지구질량, R :지구반지름, m : 인공위성질량, g : 중력가속도)

① $\sqrt{\dfrac{mg^2}{R}}$ ② $\sqrt{\dfrac{mg^2}{2R}}$

③ $\sqrt{\dfrac{GM}{2R}}$ ④ $\sqrt{\dfrac{GM}{R}}$

 해설 궤도반지름이 r인 인공위성의 속도 $V^2 = \dfrac{GM}{r}$, 즉 $V = \sqrt{\dfrac{GM}{r}}$ 이다.

그런데 $r=2R$이므로 대입하면, $V = \sqrt{\dfrac{GM}{2R}}$ 을 얻는다.

28 수평면으로 물체를 10m를 끌어당기는 데 10N의 힘이 지면과 60°각도로 작용하였다. 물체에 대하여 힘이 한 일은 얼마인가?

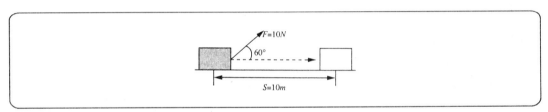

① 50 J ② $50\sqrt{2}$ J

③ 100 J ④ $100\sqrt{2}$ J

✔ 해설 일의 정의에 의하여 일(W) = 힘(F)×거리(S)×$\cos\theta$ 이므로,
$F=10$N, $S=10$m, $\theta=60°$를 대입하여 계산하면
$W=50$J이 된다.

29 일직선상을 10m/s로 운동하는 물체 A가 정면에 정지하고 있는 같은 질량의 물체 B와 충돌하였다. 이 두 물체의 반발계수가 0.8일 때 충돌 후 B의 속도는?

① 4m/s

② 5m/s

③ 8m/s

④ 9m/s

 해설 충돌 후 A의 속력을 V_A, B의 속력을 V_B라고 하면

운동량보존의 법칙에 의해 $10m = mV_A + mV_B$, 반발계수의 공식에 의해

$-\dfrac{V_A - V_B}{10} = 0.8$이므로 이 두 식을 연립하여 풀면 속도는 $V_A = 1$, $V_B = 9$이다.

그러므로 A의 속도는 1m/s이고 B의 속도는 9m/s이다.

30 질량 m인 탄환이 v의 속도로 운동을 하다가 질량 M인 물체에 충돌하여 V의 속도로 함께 운동할 때 V의 크기는?

① $V = \dfrac{mv}{m+M}$

② $V = \dfrac{mv}{m-M}$

③ $V = \dfrac{m+M}{mv}$

④ $V = \dfrac{mv+M}{m+M}$

해설 충돌식 $mv + Mv' = (m+M)V$

M은 처음 정지($v' = 0$)했다가 충돌 후 함께 이동했으므로 $mv + 0 = (m+M)V$

$\therefore V = \dfrac{mv}{m+M}$

31 어떤 금속은 빛을 비추어주면 광전자를 방출한다. 이때 광전자 한 개의 운동에너지를 크게 하는 방법으로 가장 옳은 것은?

① 진동수가 큰 빛을 금속면에 쬔다.

② 파장이 긴 빛을 금속면에 쬔다.

③ 세기가 강한 빛을 금속면에 쬔다.

④ 빛을 일함수가 큰 금속면에 쬔다.

해설 광전자 1개의 에너지를 크게 하려면 진동수가 큰 빛을 금속면에 쬐고, 방출되는 광전자의 개수를 많게 하려면 세기가 강한 빛을 쬔다.

32 이상기체의 온도를 처음 온도의 4배로 올리면 기체분자의 평균속력은 처음의 몇 배가 되는가?

① 2

② 4

③ 8

④ 16

 해설   기체분자의 평균속력 $v_0 = \sqrt{\dfrac{3RT}{M}}$ 에서 온도 T를 4배로 올리면

$v = \sqrt{\dfrac{3R(4T)}{M}} = 2\sqrt{\dfrac{3RT}{M}}$ 가 된다.

$\therefore \ v = 2v_0$

33 그림 (개)와 같이 수평면에서 물체 A가 정지해 있던 물체 B를 향해 2m/s의 속력으로 등속도 운동을 하였다. A가 B에 정면 충돌한 후 그림 (내)와 같이 A는 왼쪽으로 0.5m/s의 속력으로, B는 오른쪽으로 각각 등속도 운동을 하였다. A, B의 질량은 각각 2kg, 5kg이다. 이에 대한 설명으로 〈보기〉에서 옳은 것만을 모두 고른 것은? (단, 공기저항과 모든 마찰은 무시한다)

〈보기〉

㉠ 충돌 전 A의 운동량의 크기는 4kg · m/s이다.

㉡ 충돌하는 동안 B가 A에 가한 충격량의 크기는 5N · s이다.

㉢ 충돌하는 동안 A가 B에 작용한 힘과 B가 A에 작용한 힘은 크기가 같고 방향이 반대이다.

① ㉠, ㉡

② ㉠, ㉢

③ ㉡, ㉢

④ ㉠, ㉡, ㉢

✔해설   ㉠, ㉡, ㉢ 모두 옳은 내용이다.

34 공기 속에서보다 물 속에서 빛은 어떻게 되는가?

① 파장은 길어지나 진동수는 같다.

② 파장과 진동수는 모두 작아진다.

③ 파장은 짧아지나 진동수는 같다.

④ 파장은 같으나 진동수는 작아진다.

> **✔해설** 상대굴절률 $n_{12} = \dfrac{\sin i}{\sin r} = \dfrac{V_1}{V_2} = \dfrac{\lambda_1}{\lambda_2}$ 이므로 물 속에서 r, V_2, λ_2가 작아진다.

35 반지름이 각각 r, $2r$, $3r$인 바퀴로 만든 축바퀴를 연직으로 매달았다. 그림과 같이 줄을 이용하여 반지름이 $2r$, $3r$인 바퀴에 질량이 각각 $2m$, m인 물체를 매달고, 반지름이 r인 바퀴에는 연직 아래 방향으로 힘 F를 가했다. 두 물체가 정지 상태를 유지하는 힘 F의 크기는? (단, 축바퀴의 질량, 줄의 질량, 모든 마찰은 무시하며 줄은 늘어나지 않고 g는 중력 가속도이다)

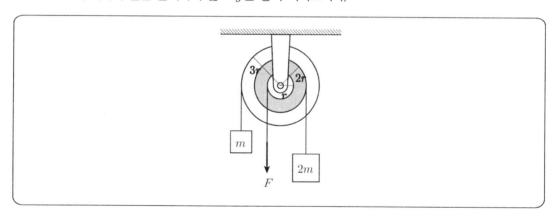

① mg

② $2\,mg$

③ $3\,mg$

④ $4\,mg$

> **✔해설** • 시계 방향 돌림힘 $= 2r \times 2mg$
> • 반시계 방향 돌림힘 $= 3r \times mg + r \times F$
> 따라서 $F = mg$이다.

36 전하량 Q인 두 전하가 r만큼 떨어져 있을 때 작용하는 전기력이 F였다. 만일 두 전하의 거리를 $2r$만큼 떼어 놓는다면 전기력은?

① $\dfrac{1}{4}F$ 　　　　　　　　② $2F$

③ $4F$ 　　　　　　　　　　　④ $\dfrac{1}{2}F$

✔해설 쿨롱의 법칙에 의해 전기력 $F=k\dfrac{q_1 q_2}{r^2}$ 이므로 $F'=k\dfrac{q_1 q_2}{r'^2}$ 라 하면,

$r'=2r$을 대입하여 $F'=k\dfrac{q_1 q_2}{(2r)^2}=k\dfrac{q_1 q_2}{4r^2}=\dfrac{1}{4}F$가 된다.

37 그림은 같은 직선 위에서 운동하는 물체 A, B의 속도를 시간에 따라 나타낸 것이다. 이에 대한 설명으로 옳은 것을 〈보기〉에서 모두 고르면?

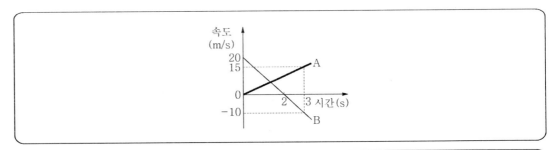

〈보기〉

㉠ 가속도의 크기는 B가 A의 2배이다.
㉡ 0초부터 3초까지 변위의 크기는 A가 B보다 크다.
㉢ 3초일 때 A에 대한 B의 속도의 크기는 5m/s이다.

① ㉠ 　　　　　　　　　② ㉢
③ ㉠, ㉡ 　　　　　　　　④ ㉡, ㉢

✔해설 ㉢ 3초일 때 A에 대한 B의 속도의 크기는 $15-(-10)=25$m/s이다.

38 다음 중 평행한 두 도선 AB와 CD에서 AB에 그림처럼 전류가 흐를 때, 도선 CD를 AB에 접근시킬 경우 일어나는 일로 옳은 것은?

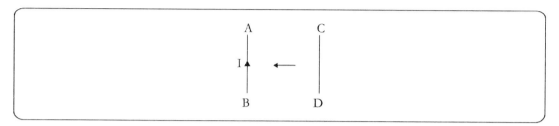

① 도선 CD가 회전하게 된다.　　　② 유도전류가 C에서 D로 흐른다.
③ 유도전류가 D에서 C로 흐른다.　　④ 아무런 변화도 없다.

✔해설 자기장의 발생은 지면에서 수직한 방향으로 들어가게 일어난다.

39 그림과 같이 질량 3kg인 물체를 천장에 실로 매달고 수평방향으로 힘 F를 가해, 실이 연직방향과 $30°$의 각이 유지되도록 하였다. 이 때 줄에 걸리는 장력의 크기[N]는? (단, 중력가속도는 10m/s2이다)

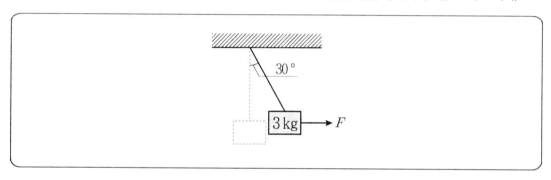

① $15\sqrt{2}$　　　　　　　　② $15\sqrt{3}$
③ $20\sqrt{2}$　　　　　　　　④ $20\sqrt{3}$

✔해설 실의 장력 T, F, 물체의 무게가 평형을 이루므로 $T\cos30° = 3 \times 10$, $T = 20\sqrt{3}\ [N]$

40 그림은 일정한 세기의 전류가 평면에 수직 아래로 흐를 때, 전류가 만드는 자기장에 의해 도선 주변의 철가루들이 동심원을 그리며 배열된 모습을 나타낸 것이다. 이에 대한 설명으로 옳은 것은? (단, 점 p와 q는 x축 상에 있으며, 지구 자기장은 고려하지 않는다.)

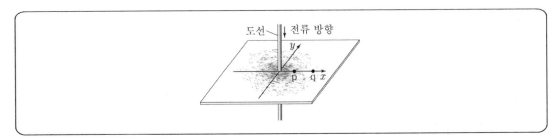

① 같은 세기의 전류가 처음과 반대 방향으로 흐를 때, 점 p에서 자기장의 세기는 더 커진다.

② 자기장의 세기는 점 p에서가 점 q에서보다 작다.

③ 점 p에서 자기장의 방향은 $+y$방향이다.

④ 도선 주변의 철가루는 자화되었다.

> ✔ **해설** ① 자기장의 세기는 전류의 세기와 전선으로부터의 거리에 영향을 받는다. 방향은 관계없다.
> ② 전선에서 가까운 점 p가 점 q보다 자기장의 세기가 더 크다.
> ③ 점 p의 자기장의 방향은 $-y$방향이다.

┃1~10┃ 다음 문장의 빈칸에 들어갈 가장 적절한 표현을 고르시오.

1

> I didn't like her at first but we _____ became good friends.

① necessarily   ② initially
③ casually   ④ eventually

> ✔해설   at first : 처음에는
> ① 필연적으로, 반드시 ② 최초로, 처음에 ③ 우연히 ④ 결국, 궁극적으로
> 「나는 처음에 그녀를 좋아하지 않았지만, 결국 우리는 좋은 친구가 되었다.」

2

> It was a very _____ holiday. Nothing really happened.

① exciting   ② fearful
③ bore   ④ dull

> ✔해설   ① 흥분시키는, 재미있는
> ② 무서운, 두려워하는
> ③ 지루하게 하는 것, 따분한 사람, 지루하게(따분하게) 하다
> ④ 지루한, 단조로운, 재미없는
> 「아주 지루한 휴일이었다. 정말 아무 일도 일어나지 않았다.」

Answer   40.④ / 1.④ 2.④

3

He is too _____ to try to deceive you.

① illiterate
② ingenious
③ ingenuous
④ gratuitous

> ✔해설 deceive : 속이다, 기만하다
> ① 무식의, 무지의, 문맹의 ② 재치(재간) 있는, 교묘한 ③ 솔직한, 순진한 ④ 무료의, 무보수의
> 「그는 너무 솔직해서 당신을 속일 수 없다.」

4

You are talking nonsense, Jack. What you have just said is quite _____.

① out of the point
② to the point
③ beside the point
④ against the point

> ✔해설 nonsense : 허튼 소리 to the point : 적절한, 딱 들어맞는 beside the point : 요점에서 벗어난, 요령부득인
> 「허튼 소리 하고 있군, Jack. 네가 방금 한 말은 요점에서 벗어난 거야.」

5

A man's suit _____ a pair of trousers and a jacket.

① is consisted of
② consists of
③ is consisting of
④ consists in

> ✔해설 consist of : ~으로 되어 있다, 구성되어 있다 consist in : ~에 존재하다, 있다
> 「남자 신사복은 바지 한 벌과 재킷으로 되어 있다.」

6 글쓴이의 심정으로 적절한 것은?

> I love to eat very much. I usually play computer games or watch TV. I know I'm too overweight and have to exercise. Girl students don't want to play with me. I'm worried about it.

① 우울한
② 희망찬
③ 행복한
④ 즐거운

 ① 글쓴이는 우울해하고 있다.

「나는 먹는 것을 정말 좋아한다. 나는 보통 컴퓨터 게임을 하거나 TV를 본다. 나는 내가 너무 뚱뚱하고 운동을 해야 한다는 것을 알고 있다. 여학생들은 나와 노는 것을 싫어한다. 나는 그것이 걱정이다.」

7 전체 흐름과 관계가 없는 문장은?

> ① Every day, countless new websites are born. ② Make your own Internet address book and record the sites which are useful to you. ③ Don't get angry if you get too many spam e-mails. ④ This information can save your time and effort in the future.

 countless : 셀 수 없이 : record : 기록하다 useful : 유용한, 도움이 되는 get angry : 화내다

「① 매일, 새로운 웹 사이트들이 셀 수 없이 탄생한다. ② 인터넷 주소 책을 만들고 유용한 웹 사이트를 기록해놓아라. ③ 만약 스팸 메일을 많이 받더라도 화를 내지 마라. ④ 이 정보는 미래에 너의 시간과 노력을 절약해 줄 것이다.」

8 다음 글의 내용과 일치하는 것은?

> Although many people think of reptiles as slimy, snakes and other reptiles are covered with scales that are dry to the touch. Scales are outgrowths of the animal's skin. Although in some species they are nearly invisible, in most they form a tile-like covering. The turtle's shell is made up hardened scales that are fused together. The crocodile has a tough but more flexible covering.

① All reptiles have scales.

② All reptiles are dangerous.

③ Every reptile has hard scales.

④ The scales of all reptiles are alike.

✔**해설** reptile : 파충류의 동물, 비열한 사람, 파행하는 slimy : 끈적끈적한, 불쾌한, 비열한, 점액성의 scale : 비늘, 껍질 outgrowth : 파생물, 부산물, 성장 invisible : 눈에 안 보이는, 얼굴을 보이지 않는
① 모든 파충류들은 비늘을 가지고 있다.
② 모든 파충류들은 위험하다.
③ 모든 파충류들은 딱딱한 비늘을 가지고 있다.
④ 모든 파충류들의 비늘은 서로 같다.

「많은 사람들은 파충류들이 끈적끈적하다고 생각하지만, 뱀들과 다른 파충류들은 만져보면 건조한 외피로 덮여 있다. 비늘은 동물 피부의 부산물이다. 비록 일부 종들은 외피들이 거의 눈에 보이진 않지만, 대부분의 종에서 그것들은 타일과 같은 외피를 이루고 있다. 거북이 등딱지는 함께 붙어있는 경화된 비늘로 이루어져 있다. 악어는 거칠지만 매우 유연한 외피를 가지고 있다.」

9 다음 밑줄 친 'new'의 의미는?

> Hashim : Can I ask you a question?
> Yuri : Sure! Go ahead.
> Hashim : Why do you think all these people are staring at me in the subway?
> Yuri : Well, you have to understand. There aren't that many Sudanese people in Korea. They don't mean anything ; you're just <u>new</u> to them.
> Hashim : Oh, okay… I see.

① They prefer new people.
② They love new products.
③ They think Hashim is new in Korea.
④ They haven't seen a Sudanese in person.

> ✔해설 지하철에 탄 사람들에게 Hashim과 같은 수단(Sudan) 사람은 '새로운(new)' 사람, 즉, 수단 사람을 처음 보았다는 의미이다.
> 「Hashim : 질문해도 될까요?
> Yuri : 네. 물론이죠.
> Hashim : 왜 지하철의 이 모든 사람들이 저를 보고 있나요?
> Yuri : 이해해야 되요. 한국에는 수단사람들이 많이 없어요. 그들에게 당신은 새로운 사람일 뿐이에요.
> Hashim : 아…그렇군요.」

10 다음 글에서 설명하는 숲의 기능은?

> Trees push their roots deep into the soil. Even when there are storms, the roots hold the soil in place. Without trees, the soil is washed away by the rainwater.

① 휴식 장소 제공   ② 토양 침식 방지
③ 병충해 예방   ④ 공기 정화

> ✔해설 나무의 뿌리가 토양을 고정하는 역할을 한다고 언급하였으므로 토양 침식방지가 적절하다.
> 「나무들은 그들의 뿌리를 토양에 깊숙이 밀어 넣는다. 심지어 강한 태풍이 와도 나무의 뿌리는 토양에 단단히 고정되어 있다. 나무가 없이는 토양은 빗물에 씻겨 내려져간다.」

Answer 8.① 9.④ 10.②

11 다음 빈칸에 들어갈 적절한 연결어는?

> Smiling costs nothing, but its effects are great. If we smile, we feel a lot better. A big smile even makes people around us feel happy. When someone smiles at you, you naturally think he or she is friendly. _____, you are sure to like those who smile often and who make others smile.

① However

② Meanwhile

③ Therefore

④ Nevertheless

 해설 feel better : 기분이 나아지다, 좋아지다   naturally : 자연적으로, 자연스럽게, 당연히   friendly : 호의적인, 우호적인, 다정한, 사이가 좋은   be sure to do : 반드시(틀림없이) ~하다(할 것이다)   however : 그렇지만, 하지만, 그러나   meanwhile : 그 동안, 그 사이에, 한편   therefore : 그러므로, 따라서   nevertheless : 그럼에도 불구하고

「미소는 비용이 전혀 들지 않지만, 그것의 효과(영향)는 크다. 만약 우리가 미소 짓는다면, 우리는 기분이 많이 좋아진다. 어떤 사람이 당신에게 미소 지을 때, 당신은 자연스럽게 그 사람이 다정하다고 생각한다. 그러므로 당신은 틀림없이 자주 미소 짓는 사람들과 다른 사람들을 미소 짓게 하는 사람들을 좋아할 것이다.」

12 다음 글의 제목으로 가장 적절한 것은?

> Flood waters are dangerous. The force of a few inches of water can toss you to the ground. While camping, just keep your radio turned on and tuned to a weather station. Tons of water miles away can reach and swallow you in a few minutes. If there's a flood, just get out of the car. Cars can be easily swept away in just two feet of water. If you have limited time, take only family medicines, blankets and a battery-powered radio with you. Don't wait until the last minute to leave, hoping to save your possessions. Save your life instead.

① How to Set Up Camping Tents

② What to Do in Case of Flood

③ How to Locate Campsites

④ Items We Need in Emergencies

해설 「홍수는 위험합니다. 수 인치의 물의 힘으로 당신을 땅에 내 던질 수도 있습니다. 야영을 하는 동안에 그저 라디오를 켜둔 채로, 일기예보 방송에 의지하세요. 수마일 밖에 있는 엄청난 양의 물이 수 분 후에 당신에게 들이닥쳐서 당신을 삼킬 수 도 있습니다. 만약 홍수가 발생 한다면 차에서 나오세요. 차들은 단지 2분 후에 쉽게 쓸려갈 수 있습니다. 만약 당신에게 (제한된 시간이 있다면→)시간이 제한되어 있다면, 가족용 비상약과 담요와 건전지로 작동되는 라디오만을 챙기세요. 당신의 물건들을 구하려고 하면서, 떠나기 전 마지막 순간까지 기다리지 마세요. 대신에 당신의 생명을 구하세요.」

13 밑줄 친 they(them)가 가리키는 대상이 나머지 셋과 다른 것은?

Two good old boys bought a couple of horses that ①they used to make money during the summer. However, when winter came, they found it cost too much to feed ②them, so they turned the horses loose in a pasture where there was plenty to eat. To tell which one belongs to each of ③them, they decided to cut the mane of one horse and the tail of the other. By springtime, however, ④they found that the mane and tail had grown back to normal length. While they couldn't tell which one is whose, one said, "Why don't you just take the white one? And I'll take the black one."

* mane : 갈기, 머리털

 「두 명의 친한 친구가 말 두 마리를 사서 ①그들은 여름 동안 돈을 벌기 위해 사용했다. 그러나 겨울이 오자 그들은 ②그들에게 (말들에게) 먹이를 주는 비용이 너무 많이 든다는 것을 발견하였다. 그래서 그들은 먹을 것이 많이 있는 목장에 말들을 풀어 놓았다. 어느 말이 ③그들 중 누구의 말인지를 구분하기 위해, 그들은 한 말은 갈기를, 다른 말은 꼬리를 자르기로 했다. 그러나 봄이 되자 ④그들은 갈기와 꼬리가 다시 자라 정상적인 크기가 되었음을 발견하였다. 누구 말이 누구의 것인지 그들이 구분할 수 없게 된 가운데, 한 명이 말했다. "자네가 하얀 말을 갖지 그래? 그러면 내가 검은 말을 가질게."」

14 다음 밑줄 친 'it'이 가리키는 것은?

It has definitely made our lives easier. Without even having to step a foot out of the house, we are able to watch, listen, and learn about what is happening to the world in almost every aspect of life. More and more schools are adopting this to help students who wish to take lectures at home. It is also a popular and easier way to shop, as everything is taken care of right up to delivery. Nevertheless, there are also demerits such as violation of personal information.

---

① a store   ② a leisure
③ a school   ④ the internet

 definitely : 틀림없이 aspect : 측면 adopt : 입양하다, 채택하다 demerit : 단점
집에서도 정보를 얻고 수업도 듣고 배달도 가능하며 또 개인정보 침해의 우려가 있는 것은 Internet이다.
「이것은 우리 삶을 편하게 만들어준다. 집 밖으로 발을 내딛을 필요 없이 우리는 거의 삶의 모든 측면에서 세계에 발생하는 일을 보고, 듣고 배울 수 있다. 점점 더 학교는 집에서 수업받기를 희망하는 학생들을 돕기 위해 이것을 채택하고 있다. 이것은 또한 대중적이고 가게에 쉽게 갈 수 있으며 모든 것을 배달할 수 있다. 그럼에도 불구하고 이것은 개인 정보 침해와 같은 단점이 있다.」

15 다음 글에 드러난 Margie의 심경으로 가장 적절한 것은?

Margie went into the schoolroom. It was right next to her bedroom, and the mechanical teacher was on and waiting for her. It was always on at the same time every day except Saturday and Sunday, because her mother said little girls learned better if they learned at regular hours. The screen was lit up, and it said : "Today's arithmetic lesson is on the addition of proper fractions. Please insert yesterday's homework in the proper slot." Margie did so with a sigh. She was thinking about the old schools they had when her grandfather's grandfather was a little boy. All the kids from the whole neighborhood came, laughing, and shouting in the schoolyard. They learned the same things, so they could help one another on the homework and talk about it. And the teachers were people. The mechanical teacher was flashing on the screen : "When we add the fractions 1/2 and 1/4……." Margie was thinking about how the kids must have loved it in the old days. She was thinking about the fun they had.

① nervous
② gloomy
③ frightened
④ shameful

✔해설 ② Margie는 과거의 즐거웠을 학교에 대해 생각하며 아쉬워하고 있다. 주어진 보기 중에서는 'gloomy'가 가장 적절하다고 볼 수 있다.
arithmetic : 산수   proper fraction : 진분수
① 불안해하는 ② 우울한 ③ 겁먹은 ④ 부끄러운

「Margie는 교실로 갔다. 그것은 그녀의 침실 바로 옆에 있었고 기계 교사가 켜진 채 그녀를 기다리고 있었다. 그녀의 엄마가 어린 여자애들은 규칙적인 시간에 배우는 것이 더 효율적이라고 말했기 때문에 그것은 토요일과 일요일을 제외하고 매일 같은 시간에 늘 켜져 있었다. 스크린이 켜지고, "오늘의 산수 수업은 진분수의 덧셈에 관한 것입니다. 어제 낸 숙제를 해당 드라이버에 넣어 주십시오."라는 글귀가 떠올랐다. Margie는 한숨을 쉬면 그렇게 했다. 그녀의 할아버지의 할아버지가 소년이었을 때 다녔던 옛날 학교에 대해 생각했다. 온 동네 아이들이 모두 와서 운동장에서 웃고 소리쳤다. 그들은 같은 내용을 배웠기 때문에 숙제를 서로 도와주며 그것에 대해 이야기를 나눌 수도 있었다. 그리고 선생님은 사람이었다. 기계 교사가 스크린 위에서 깜빡이고 있었다. "분수 1/2과 1/4을 더하면서……." Margie는 그 옛날 아이들은 분명 그것을 무척 좋아했을 거라고 생각했다. 그녀는 그들이 누렸던 즐거움에 대해 생각했다.」

16

Today the technology to create the visual component of virtual-reality (VR) experiences is well on its way to becoming widely accessible and affordable. But to work powerfully, virtual reality needs to be about more than visuals. ___(A)___ what you are hearing convincingly matches the visuals, the virtual experience breaks apart. Take a basketball game. If the players, the coaches, the announcers, and the crowd all sound like they're sitting midcourt, you may as well watch the game on television — you'll get just as much of a sense that you are "there." ___(B)___, today's audio equipment and our widely used recording and reproduction formats are simply inadequate to the task of re-creating convincingly the sound of a battlefield on a distant planet, a basketball game at courtside, or a symphony as heard from the first row of a great concert hall.

	(A)	(B)
①	If	By contrast
②	Unless	Consequently
③	If	Similarly
④	Unless	Unfortunately

해설 component : 구성요소   on one's way to~ : ~로 가는 길에   affordable : 가격이 적당한   convincingly : 설득력 있게   break apart : 망가지다   may as well : ~하는 것이 낫다   inadequate : 부적합한   by contrast : 대조적으로   consequently : 결과적으로   similarly : 마찬가지로

「오늘날 가상현실(VR) 경험의 시각적 구성요소를 만들 수 있는 기술은 널리 접근 가능하고 가격이 저렴해지는 중에 있다. 그러나 강력하게 효과가 있기 위해서는, 가상현실은 시각적인 것 이상이 될 필요가 있다. (A) 만약 당신이 듣고 있는 것이 시각적인 것과 설득력 있게 들어맞지 않는다면, 가상현실은 엉망이 된다. 농구 시합을 생각해 보라. 만약 선수들, 코치들, 아나운서들, 그리고 관중들 모두가 그들이 미드코트에 있는 것처럼 들린다면, 여러분은 텔레비전으로 경기를 보는 게 낫다 – 여러분은 그곳에 있는 기분처럼 느낄 것이다. (B) 불행히도, 오늘날의 청각 장비와 널리 사용되는 녹음 그리고 재생 포맷은 먼 거리 행성의 전쟁터, 코트사이드의 농구 경기, 혹은 거대한 콘서트홀의 첫 번째 줄에서 들리는 교향곡의 소리를 설득력 있게 재창조하는 일에는 그저 부적합하다.」

Answer   15.② 16.④

17

Visionaries are the first people in their industry segment to see the potential of new technologies. Fundamentally, they see themselves as smarter than their opposite numbers in competitive companies — and, quite often, they are. Indeed, it is their ability to see things first that they want to leverage into a competitive advantage. That advantage can only come about if no one else has discovered it. They do not expect, ___(A)___, to be buying a well-tested product with an extensive list of industry references. Indeed, if such a reference base exists, it may actually turn them off, indicating that for this technology, at any rate, they are already too late. Pragmatists, ___(B)___, deeply value the experience of their colleagues in other companies. When they buy, they expect extensive references, and they want a good number to come from companies in their own industry segment.

(A)	(B)
① therefore	on the other hand
② however	in addition
③ nonetheless	at the same time
④ furthermore	in conclusion

✔해설 visionary : 선지자 segment : 분야 fundamentally : 기본적으로 competitive : 경쟁하는 leverage : 차입금을 이용하여 투자하다 come about : 발생하다 discover : 밝혀내다 extensive : 광범위한 reference : 참조 turn off : 끄다, 잠그다 indicate : 나타내다 at any rate : 어쨌든 pragmatist : 실용주의자 value : 소중하게 여기다

「선견지명이 있는 사람들은 그들의 산업 분야에서 새로운 기술의 잠재력을 볼 수 있었던 최초의 사람들이다. 기본적으로 그들은 그들 자신을 경쟁 회사에서의 상대방보다 더 똑똑하다고 여긴다. 그리고 꽤 자주, 그들은 실제로 그러하다. 사실, 그들이 경쟁력 있는 이점으로 이용하여 투자하려고 했던 것이 바로 사물을 처음으로 볼 수 있는 그들의 능력이었다. 그 이점은 오직 어느 누구도 그것을 발견하지 못한 경우에서만 생길 수 있다. 그러므로 그들은 광범위한 목록의 산업계에서 검증한 참조를 가지고 있는, 잘 검증된 상품을 사는 것을 기대하지 않는다. 사실 만약 그러한 참조 기반이 존재한다면, 그것은 사실 어쨌든 이러한 기술에 대해 그들은 이미 늦었다는 것을 나타내며, 그들을 기능하지 못하게 만들지도 모른다. 반면에, 실용주의자들은 다른 회사에 있는 그들의 동료들의 경험을 매우 소중하게 여긴다. 그들은 구매할 때, 광범위한 참조를 기대하고 굉장히 많은 수의 상품이 그들 자신의 산업 분야에 있는 회사에서 나오기를 원한다.」

18

Contemporary art has in fact become an integral part of today's middle class society. Even works of art which are fresh from the studio are met with enthusiasm. They receive recognition rather quickly — too quickly for the taste of the surlier culture critics. _____, not all works of them are bought immediately, but there is undoubtedly an increasing number of people who enjoy buying brand new works of art. Instead of fast and expensive cars, they buy the paintings, sculptures and photographic works of young artists. They know that contemporary art also adds to their social prestige. _____, since art is not exposed to the same wear and tear as automobiles, it is a far better investment.

① Of course — Furthermore

② Therefore — On the other hand

③ Therefore — For instance

④ Of course — For example

✔️해설 contemporary : 현대의, 당대의 fresh from : ~를 갓 나온 integral : 필수적인, 완전한 enthusiasm : 열광, 열정 surly : 성질 못된, 무례한

「현대 미술은 실제로 오늘날 중산층 사회의 필수적인 부분이 되었다. 심지어 스튜디오에서 갓 나온 예술 작품들에도 열광하게 된다. 그들은 꽤 빨리 인정받게 되는데, 무례한 비평가들 취향에 비해 너무 빠르다. 물론, 모든 작품을 즉시 구입할 수 있는 것은 아니지만, 확실히 새로운 예술 작품을 구입하는 것을 즐기는 사람들의 수가 증가하고 있다. 빠르고 값비싼 자동차 대신 그들은 젊은 예술가들의 그림, 조각품, 사진 작품을 산다. 그들은 현대 미술이 그들의 사회적 명성을 높여 준다는 것을 안다. 게다가, 예술은 자동차처럼 마모와 파손에 노출되지 않기 때문에, 훨씬 더 나은 투자이다.」

19

Climate change, deforestation, widespread pollution and the sixth mass extinction of biodiversity all define living in our world today—an era that has come to be known as "the Anthropocene". These crises are underpinned by production and consumption which greatly exceeds global ecological limits, but blame is far from evenly shared. The world's 42 wealthiest people own as much as the poorest 3.7 billion, and they generate far greater environmental impacts. Some have therefore proposed using the term "Capitalocene" to describe this era of ecological devastation and growing inequality, reflecting capitalism's logic of endless growth and _____.

① the better world that is still within our reach

② the accumulation of wealth in fewer pockets

③ an effective response to climate change

④ a burning desire for a more viable future

해설 deforestation : 삼림 벌채   biodiversity : 생물 다양성   era : 시대   anthropocene : 인류세   underpin : 지지하다   far from : 전혀 ~이 아닌   devastation : 황폐   inequality : 불평등   capitalism : 자본주의   accumulation : 축적   viable : 실행 가능한, 성공할 수 있는

「기후변화, 삼림 벌채, 만연한 공해 그리고 생물다양성의 6차 대멸종은 모두 오늘날 우리 세계, 즉 – '인류세로 알려지게 된 시대 – 에 '산다는 것을 말한다. 이러한 위기는 세계적인 생태계의 한계를 크게 초과하는 생산과 소비에 의해 뒷받침되고 있는데, 비난은 전혀 고르게 분산되지 않는다. 세계에서 가장 부유한 42명의 사람들이 가장 가난한 37억 명의 사람들이 소유한 것만큼 소유하고, 그들은 훨씬 큰 환경적 영향을 미친다. 그래서 일부의 사람들은 생태학적인 황폐화와 증가하는 불평등의 이 시대를 묘사하기 위해 '자본세라는 용어를 사용하기를 제안했는데, (그것은) 무한 성장과 더 적은 수의 주머니 안으로 부가 축적되는 것에 대한 자본주의의 논리를 반영하는 것이다.」

① 여전히 우리 손이 닿는 더 나은 세상

② 더 적은 수의 주머니 안으로 부가 축적되는 것

③ 기후변화에 대한 효과적인 대응

④ 더 성공적인 미래를 위한 불타는 욕망

빈칸 바로 앞 문장 The world's 42 wealthiest people own as much as the poorest 3.7 billion, and they generate far greater environmental impacts.를 통해서 ②번이 정답이라는 것을 알 수 있다.

20

Ever since the time of ancient Greek tragedy, Western culture has been haunted by the figure of the revenger. He or she stands on a whole series of borderlines: between civilization and barbarity, between _____ and the community's need for the rule of law, between the conflicting demands of justice and mercy. Do we have a right to exact revenge against those who have destroyed our loved ones? Or should we leave vengeance to the law or to the gods? And if we do take action into our own hands, are we not reducing ourselves to the same moral level as the original perpetrator of murderous deeds?

① redemption of the revenger from a depraved condition

② divine vengeance on human atrocities

③ moral depravity of the corrupt politicians

④ an individual's accountability to his or her own conscience

✔해설 haunt : 출몰하다 revenger : 복수하는 사람 borderline : 국경선 barbarity : 야만, 만행
mercy : 자비 exact : 가하다 vengeance : 복수 take action : 조치를 취하다 perpetrator : 가해자, 범인 murderous : 살인의 deed : 행위 redemption : 구원, 구함 deprave : 타락하게 하다 atrocity : 잔혹 행위 accountability : 책임, 의무

「고대 그리스 비극 시대 이후로 지금까지, 서양 문화에는 복수자의 인물이 등장해 왔다. 그 또는 그녀는 그 모든 일련의 경계선에 서 있는데, 다시 말해서 문명과 야만 사이에, 그 또는 그녀 자신의 양심에 대한 개인의 책임과 법규에 대한 공동체의 요구 사이에, 상충되는 정의와 자비의 요구 사이에 서 있다. 우리는 우리의 사랑하는 사람들을 파괴한 사람들에게 복수를 가할 권리가 있는가? 아니면 우리는 복수를 법이나 신들에게 맡겨야 하는가? 그리고 만약 우리가 정말 스스로 조치를 취한다면, 우리는 우리 자신을 살인 행위의 원래 가해자와 같은 도덕적 수준으로 낮추는 것이 아닌가?」

① 타락한 상황으로부터의 복수자의 구원
② 인간의 잔학한 행위에 대한 신의 복수
③ 부패한 정치가들의 도덕적 타락
④ 그 또는 그녀 자신의 양심에 대한 개인적 책임

위에 나오는 Do we have a right to exact revenge against those who have destroyed our loved ones? Or should we leave vengeance to the law or to the gods?의 두 개의 문장을 통해서 ④번이 정답이라는 것을 알 수 있다.

21

Language changes when speakers of a language come into contact with speakers of another language or languages. This can be because of migration, perhaps, because they move to more fertile lands, or because they are displaced on account of war or poverty or disease. It can also be because they are invaded. Depending on the circumstances, the home language may succumb completely to the language of the invaders, in which case we talk about replacement. _____, the home language might persist side-by-side with the language of the invaders, and depending on political circumstances, it might become the dominant language.

① Typically   ② Consistently

③ Similarly   ④ Alternatively

✔ 해설 migration : 이주, 이송 fertile : 비옥한, 풍부한 displace : 대체하다, 쫓아내다 on account of : ~ 때문에 circumstance : 환경, 상황 succumb : 굴복하다 persist : 지속되다

「언어는 한 언어의 사용자가 다른 언어 또는 여러 언어의 사용자와 접촉할 때 변한다. 이것은 아마도 그들이 더 비옥한 땅으로 이주하거나 전쟁, 가난, 질병 때문에 쫓겨나 이주하는 것 때문일 것이다. 또한 그들이 침략을 당했기 때문일 수도 있다. 상황에 따라 모국어는 침략자들의 언어에 완전히 굴복할 수도 있는데, 그 경우 우리는 대체 언어에 대해 이야기한다. <u>그렇지 않으면,</u> 모국어는 침략자들의 언어와 나란히 지속될 수도 있고, 정치적 상황에 따라 지배적인 언어가 될 수도 있다.」

① 일반적으로, 늘 그렇듯이
② 지속적으로, 항상
③ 비슷하게, 유사하게
④ 그 대신에, 그렇지 않으면

22

The decline in the number of domestic adoptions in developed countries is mainly the result of a falling supply of domestically adoptable children. In those countries, the widespread availability of safe and reliable contraception combined with the pervasive postponement of childbearing as well as with legal access to abortion in most of them has resulted in a sharp reduction of unwanted births and, consequently, in a reduction of the number of adoptable children. _____(A)_____, single motherhood is no longer stigmatized as it once was and single mothers can count on State support to help them keep and raise their children. _____(B)_____, there are not enough adoptable children in developed countries for the residents of those countries wishing to adopt, and prospective adoptive parents have increasingly resorted to adopting children abroad.

	(A)	(B)
①	However	Consequently
②	However	In summary
③	Furthermore	Nonetheless
④	Furthermore	As a consequence

✔해설 domestic : 국내의   adoption : 입양   contraception : 피임   pervasive : 만연하는   postponement : 연기   childbearing : 출산   abortion : 낙태   stigmatize : 오명을 씌우다, 낙인을 찍다   count on : ~에 의지하다   prospective : 장래의, 유명한   resort to something : (다른 대안이 없어서, 좋지 못한 것에) 기대다   as a consequence : ~의 결과로서

「선진국에서 국내 입양이 감소한 것은 단순히 국내의 입양 가능한 아이들의 공급이 줄어든 결과이다. 그러한 나라들에서는 대부분 낙태를 법적으로 허용하고 있을 뿐만 아니라 출산을 미루는 분위기가 만연한데, 여기에 안전하고 믿을 만한 피임이 널리 가능하기까지 해서 이는 결과적으로 원치 않는 출산의 급격한 감소로 이어졌고, 따라서 입양 가능한 아이들의 수도 줄어들게 되었다. 게다가 미혼모는 더 이상 과거에 그랬던 것만큼 낙인찍히지 않으며, 그들의 자녀들을 키울 수 있도록 국가의 원조에 의지할 수 있다. 결과적으로 선진국에서는 아이를 입양하기 바라는 사람들을 위한 충분한 입양아가 없게 되었고, 아이를 입양하기 바라는 양부모들은 점점 더 해외에서 아이를 입양하는 것에 의존해 왔다.」

23

There are few simple answers in science. Even seemingly straightforward questions, when probed by people in search of proof, lead to more questions. Those questions lead to nuances, layers of complexity and, more often than we might expect, ＿＿＿＿＿＿＿＿.

In the 1990s, researchers asking "How do we fight oxygen-hungry cancer cells?" offered an obvious solution : Starve them of oxygen by cutting off their blood supply. But as Laura Beil describes in "Deflating Cancer," oxygen deprivation actually drives cancer to grow and spread. Scientists have responded by seeking new strategies : Block the formation of collagen highways, for instance, or even, as Beil writes, give the cells "more blood, not less."

① plans that end up unrealized

② conclusions that contradict initial intuition

③ great inventions that start from careful observations

④ misunderstandings that go against scientific progress

✅**해설** straightforward : 직접의, 간단한 probe : 탐구하다 nuance : 미묘한 차이 starve : 굶기다, 굶겨 죽이다 deflate : 수축시키다 deprivation : 박탈, 결핍, 몰수 intuition : 직관 observation : 관찰

「과학에는 단순한 대답은 거의 없다. 심지어 간단해 보이는 문제들도 사람들이 증거를 찾아 탐구할 때 더 많은 질문들을 낳는다. 그런 질문들은 미묘한 차이, 여러 겹의 복잡성, 그리고 우리가 예상했던 것보다 더 자주 <u>초기의 직관과는 모순되는 결론</u>으로 이어진다. 1990년대에 과학자들은 "우리는 어떻게 산소에 굶주린 암세포와 싸우는가?"라는 질문을 하며 명백한 해결책을 제안했다. 혈액의 공급을 차단하여 그들로부터 산소를 제거하여 죽이는 것이다. 그러나 Laura Beil이 "암을 굶겨죽이기"에서 설명하듯이 산소를 부족하게 만드는 것은 실제로 암이 커지고 퍼지게 만든다. 과학자들은 새로운 전략을 찾으면서 대처해 왔다. 예를 들어 콜라겐 교통로 차단하기, 또는 Beil이 썼듯이 세포에 "혈액을 더 적게 주는 것이 아니라 더 많이 공급하기" 등이다.」

① 실현되지 않고 끝나는 계획

② 초기의 직관과는 모순되는 결론

③ 주의 깊은 관찰로 시작되는 위대한 발명

④ 과학적 발전을 방해하는 오해들

24

Before the lecture began, the speaker of the day distributed photocopies of his paper to each of the audience, and I got one and leafed through it and grasped the main idea of the text. Waiting for him to begin, I prayed in silence that this speaker would not read but speak instead directly to the audience with his own words about what he knew on the subject. But to my great disappointment, he _____. Soon I found I was mechanically following the printed words on the paper in my hand.

① was afraid of making his lecture too formal

② elaborated on his theories without looking at his paper

③ began to read his lengthy and well-prepared paper faithfully

④ made use of lots of humorous gestures to attract the audience

> **해설** distribute : 배포하다, 나눠주다 leaf through : (책 등을) 대충 휙휙 넘겨보다 grasp : 이해하다, 파악하다 to one's disappointment : 실망스럽게도 elaborate : 설명하다
>
> 「강연이 시작하기 전에, 오늘의 연사는 각 관중들에게 자신의 논문의 복사본을 나누어 주었다. 나도 한 부를 받았고 훑어보면서 이 글의 주제를 파악했다. 그가 시작하기를 기다리면서 나는 이 연사가 그 주제에 대해 그가 알고 있는 내용을 관중들에게 단순히 읽어주는 것이 아니라 그 자신의 의견을 연설로 해주기를 조용히 기도했다. 그러나 너무나 실망스럽게도 그는 <u>그의 장황하면서도 잘 준비된 논문을 충실하게 읽어나가기 시작했다.</u> 곧 나는 내가 손에 있는 종이 위에 인쇄된 단어들을 기계적으로 따라가고 있다는 것을 알아차렸다.」
>
> ① 그의 강연이 너무 형식적이 될까 두려워했다.
> ② 그의 논문을 보지 않고 그의 이론을 설명했다.
> ③ 그의 장황하면서도 잘 준비된 논문을 충실하게 읽어나가기 시작했다.
> ④ 청중들의 관심을 이끌어내기 위해 많은 유머러스한 몸동작을 사용했다.

25

Both novels and romances are works of imaginative fiction with multiple characters, but that's where the similarities end. Novels are realistic; romances aren't. In the 19th century, a romance was a prose narrative that told a fictional story dealt with its subjects and characters in a symbolic, imaginative, and nonrealistic way. _____, a romance deals with plots and people that are exotic, remote in time or place from the reader, and obviously imaginary.

① Typically   ② On the other hand

③ Nonetheless   ④ In some cases

✔해설   fiction : 허구   prose : 산문   narrative : 서술   exotic : 이국적인

「소설과 로맨스는 둘 다 다양한 등장인물들을 가진 상상의 허구작품이지만, 거기서 그들의 유사성은 끝난다. 소설은 현실적이지만, 로맨스는 그렇지 않다. 19세기에 로맨스는 상징적이고, 상상적인 그리고 비현실적인 방식으로 주제와 등장인물들을 다루는 허구의 이야기를 말하는 산문이었다. <u>전형적으로</u> 로맨스는 시간과 장소에서 독자들로부터 이국적이고 먼, 명백히 상상적인 이야기들과 사람들을 다룬다.」

① 일반적으로
② 반면에
③ 그럼에도 불구하고
④ 경우에 따라서는

26 다음 글을 문맥에 맞게 순서대로 배열한 것은?

㉠ Millions of people suffering from watery and stinging eyes, pounding headaches, sinus issues, and itchy throats, sought refuge from the debilitating air by scouring stores for air filters and face masks.

㉡ The outrage among Chinese residents and the global media scrutiny impelled the government to address the country's air pollution problem.

㉢ Schools and businesses were closed, and the Beijing city government warned people to stay inside their homes, keep their air purifiers running, reduce indoor activities, and remain as inactive as possible.

㉣ In 2013, a state of emergency in Beijing resulting from the dangerously high levels of pollution led to chaos in the transportation system, forcing airlines to cancel flights due to low visibility.

---

① ㉡ - ㉠ - ㉣ - ㉢
② ㉡ - ㉢ - ㉣ - ㉠
③ ㉣ - ㉡ - ㉢ - ㉠
④ ㉣ - ㉢ - ㉠ - ㉡

✔해설 watery : 희미한, 물기가 많은 stinging : 찌르는, 쏘는 pounding : 쿵쿵 두드리는 소리 sinus : 부비강 (두개골 속의, 코 안쪽으로 이어지는 구멍) refuge : 피난, 도피처 scour : 샅샅이 뒤지다 debilitate : 쇠약하게 하다 outrage : 격분, 격노 scrutiny : 정밀 조사, 철저한 검토 impel : ~해야만 하게 하다 inactive : 활발하지 않은 visibility : 가시성

「㉣ 2013년도에 위험하게 높은 공해도 때문에 발생한 베이징의 비상사태가 교통체계에 혼돈을 일으켰고, 낮은 가시도로 인하여 항공사들이 비행을 취소하게 되었다.

㉢ 학교와 기업들이 문을 닫았고, 베이징 시 정부는 사람들에게 집안에 머물면서, 공기정화기를 작동시키고 실내 활동을 줄이고 가능한 한 움직이지 말라고 경고했다.

㉠ 눈물이 나고, 눈이 따끔거리고, 쿵쿵거리는 두통을 겪고, 부비강에 문제가 생기고, 목이 간질거리는 고통을 겪는 수백만 명의 사람들은 공기정화기와 마스크를 찾아 상점들을 샅샅이 뒤져 심신을 쇠약하게 만드는 공기로부터 피신했다.

㉡ 중국 거주민들의 분노와 세계 미디어의 정밀 조사가 중국 정부로 하여금 국가의 공기오염 문제를 다룰 수밖에 없게 만들었다.」

㉣은 2013년도를 언급하며 공기오염에 관한 글의 도입부를 이끌고 있다. ㉢에서 공기오염으로 인한 결과를 설명하고 있고 ㉠에서는 이 공기오염에 대한 개인들의 대처방법들이 나오고 있다. 마지막으로 ㉡에서는 국가차원의 해결이 필요하다는 것으로 결론을 짓고 있다.

27 주어진 글 다음에 이어질 글의 순서로 가장 적절한 것은?

> I remember the day Lewis discovered the falls. They left their camp at sunrise and a few hours later they came upon a beautiful plain and on the plain were more buffalo than they had ever seen before in one place.

> (A) A nice thing happened that afternoon, they went fishing below the falls and caught half a dozen trout, good ones, too, from sixteen to twenty-three inches long.
> (B) After a while the sound was tremendous and they were at the great falls of the Missouri River. It was about noon when they got there.
> (C) They kept on going until they heard the faraway sound of a waterfall and saw a distant column of spray rising and disappearing. They followed the sound as it got louder and louder.

① (A) — (B) — (C)　　　　② (B) — (C) — (A)

③ (C) — (A) — (B)　　　　④ (C) — (B) — (A)

 해설 plain : 평원　trout : 송어

「나는 Lewis가 폭포를 발견했던 그 날을 기억한다. 그들은 해가 뜰 때 야영장을 떠났고, 몇 시간 후 그들은 아름다운 평원을 만났고 그곳에서 이제껏 봤던 버팔로보다 더 많은 버팔로를 한 장소에서 보았다.
(C) 그들은 멀리서 폭포수가 떨어지는 소리가 들릴 때까지 계속 걸었고 멀리서 솟았다 사라지는 물줄기를 보았다. 그들은 그 소리를 따라갔고 소리는 점점 더 커졌다.
(B) 잠시 후 그 소리는 엄청났고 그들은 미시시피 강의 거대한 폭포에 있었다. 그들이 그곳에 갔을 때는 정오쯤이었다.
(A) 그날 오후 좋은 일이 일어났는데, 그들은 폭포 아래에서 낚시를 했고 6마리의 송어를 잡았고 그 크기가 16에서 23인치 길이의 훌륭한 물고기들이었다.」

28 주어진 문장이 들어갈 위치로 가장 적절한 것은?

> Fortunately, however, the heavy supper she had eaten caused her to become tired and ready to fall asleep.

> Various duties awaited me on my arrival. I had to sit with the girls during their hour of study. (①) Then it was my turn to read prayers; to see them to bed. Afterwards I ate with the other teachers. (②) Even when we finally retired for the night, the inevitable Miss Gryce was still my companion. We had only a short end of candle in our candlestick, and I dreaded lest she should talk till it was all burnt out. (③) She was already snoring before I had finished undressing. There still remained an inch of candle. (④) I now took out my letter; the seal was an initial F. I broke it; the contents were brief.

✅해설 inevitable : 피할 수 없는　companion : 동반자, 동행　dread : 두려워하다　lest ～ should : ～하지 않도록, ～할까 봐　supper : 저녁　snore : 코를 골다　seal : 봉하다

「여러 가지 일들이 내가 도착하기를 기다리고 있었다. 나는 소녀들이 공부하는 동안 함께 앉아있어야 했다. ① 그러고 나서 기도문을 읽고 학생들이 잠자리에 드는 것을 보는 건 내 차례였다. 그 후 나는 다른 선생님들과 식사를 했다. ② 우리가 마침내 잠자리에 들어갔을 때도, 나의 동료 Miss Gryce는 피할 수 없었다. 촛대의 초가 얼마 안 남았고 나는 그녀가 초가 다 타버리고 없어질 때까지 이야기를 할까 봐 두려워했다. ③ 하지만, 운 좋게도 그녀가 먹었던 엄청난 저녁식사 때문에 그녀는 피곤해졌고 곧 잘 준비를 마쳤다. 그녀는 내가 옷을 벗기도 전에 코를 골고 있었다. 여전히 1인치의 초가 남아 있었다. ④ 이제 나는 편지를 꺼냈다. 봉인된 곳에 이니셜 F가 있었다. 나는 그것을 떼었다. 그 내용은 간결했다.」

29 다음 글의 내용과 일치하는 것은?

Taste buds got their name from the nineteenth-century German scientists Georg Meissner and Rudolf Wagner, who discovered mounds made up of taste cells that overlap like petals. Taste buds wear out every week to ten days, and we replace them, although not as frequently over the age of forty-five : our palates really do become jaded as we get older. It takes a more intense taste to produce the same level of sensation, and children have the keenest sense of taste. A baby's mouth has many more taste buds than an adult's, with some even dotting the cheeks. Children adore sweets partly because the tips of their tongues, more sensitive to sugar, haven't yet been blunted by trying to eat hot soup before it cools.

① Taste buds were invented in the nineteenth century.

② Replacement of taste buds does not slow down with age.

③ Children have more sensitive palates than adults.

④ The sense of taste declines by eating cold soup.

✔해설　taste bud : 미뢰　mound : 무더기　petal : 꽃잎　wear out : 닳아버리다　palate : 구개　jade : 약해지다
keen : 예리한, 날카로운　adore : 아주 좋아하다　blunted : 무딘

「미뢰는 19세기 독일의 과학자들인 Georg Meissner와 Rudolf Wagner에 의해 그 이름을 갖게 되었는데, 이 과학자들은 꽃잎처럼 겹쳐진 미각 세포들로 구성된 무더기를 발견했다. 미뢰는 일주일에서 열흘이면 닳아버려서 우리는 그것들을 새로운 것으로 대체한다. 하지만 45세 이상이 되면 그렇게 자주는 아니다. 우리의 구개는 나이가 들면서 정말 쇠퇴한다. 똑같은 수준의 감각을 느끼기 위해 더 강렬한 맛이 필요하고 어린이들은 가장 예민한 미각을 가지고 있다. 아기의 입안에는 어른보다 훨씬 더 많은 미뢰들이 있고 심지어는 볼에도 분포되어 있다. 아이들은 단 것을 아주 좋아하는데, 설탕에 더 민감한 그들의 혀끝이 – 뜨거운 수프가 식기 전에 먹어 보려고 함으로써 – 아직 둔감해지지 않은 것이 부분적인 이유이다.」

① 미뢰는 19세기에 발명되었다.

② 미뢰의 대체(교체)는 나이가 들어도 느려지지 않는다.

③ 아이들은 어른보다 훨씬 예민한 구개를 가지고 있다.

④ 미각은 차가운 수프를 먹음으로 쇠퇴한다.

30 다음 글의 내용과 일치하지 않는 것은?

> There is a basic principle that distinguishes a hot medium like radio from a cool one like the telephone, or a hot medium like the movie from a cool one like TV. A hot medium is one that extends one single sense in "high definition." High definition is the state of being well filled with data. A photograph is visually "high definition." A cartoon is "low definition," simply because very little visual information is provided. Telephone is a cool medium, or one of low definition, because the ear is given a meager amount of information. And speech is a cool medium of low definition, because so little is given and so much has to be filled in by the listener. On the other hand, hot media do not leave so much to be filled in or completed by the audience.

① Media can be classified into hot and cool.
② A hot medium is full of data.
③ Telephone is considered high definition.
④ Cool media leave much to be filled in by the audience.

 해설 distinguish : 구별하다   medium : 매체   definition : 정밀도   meager : 빈약한, 결핍한, 메마른   classify : 분류하다

「라디오와 같은 핫 미디어와 전화와 같은 쿨 미디어, 또는 영화와 같은 핫 미디어와 텔레비전과 같은 쿨 미디어를 구별하는 기본적인 원칙이 있다. 핫 미디어는 한 단일한 감각을 고도의 정밀도로 확장하는 것이다. 고도의 정밀도라는 것은 데이터로 충실히 채워져 있는 상태를 말한다. 사진은 시각적으로 "높은 정밀도"이다. 만화는 단순히 매우 적은 시각적 정보가 제공된다는 이유로 낮은 정밀도에 있다. 전화는 쿨 미디어이고 낮은 정밀도를 갖는데, 그 이유는 귀가 적은 양의 정보를 받기 때문이다. 말은 낮은 정밀도의 쿨 미디어인데, 그 이유는 너무 적은 정보가 주어지고 듣는 사람에 의해 많은 것들이 채워져야 하기 때문이다. 반면에 핫 미디어는 시청자에 의해 메워지거나 완성되도록 많은 것들을 남기지 않는다.」

① 미디어는 핫 미디어와 쿨 미디어로 분류될 수 있다.
② 핫 미디어는 데이터로 충분히 채워져 있다.
③ 전화는 높은 정밀도로 여겨진다.
④ 쿨 미디어는 듣는 사람에 의해 많은 부분이 메워지도록 남긴다.

31 글의 흐름상 가장 적절하지 않은 문장은?

It seems to me possible to name four kinds of reading, each with a characteristic manner and purpose. The first is reading for information—reading to learn about a trade, or politics, or how to accomplish something. ① We read a newspaper this way, or most textbooks, or directions on how to assemble a bicycle. ② With most of this material, the reader can learn to scan the page quickly, coming up with what he needs and ignoring what is irrelevant to him, like the rhythm of the sentence, or the play of metaphor. ③ We also register a track of feeling through the metaphors and associations of words. ④ Courses in speed reading can help us read for this purpose, training the eye to jump quickly across the page.

✅해설 assemble : 모으다, 조립하다   material : 자료, 내용   irrelevant : 관련없는   metaphor : 은유   register : 나타내다, 등록하다   association : 연합

「나에게는 네 종류의 독서를 명명하는 것이 가능한 것처럼 보이는데, 각각은 특징적인 형식과 목적을 가지고 있다. 첫 번째는 정보를 위한 독서 – 무역, 정치, 또는 무언가를 성취하는 방법에 관해서 배우기 위한 독서이다. ① 우리는 이런 식으로 신문을 읽거나, 대부분의 교과서 또는 자전거를 조립하는 방법에 관한 설명서를 읽는다. ② 대부분의 이러한 자료를 가지고, 그가 필요로 하는 것을 생각해 내고 문장의 운율 또는 은유의 사용 같이 그에게 관련없는 것을 무시하면서, 독자는 페이지를 빨리 훑어보는 것을 배울 수 있다. (③ 우리는 또한 은유와 단어의 연상을 통해서 감정의 경로를 나타낸다.) ④ 속독에 관한 강좌는 눈이 페이지를 가로질러 빠르게 건너뛰도록 훈련시키면서, 우리가 이 목적을 위해 읽도록 도와줄 수 있다.」

글의 주제는 독서의 종류에는 4종류가 있다고 설명해주는 첫 문장 It seems to me possible to name four kinds of reading, each with a characteristic manner and purpose.이다. 따라서 "은유와 단어의 연상을 통해서 감정의 경로를 나타낸다."는 내용의 ③번은 주제에 관한 내용이 아니다.

32 〈보기〉의 문장이 들어갈 위치로 가장 적절한 것은?

〈보기〉

In this situation, we would expect to find less movement of individuals from one job to another because of the individual's social obligations toward the work organization to which he or she belongs and to the people comprising that organization.

Cultural differences in the meaning of work can manifest themselves in other aspects as well. (①) For example, in American culture, it is easy to think of works imply as a means to accumulate money and make a living. (②) In other cultures, especially collectivistic ones, work may be seen more as fulfilling an obligation to a larger group. (③) In individualistic cultures, it is easier to consider leaving one job and going to another because it is easier to separate jobs from the self. (④) A different job will just as easily accomplish the same goals.

✔해설 manifest : 나타내다, 분명해지다   obligation : 의무   comprise : 구성하다   accumulate : 축적하다
collectivistic : 집산주의적인 fulfill : 성취하다 individualistic : 개인주의적인 separate A from B : A를 B
와 구분하다

「일의 의미에서 문화적 차이는 다른 측면에서도 나타날 수 있다. 예를 들어, 미국 문화에서는, 일을 단지 돈을 모으고 생계를 꾸리는 수단으로 생각하기 쉽다. 다른 문화, 특히 집산주의적 문화에서, 일은 더 큰 그룹에 대한 의무를 성취하는 것으로서 더 여겨질지도 모른다. 이러한 상황에서 우리는 그 또는 그녀가 속한 직장 조직을 향한, 그리고 그 조직을 구성하고 있는 사람들에 대한 개인의 사회적 의무 때문에 한 직장에서 다른 직장으로 이동하는 것이 덜할 거라고 예상한다. 개인주의적 문화에서는, 직업을 자신과 분리하는 것이 더 쉽기 때문에 한 직업을 떠나 다른 직업으로 가는 것을 고려하는 게 더 쉽다. 다른 직업도 그만큼 쉽게 같은 목표를 달성할 것이다.」

삽입 문장 앞에 나오는 이러한 상황(this situation)은 앞 문장에서 나왔던 '일이 그룹에 대한 의무를 성취하는 것으로 여겨지는' 상황을 의미한다. 따라서 정답은 ③이다.

33 글의 흐름상 가장 어색한 문장은?

> Children's playgrounds throughout history were the wilderness, fields, streams, and hills of the country and the roads, streets, and vacant places of villages, towns, and cities. ① The term *playground* refers to all those places where children gather to play their free, spontaneous games. ② Only during the past few decades have children vacated these natural playgrounds for their growing love affair with video games, texting, and social networking. ③ Even in rural America few children are still roaming in a free-ranging manner, unaccompanied by adults. ④ When out of school, they are commonly found in neighborhoods digging in sand, building forts, playing traditional games, climbing, or playing ball games. They are rapidly disappearing from the natural terrain of creeks, hills, and fields, and like their urban counterparts, are turning to their indoor, sedentary cyber toys for entertainment.

✔해설 wilderness : 황무지   stream : 시내, 개울   vacant : 텅빈 spontaneous : 자발적인   vacate : 비게 하다
roam : 배회하다   creek : 개울   counterpart : 상대물   sedentary : 앉은 채 있는

「전 역사에 걸쳐서 아이들의 놀이터는 시골의 황야와 들판, 개울, 언덕이었고 마을과 도시의 도로, 거리, 공터였다. ① 놀이터라는 용어는 아이들이 그들의 자유롭고 자발적인 게임을 하기 위해서 모이는 모든 장소들을 일컫는다. ② 아이들이 비디오 게임, 문자 메시지, 소셜 네트워크에 대한 그들의 커져가는 과도한 사랑을 위해서 자연의 놀이터를 비워둔 것은 단지 지난 몇십 년에 불과했다. ③ 심지어 미국 시골에서도 어른과 함께하지 않고는 자유롭게 돌아다니는 아이들이 거의 없다. (④ 학교 밖에 있을 때, 그들은 모래를 파거나, 요새를 짓거나, 전통 게임을 하거나, 등산을 하거나, 공놀이를 하면서 동네에서 흔히 발견된다.) 그들은 계곡, 언덕, 그리고 들판의 자연 지형에서 빠르게 사라지고 있고, 도시 아이들처럼 오락을 위해 실내에서, 앉아서 하는 사이버 장난감으로 향하고 있다.」

자연 속에서 뛰어 놀던 과거와는 달리 현대 사회의 아이들은 실내 오락에 파묻혀 있다는 내용의 글이다. 따라서 모래를 파는 것과 같은 전통적인 게임을 한다는 ④번의 내용은 주제와 거리가 멀다.

34 주어진 문장이 들어갈 위치로 가장 적절한 것은?

> The same thinking can be applied to any number of goals, like improving performance at work.

The happy brain tends to focus on the short term. (①) That being the case, it's a good idea to consider what short-term goals we can accomplish that will eventually lead to accomplishing long-term goals. (②) For instance, if you want to lose thirty pounds in six months, what short-term goals can you associate with losing the smaller increments of weight that will get you there? (③) Maybe it's something as simple as rewarding yourself each week that you lose two pounds. (④) By breaking the overall goal into smaller, shorter-term parts, we can focus on incremental accomplishments instead of being overwhelmed by the enormity of the goal in our profession.

✅ **해설** that being the case : 사정이 그렇다면   associate : 관련짓다   incremental : 증가하는   enormity : 거대함   profession : 직업

「행복한 두뇌는 단기간에 집중하는 경향이 있다. 사정이 그렇다면, 결국에는 장기적인 목표를 성취하도록 만드는, 우리가 해낼 수 있는 단기 목표는 무엇일지 고려하는 것이 좋다. 예를 들어, 만약 당신이 6개월 안에 30파운드를 감량하기를 원한다면, 어떤 단기 목표를 그 목표에 이르게 해 줄 더 작은 무게 증가분을 빼는 것과 연관시킬 수 있는가? 아마도 그것은 매주 당신이 2파운드를 감량할 때 당신 자신에게 보상하는 것만큼 간단한 일이다. 동일한 생각이 직장에서의 성과를 향상시키는 것과 같은 어떤 종류의 목표에서도 적용될 수 있다. 전체적인 목표를 더 작고 단기적인 부분으로 나눔으로써, 우리는 우리의 직업에서 목표의 거대함에 의해 압도되는 대신에 점진적인 성취에 초점을 맞출 수 있다.」

주어진 문장에 '그 같은 생각(the same thinking)'이 ④번 앞에 있는 2파운드와 같은 작은 목표로 시작하는 것을 의미한다. 따라서 삽입문장이 ④번에 들어가는 것이 가장 알맞다.

35 글의 내용과 일치하는 것은?

> A family hoping to adopt a child must first select an adoption agency. In the United States, there are two kinds of agencies that assist with adoption. Public agencies generally handle older children, children with mental or physical disabilities, or children who may have been abused or neglected. Prospective parents are not usually expected to pay fees when adopting a child from a public agency. Fostering, or a form of temporary adoption, is also possible through public agencies. Private agencies can be found on the Internet. They handle domestic and international adoption.

① Public adoption agencies are better than private ones.

② Parents pay huge fees to adopt a child from a foster home.

③ Children in need cannot be adopted through public agencies.

④ Private agencies can be contacted for international adoption.

✔ 해설   adopt : 입양하다, 채택하다   handle : 다루다, 만지다   disability : 장애   abuse : 학대하다   neglect : 방치하다   prospective : 곧 있을, 유망한   foster : 위탁 양육하다   temporary : 일시적인, 임시의

「아이를 입양하고 싶어하는 가정은 먼저 입양 기관을 선택해야 한다. 미국에는 입양을 돕는 두 종류의 기관이 있다. 공공 기관은 일반적으로 나이 든 어린이, 정신적 또는 신체적 장애가 있는 어린이, 또는 학대 당하거나 방치된 어린이들을 다루고 있다. 곧 아이를 입양할 부모들은 공공 기관에서 아이를 입양할 때 보통은 비용을 지불할 것으로 예상하지 않는다. 임시 입양의 형태인 위탁 양육 역시 공공 에이전시를 통해 가능하다. <u>민간 기관은</u> 인터넷에서 찾을 수 있다. 그들은 국내와 <u>국제 입양을 다룬다.</u>」

① 공공 입양 기관은 민간 기관보다 낫다.

② 부모들은 위탁 가정으로부터 아동을 입양하기 위해 엄청난 비용을 지불한다.

③ 도움이 필요한 아이들은 공공 기관을 통해 입양될 수 없다.

④ 민간 기관은 국제 입양을 위해 연락될 수 있다.

36
① You should not take her help for granted.

② You must borrow that pen if you want to.

③ He might as well call the whole things off.

④ I haven't seen her for ages. I must phone her up.

> ✔**해설** ② must → can 또는 may
>
> take ~ for granted : ~을 당연하게 여기다   call off : 취소하다, 손을 떼다   might as well : ~하는 편이
> 낫다   phone up : 전화로 불러내다
>
> 「① 너는 그녀의 도움을 당연한 것으로 여겨서는 안된다.
> ② 원한다면 이 펜을 빌려야 한다(→ 빌려가도 좋다).
> ③ 그는 모든 일에서 손을 떼는 편이 낫다.
> ④ 그녀를 못 본지 몇 년 되었다. 그녀를 전화로 불러내야겠다.」

37
① He suggested to her that they go to the park.

② A man's worth lies not in what he has, but in what he is.

③ You will have lost many things by September next year, if you fail to follow my advice.

④ If he had taken his patron's advice then, he might have been alive now.

> ✔**해설** ④ might have been → would be, 조건절은 가정법 과거완료이지만 주절의 now가 현재의 시간을 나타
> 내는 부사이므로 이에 맞춰 주절을 가정법 과거로 만들어준다. 과거에 일어난 사실이 현재까지 영향을
> 미치는 경우이다.
>
> 「① 그는 공원에 가자고 그녀에게 제안했다.
> ② 한 인간의 가치는 그가 무엇을 가졌는가가 아니라 그가 어떤 사람인가에 달려 있다.
> ③ 내 충고를 따르지 않는다면 너는 내년 9월까지 많은 것을 잃게 될 걸.
> ④ 그가 후원자의 충고를 받아들였다면 지금쯤은 살아있을 텐데.」

38 ① The kids spent the whole day running after butterflies.

② He tried his best only to fail.

③ She had her license suspended for reckless driving.

④ Taking by surprise, she tried not to lose her presence of mind.

> ✔해설 suspend : 정지되다 reckless : 무모한
>
> ④ 분사구문으로 주절의 주어인 she가 놀람을 받는 수동의 관계이다. Take A by surprise(A를 놀라게 하다)의 표현에서 목적어가 없음을 이해한다. Taking → Taken
>
> 「① 어린이들은 온종일 나비를 쫓아다니면서 시간을 보냈다.
> ② 최선을 다했지만, 결국 실패했다.
> ③ 무모한 운전으로 면허를 정지당했다.」

|39~40| 다음 문장 중 문법적으로 옳은 것을 고르시오.

39 ① My father was in hospital during six weeks.

② There was a storm at the night.

③ He had an experience during he was a child.

④ We'll be on holiday during August.

> ✔해설 ① during → for
> ② at → during
> ③ during → while

40 ① There are so many guests for me to speak to them all.

② The Library facilities will be available in more ten minutes.

③ How long do you think it will take finishing the job?

④ It would be wiser to leave it unsaid.

> ✔해설 facility : 시설, 편의, 능숙
>
> ① many guests와 them all이 중복되므로 them all이 빠져야 한다.
> ② more는 수사의 뒤에 위치하므로 more ten minutes는 ten minutes more로 바꿔야 한다.
> ③ it take + (sb) + 시간 + to부정사 : ~하는 데 시간이 걸리다. 따라서 finishing을 to finish로 바꿔야 한다.
> 「① 내가 얘기를 해줄 손님들이 너무 많다.
> ② 십 분이 더 지나면 도서관 시설을 사용할 수 있을 것입니다.
> ③ 그 일을 끝마치는 데 얼마나 오래 걸릴 것 같니?
> ④ 그것을 말하지 않은 채로 둔다면 더 현명할 텐데.」

▌41~45 ▌ 다음 밑줄 친 부분에서 문법적으로 옳지 않은 것을 고르시오.

41

Most European countries failed ① to welcome Jewish refugees ② after the war, which caused ③ many Jewish people ④ immigrate elsewhere.

> ✔해설 jewish : 유대인의   refugee : 난민, 망명자   immigrate : (다른 나라로) 이주하다
> ④ cause가 5형식 동사로 쓰일 때에는 목적어 다음에 목적격 보어 자리에는 'to 부정사'의 형태로 와야 한다. 따라서 'to immigrate'로 고쳐야 한다.
> 「대부분의 유럽 국가들은 전쟁 후에 유대인 난민들을 환영하지 못했고, 이것으로 인해 많은 유대인들은 다른 나라로 이주했다.」

42

The cartoon character SpongeBob SquarePants is ① in a hot water from a study ② suggesting that watching just nine minutes ③ of that program can cause short-term attention and learning problems ④ in 4-year-olds.

> ✔해설 ① water은 불가산 물질명사이기 때문에 부정관사 'a'를 받을 수 없다. 따라서 'a'를 빼줘야 한다. 그리고 'in hot water'는 '곤경에 처한'이라는 의미를 갖는다.
> 「만화 캐릭터인 스폰지밥 스퀘어팬츠는 이 프로그램을 단지 9분만 시청하면 4세 유아들에게 단기 집중력과 학습 장애를 일으킬 수 있다고 제의하는 연구로 인해 곤경에 처했다.」

43

Ken ① must walk 7 mile ② yesterday ③ because his car ④ broke down.

> ✔해설 ① must→had to, 과거를 나타내는 부사 yesterday가 있으므로 must도 broke와 같이 과거형으로 쓰여야 한다. must의 과거형 표현은 had to이다.
> 「Ken은 어제 7마일을 걸어야만 했다. 왜냐하면 그의 차가 고장 났기 때문이다.」

Answer   38.④ 39.④ 40.④ 41.④ 42.① 43.①

44

It was ① a little past 3 p.m. when 16 people gathered and sat cross-legged in a circle, blushing at the strangers they knew they'd ② be mingling with for the next two hours. Wearing figure-hugging tights and sleeveless tops in ③ a variety of shape and size, each person took turns sharing their names and native countries. ④ All but five were foreigners from places including the United States, Germany and the United Kingdom.

✔️해설 cross legged : 책상다리를 하고   blush at : ~에 얼굴을 붉히다   mingling with : ~와 섞다, 어울리다
figure-hugging : (옷이) 몸매에 꼭 맞는

③ a variety of 다음에 오는 shape와 size는 가산명사이기 때문에 복수 형태로 바꿔줘야 한다. 따라서 'shapes and sizes'로 고쳐 써야 한다.

「16명의 사람들이 책상다리를 하고 둥글게 앉아 모여 있던 시간은 오후 3시가 조금 지난 시간이었고 앞으로 2시간 동안 서로 어울려야 한다는 것을 알고 있는 낯선 타인들에 얼굴을 붉혔다. 다양한 형태와 크기의 몸에 꼭 맞는 바지와 민소매 탑을 입고 있는 각각의 사람들은 돌아가며 그들의 이름과 고국을 말했다. 다섯 명을 제외하고 모든 사람은 미국, 독일 그리고 영국을 포함한 나라에서 온 외국인이었다.」

45

Pro-life and pro-choice forces ① are bracing for ② competing observances on Jan. 22, the twelfth anniversary of the Supreme Court decision that ③ was struck down most legal ④ restrictions on abortion.

✔️해설 ③ was struck down → struck down, that은 주격 관계대명사이고 선행사는 the Supreme Court decision이다. 대법원의 결정은 낙태에 대한 법적인 제재를 철폐시킨 것이므로 수동태를 능동태로 고쳐야 한다.

「임신중절 합법화에 반대하는 세력과 찬성(지지)하는 세력은 낙태에 대한 대부분의 법률적인 제재를 철폐시켰던 대법원의 판결이 내려진 지 12번째 기념일인 1월 22일에 서로 맞서는 행사들을 준비하고 있다.」

46 다음 중 우리말을 영작한 것으로 옳은 것은?

① 안전에 관한 것은 아무리 조심하여도 지나치지 않는다.

   → You can't be too careful when it comes to safety.

② 행진을 보는 것은 아주 재미있었다.

   → The parade was fascinating to watch it.

③ Sue는 지난주에 그녀의 아버지를 만나러 교도소에 갔다.

   → Sue went to prison to visit her father last week.

④ 차가 심하게 망가져서 나는 돈이 많이 들었다.

   → My badly damaging car cost me a lot of money.

 ② to watch it → to watch
   ③ went to prison → went to the prison
   ④ damaging → damaged

47 다음 문장 중 의미가 다른 하나는?

① You have nothing to do with this.

② This is none of your concerns.

③ None of your business.

④ Do what you are told.

 There is no business of yours.
   = That's none of your business.
   = What business is that of yours? 그것은 네가 알 바가 아니다, 쓸데없는 참견을 하지 마라.
   「① 너는 이것과는 전혀 관련이 없다.
   ② 이것은 네 신경 쓸 바가 아니다.
   ③ 네가 관여할 일이 아니다.
   ④ 네가 들은 대로 하라.」

Answer   44.③   45.③   46.①   47.④

48 다음 우리말을 영어로 옮길 때 가장 적절한 것은?

> 아무리 배가 고파도 천천히 먹어야 한다.

① How hungry you are, you have to eat slow.

② How you are hungry, you have to slowly eat.

③ However hungry you are, you should eat slowly.

④ However you are hungry, you should eat slowly.

> ✔해설 however가 양보절을 이끌 때 however 다음에 형용사나 부사가 바로 뒤따른다. 이때의 however는 no matter how와 같다.

┃49~55┃ 다음 대화의 흐름으로 보아 빈칸에 들어갈 표현으로 적절한 것을 고르시오.

49

> A : I'm very proud of my daughter. She has quite a good memory. She does her best to remember all she reads. And she's only nine years old.
> B : That's very good. _____ You or your wife?
> A : My wife. As a child my wife learned lots of poems by heart. She still knows quite a few of them.
> B : I never could memorize poetry. On the other hand, I remember numbers. I never forget an address or a date.

① How can she memorize them?

② Whom does she prefer?

③ Whom does she look after?

④ Whom does she take after?

> ✔해설 do one's best : 전력을 다하다, 최선을 다하다 learn by heart : 외우다, 암기하다 look after : ~을 보살피다, 돌보다 take after : ~을 닮다, 흉내내다.
> 「A : 난 정말 내 딸이 자랑스러워. 기억력이 정말 좋거든. 그 애는 자기가 읽은 것들을 모두 기억하려고 최선을 다해. 게다가 그 애는 아직 아홉 살밖에 안됐어.
> B : 정말 훌륭하네요. 그 애는 누구를 닮았나요? 당신 아니면 당신 아내?
> A : 내 아내를 닮았지. 어렸을 때 아내는 많은 시들을 외웠는데, 아직도 그 중에 꽤 많은 시들을 알고 있지.
> B : 나는 도무지 시를 암기할 수가 없어요. 대신 숫자를 기억하죠. 주소나 날짜는 절대 잊어버리지 않아요.」
> ① 그녀는 그것들을 어떻게 기억할 수 있죠?
> ② 그녀는 누구를 더 좋아하나요?
> ③ 그녀는 누구를 돌보나요?
> ④ 그녀는 누구를 닮았죠?

50

A : I'm about to give up studying for the test.

B : Never give up. I know you can do well.

A : But it seems endless. I have to memorize so many things.

B : But you can do it ! _____

① Just go ahead

② I'm not a push over.

③ seriously, was it good?

④ how is that possible.

✔해설 be about to do : 막 ~하려고 하다 give up : 버리다, 그만두다, 포기하다, 단념하다, 체념하다 endless : 끝없는, 무한한, 영원한 memorize : 외우다, 암기하다, 기억하다 go ahead : 앞으로 나아가다, 계속하다, 먼저 하세요, 어서

「Mary : 나는 막 시험공부를 포기하려고 해.
Tom : 절대 포기하지 마. 나는 네가 잘 할 수 있다는 것을 알아.
Mary : 하지만 그것(시험공부)은 끝이 없는 것 같아. 나는 너무 많은 것들을 외워야 하거든.
Tom : 하지만 너는 그것을 할 수 있어! 그냥 일단 해봐.」

51

A: Would you like to try some dim sum?

B: Yes, thank you. They look delicious. What's inside?

A: These have pork and chopped vegetables, and those have shrimps.

B: And, um, _____?

A: You pick one up with your chopsticks like this and dip it into the sauce. It's easy.

B: Okay. I'll give it a try.

① how much are they

② how do I eat them

③ how spicy are they

④ how do you cook them

✔해설 dim sum : 딤섬 pork : 돼지고기 chop : 잘게 썰다 dip : 담그다 sauce : 소스

「A : 딤섬 좀 드시겠습니까?
B : 네, 감사합니다. 맛있어 보이는군요. 안에 뭐가 들어 있나요?
A : 이것들은 돼지고기와 잘게 썬 야채가 들어 있고, 저것들은 새우가 들어 있습니다.
B : 음, 그러면 이것들을 어떻게 먹나요?
A : 이렇게 젓가락으로 하나를 들어서 소스에 찍어서 먹으면 됩니다. 쉽습니다.
B : 알겠습니다. 한번 먹어보죠.

① 그것들은 얼마나 많은가요
② 이것들을 어떻게 먹나요
③ 그것들은 얼마나 맵나요
④ 어떻게 요리하나요」

Answer   48.③ 49.④ 50.① 51.②

52

> A : I fell off my bike and hurt my ankle. It feels like it's broken.
> B : Let's X-ray this and see what we've got here.
> A : You're the doctor.
> C : How do you feel?
> A : It's starting to throb. But I'm the macho type.
> D : Yeah, right. What did the doctor say?
> A : He sent me to X-ray. We're waiting for the results now.
> C : _____
> A : Me, too. I guess that was kind of stupid of me.

① I was operated on for appendicitis.

② The doctor will be with you in a moment.

③ I hope it's not serious.

④ Hmm, do you think you broke your ankle?

 「A : 자전거를 타다가 떨어져서 발목을 다쳤어. 발목이 부러진 것 같아.
B : 이 부위를 X-ray 촬영을 하고 여기 상태가 어떤지 보자.
A : (B) 네가 의사 선생님이다.
C : 증세는 어때?
A : 욱신거리기 시작했어. 하지만 난 사나이니까 (괜찮아).
D : 그래, 맞아. 의사가 뭐라고 말했어?
A : 의사가 보내서 X-ray 촬영은 했고, 지금은 결과를 기다리는 중이야.
C : (상처가) 심각하지 않았으면 좋겠는데.
A : 나도 그랬으면 좋겠어. 내가 어리석었어.」

① 맹장염 때문에 수술을 받았다.
② 곧 의사가 당신을 진찰해 줄 것이다.
③ (상처가) 심각하지 않기를 바란다.
④ 음, 당신은 발목이 부러졌다고 생각한다는 것이죠?

53

A : Please give me your _____, and let me see your passport.
B : Here they are.
A : Thank you, and your nationality, please?
B : Korean.
A : How long are you going to stay here?
B : A couple of months.

① report card
② landing card
③ departure card
④ custom report

 해설 「A : 입국허가서를 주십시오. 그리고 여권도 보여주시고요.
B : 여기 있습니다.
A : 감사합니다. 그런데 국적은 어디시죠?
B : 한국인입니다.
A : 여기에 얼마나 오래 머무르실 예정입니까?
B : 두 달 정도요.」

54

A : Where are you from, Carla?
B : I'm from Santa Fe, New Mexico.
A : _____
B : Well, It's a beautiful little tourist town and the climate's great.

① Oh? How is it?
② Oh? Did you enjoy it?
③ Oh? What's it like there?
④ Oh? How long did you stay there?

 해설 「A : Carla, 넌 어디에서 왔니?
B : 뉴 멕시코 주의 산타페에서 왔어.
A : 그래? 그곳은 어떤 곳이니?
B : 글쎄, 아름답고 작은 관광도시야. 기후도 좋아.」
① 그래? (상태가) 어때?[(놀라움의 표시)어쩌면 그렇니?]
② 그래? 그곳을 좋아했니(거기서 잘 지냈니)?
③ 그래? 그곳은 어떤 곳이니?
④ 그래? 그곳에 얼마나 있었니?

55

A : Excuse me. Are you being waited on?

B : _____

① No, I've already ordered a cup of coffee and a piece of rum cake.

② Yes, I've waited for my friend, but he doesn't seem to show up.

③ No, I'd like to have a spaghetti with meat sauce, please.

④ Yes, my brother told me he would pick me up at seven.

> ✔해설 wait on : 시중들다
> 「A : 실례지만, 주문하셨습니까?
> B : 아니요, 저는 미트소스 스파게티로 부탁드려요(먹고 싶어요)」
> ① 아니요, 저는 벌써 커피와 럼케이크 한 조각을 주문했어요.
> ② 예, 저는 친구를 기다리고 있는데, 나타날 것 같지 않아요.
> ③ 아니요, 저는 미트소스 스파게티로 부탁드려요(먹고 싶어요).
> ④ 예, 오빠가 7시에 저를 데리러 온다고 했어요.

▌56~58▐ 다음 대화 중 자연스럽지 못한 것을 고르시오.

56 ① A : I am really too tired to work any more.

B : O.K. Let's call it a day.

② A : What would you do if you were in my shoes?

B : I wish I were you.

③ A : You don't look yourself today.

B : I've got a headache.

④ A : I can't thank you enough.

B : You're welcome.

> ✔해설 call it a day : (하루일과를) 끝내다, 마치다, 마감하다 in one's shoes : ~의 입장이 되어, ~을 대신하여
> look (like) oneself : 평소와 다름없어 보이다, 건강해 보이다
> ① A : 나는 정말로 너무 피곤해서 더 이상 일을 할 수가 없어.
>   B : 좋아. 끝내자.
> ② A : 만약 네가 내 입장이라면 어떻게 하겠니?
>   B : 내가 너라면 좋을 텐데.
> ③ A : 오늘은 평소의 너처럼 보이지 않아(건강해 보이지 않아. 아픈 것 같아).
>   B : 두통이 있어.
> ④ A : 나는 너에게 충분히 감사할 수 없어(정말 고마워).
>   B : 천만에.

57 ① A : Do you mind if I join you?

B : No, I don't.

② A : I am sorry. I broke your glasses.

B : It doesn't matter.

③ A : How do you like your new job?

B : Because I am very much interested.

④ A : Shall I wake you up tomorrow?

B : Yes, please do.

> **✓해설** ① A : 당신과 동참해도 되겠습니까?
> B : 예, 좋습니다.
> ② A : 당신의 안경을 깨뜨려서 죄송합니다.
> B : 괜찮습니다.
> ③ A : 당신의 새로운 직업(직장)은 어때요?
> B : 왜냐하면 내가 관심이 매우 많기 때문입니다.
> ④ A : 내일 깨워 드릴까요?
> B : 예, 그렇게 해주세요.

58 ① A : Would you mind my smoking here?

B : Certainly not.

② A : How kind of you to help me!

B : That's all right.

③ A : How would you like your steak?

B : Well-done, please.

④ A : What can I do for you?

B : No, thank you. I'm just looking around.

> **✓해설** ① A : 여기서 담배를 피워도 될까요?
> B : 물론입니다.
> * mind(~을 꺼리다) 직역하면 '여기서 담배 피우면 싫어하시겠습니까?'가 되고, 부정어(not)를 붙여 '물론 싫어하지 않습니다'로 대답할 수 있다.
> ② A : 저를 도와주셔서 감사해요.
> B : 천만에요.
> * ② That's all right을 You're welcome으로 바꾸어야 한다.
> ③ A : 스테이크는 어떻게 해드릴까요?
> B : 웰던으로 부탁드려요.
> ③ A : 무엇을 도와드릴까요?
> B : 괜찮습니다. 그냥 둘러보는 중이에요.

Answer   55.③ 56.② 57.③ 58.②

59 다음 글을 읽고 대변인의 주장에 가장 가까운 것은?

> Spokesman for a chemical company to residents of a nearby town : We have conducted tests and have found no evidence that the fumes leaking from our waste disposal site are harmful to humans. There is no reason to be alarmed, much less to begin evacuating people from their homes.

① 폐기물 처리장에서 나오는 연기가 인간에게 해롭다.

② 폐기물 처리장에서 나오는 연기 때문에 인근 주민들은 빠른 시간 안에 집을 비워야 한다.

③ 인체에 유해한 실험을 했기 때문에 경각심을 가져야 한다.

④ 실험한 결과 경각심을 갖거나 집을 당장 비울 필요는 없다.

✔ 해설 spokesman : 대변인 resident : 거주자 conduct : 지휘하다, 행동하다 fume : 연기를 내뿜다 leak : (액체, 기체가) 새다, 누출하다 waste disposal site : 쓰레기 처리장 much less : 하물며 ~은 아니다 evacuate : 대피시키다, 피난하다

「인근 마을의 거주민들에게 전하는 화학 회사의 대변인의 주장 : 우리는 실험을 시행하였고 그 실험에서 우리 회사의 쓰레기 처리장에서 새어나오는 연기가 인간에게 해롭다는 어떠한 증거도 찾지 못했습니다. 거기에는 경각심을 가질 이유가 없으며, 하물며 사람들을 그들의 집으로부터 대피시킬 이유도 없습니다.」

60 다음 글에서 전체 흐름과 관계없는 문장은?

Laughter is a way of releasing inner tensions, and there are many classes and types of laughs. ⓐ A happy laugh can be heard when students finally pass an important examination that they studied for all night. ⓑ It can also be heard coming from a small child running with his dog through the meadows. ⓒ Laughter is the greatest of all emotional outlets. ⓓ An inexperienced driver may find himself laughing when he tries to turn the steering wheel but ends up turning on the signal lights. His laughter stems from nervousness and his act of laughing helps him to relax.

---

① ⓐ

② ⓑ

③ ⓒ

④ ⓓ

> ✔해설 release : 배출하다   outlet : 배출구
>
> 「웃음은 내면의 긴장을 해소시켜 주는 방법으로서, 웃음에는 많은 종류와 형태가 있다. 행복한 웃음소리는 학생들이 밤새도록 공부한 중요한 시험에 통과했을 때 들을 수 있다. 또한 개와 함께 풀밭을 달리는 어린아이에게서도 행복한 웃음소리를 들을 수 있다. (웃음은 모든 감정배출구 중 가장 위대한 것이다) 초보운전자가 핸들을 돌리려다가 신호를 알리는 깜박이등을 켜 버렸을 때, 혼자 웃음을 짓게 되기도 한다. 그의 웃음은 신경과민 때문이며, 그의 웃는 행위는 그의 긴장을 해소시켜 주는 데 도움이 된다.」

61 다음 글의 바로 앞에 올 문단의 내용으로 가장 자연스러운 것은?

> On the other hand, some Indian tribes wish to modernize the reservations. They have set up cattle ranches and started small industries. They have set up cattle ranches and started small industries. The value of education is understood, with many Indians of these tribes earning graduate degrees as teachers, doctors, and engineers at their state universities. These alternatives, with many variations, are what most Indians have chosen.

① 인디언 전통문화의 답습

② 인디언들의 적극적인 사회참여

③ 인디언 특별보호구역의 현대화

④ 인디언들의 교육에 대한 열의

✔해설 tribe : 부족, 종족   reservation : 보류, 예약, (인디언을 위한) 정부지정보류지, 자연보호구역, 제한, 조건   ranch : 농장, 목장   alternative : 대안, 양자택일의
「다른 한편, 어떤 인디언 부족들은 인디언보호구역을 현대화하기를 바란다. 그들은 가축을 사육하는 목장을 세웠고, 작은 사업을 시작했다. 교육의 가치를 깨달았고, 이 부족의 많은 인디언들이 그들의 주에 있는 대학에서 교사나 의사 및 기술자로서 졸업학위를 받았다. 많은 변화가 있는 이러한 대안들은 대부분의 인디언들이 선택한 것이다.」
서두에 on the other hand라는 앞문장과 상반되는 접속사가 있으므로, 인디언들의 개혁에 대해 상반되는 내용으로 인디언 전통문화의 답습이 와야 한다.

62 학생이 밑줄 친 부분과 같이 말한 의도는?

> My budget being tight, I asked my wife to cut my hair. She agreed, but reminded me that she had no professional training. After an hour under her scissors, I emerged with my hair looking like a thatched roof. Still bent on saving money, I went to the local barber college to see if some improvement could be made. When I sat down in the chair, the student barber suddenly excused himself and returned shortly with his instructor. "He came in this way," the student was saying, "Honest! I haven't touched him."

① 손님에게 공손하게 행동한다는 것을 보여주기 위하여
② 자기가 이발을 해준 것으로 오해받지 않기 위하여
③ 이발연습할 기회를 얻기 위하여
④ 강사를 존경하고 있다는 것을 보여주기 위하여

> **✔해설** budget : 예산   emerge : (~에서) 나타나다, 보이다   thatch : 초가지붕   bent on : ~하는 데 열중(전념)하는, ~을 하려고 결심(각오)한   barber : 이발사   instructor : 교사, 교관
>
> 「생활비가 빠듯했기 때문에 나는 아내에게 머리를 깎아 달라고 부탁했다. 아내는 그러마고 했지만, 자신은 전문적인 훈련을 받아본 적이 없다는 점을 상기시켰다. 한 시간 동안 아내의 이발을 받고 나니, 초가지붕 같은 머리를 한 내 모습이 드러났다. 여전히 돈을 절약할 작정으로, 나는 어느 정도 (머리 모양이) 나아질 수 있지 않을까 해서 마을의 이발기술학교에 갔다. 내가 의자에 앉았을 때 학생이발사는 갑자기 용서를 구하고 자리를 뜨더니 곧 강사와 함께 돌아왔다. "그는 이런 상태로 왔습니다."라고 그 학생은 말하고 있었다. "정말입니다. 저는 손대지 않았습니다."」

63 다음 주어진 문장에 이어질 글의 순서로 가장 적절한 것은?

> Free trade makes possible higher standards of living all over the globe.

(A) Free trade also makes the world economy more efficient, by allowing nations to capitalize on their strength.

(B) The case for free trade rests largely on this principle : as long as trade is voluntary, both partners benefit.

(C) The buyer of a shirt, for example, values the shirt more than the money spent, while the seller values the money more.

① (A) − (C) − (B)　　　　　　② (B) − (A) − (C)

③ (B) − (C) − (A)　　　　　　④ (C) − (A) − (B)

✔️해설　free trade : 자유무역, 자유거래　make possible : 가능하게 하다　all over the globe : 전세계에서 efficient : 능률적인, 효과있는　capitalize : 자본화하다, 이용하다　rest on : ~에 의지하다

「자유무역은 전세계의 더 높은 생활수준을 가능하게 한다(자유무역을 한다면 전세계의 생활수준은 더 높이 향상될 수 있을 것이다).

(A) 자유무역은 또한 국가가 자신들의 힘을 이용할 수 있도록 하기 때문에 세계경제를 더욱 효과적이 되게 한다.

(C) 셔츠 하나를 예로 들어보면, 구매하는 쪽은 쓰여진 돈보다도 더 그 셔츠가 중요한 것이며, 반면 판매하는 쪽은 그보다는 돈이 더 중요한 것이다.

(B) 자유무역을 하는 경우에는 다음의 원칙에 주로 의존한다. 즉, 무역이 자발적으로 이루어지는 동안은 양쪽 상대국이 이익을 얻는다는 것이다.」

(B)와 (C)의 내용은 구체적으로 교역 상대국의 입장을 설명하고 있다. 반면에 주어진 글과 (A)의 경우는 세계의 생활수준과 세계의 경제에 대한 설명으로 포괄적이다. 그렇다면 주어진 글과 (A)는 가까운 글임을 알 수 있고 (B)와 (C)가 또한 가까운 글이다.

64 밑줄 친 곳에 가장 알맞은 영어 속담은?

> The old saying "_____" is never more true than when at the dinner table. In some parts of Korea, it is a sign of appreciation to drink one's tea or soup with much gusto and smacking of lips. But in most Western countries no noise should be made while eating. Eating utensils, too, differ from country to country.

① When in Rome, do as the Romans do.

② All roads lead to Rome.

③ Habit is a second nature.

④ Every dog has its own day.

✔해설 appreciation : 진가, 감상 gusto : 즐김, 기호, 풍미 with gusto : 입맛을 다시며, 맛있게 smack : 맛, 낌새, 입맛을 다시다 utensil : 기구, 용구, 유용한 사람

「오래된 격언인 "로마에 가면 로마법을 따르라."는 말이 저녁식탁에서보다 더 적절한 경우는 없다. 한국의 어떤 지방에서는 차나 수프를 마실 때 입맛을 다시거나 입술로 쩝쩝거리는 것이 맛있다는 표시이다. 그러나 대부분의 서양 국가들에서는 식사하는 동안 아무 소리도 내어서는 안 된다. 식사도구들 역시 각 나라마다 다 다르다.」

① 로마에 가면 로마법을 따르라.

② 모든 길은 로마로 통한다.

③ 습관은 제 2 의 천성이다.

④ 쥐구멍에도 볕들 날이 있다.

65 다음 주어진 글이 들어가기에 가장 알맞은 곳은?

> Scientists prefer to determine the age of fish by counting the growth rings on their scales.

There are stories of fish that are believed to have lived for a century or more. For example, in 1610 a pike that had caught as a copper ring engraved with the date 1448 attached to its fin. (A) Another story tells of carp that were put into the pools at the French Palace of Versailles in the late 1600s. (B) In 1830, many people believed that the same carp were still in the pools. Scientists doubt such extreme claims. (C) They believe that in the case of the Versailles pools, for instance, the original fish could easily have died and been replaced by new fish. The date on the pike's ring could easily have been engraved incorrectly. (D) Using this method, scientists have found that a sturgeon caught in a Wisconsin lake was eighty-two years old.

① (A) ② (B)
③ (C) ④ (D)

✔해설 determine : 결정하다, 측정하다, 산정하다 growth ring : 연륜 scale : 비늘 or more : ~정도, 적어도 ~, 또는 그 이상 pike : 미늘(창) copper : 구리(로 만든) engrave : 조각하다, 새기다 fin : 지느러미 carp : 잉어 extreme : 극도의, 극심한, 과격한, 극단적인 replace : 대체하다, 교환하다 incorrectly : 부정확하게, 틀리게 sturgeon : 철갑상어

「한 세기 또는 그 이상 동안 살아온 것으로 여겨지는 어류에 관한 이야기들이 있다. 예를 들면, 1610년에 1448년 연대로 새겨진 구리고리로서 낚는 데 쓰였던 미늘이 그것의 지느러미에 붙어 있었다. 또다른 이야기는 1600년대 말에 프랑스의 베르사유 궁전의 연못에 풀어놓았던 잉어에 관해 이야기한다. 1830년에, 많은 사람들은 그 똑같은 잉어가 아직도 연못에 있었다고 믿었다. 과학자들은 그런 극단적인 주장들을 의심했다. 그들은 베르사유 연못의 경우에는, 예컨대, 원래의 물고기가 쉽게 죽어서 새로운 물고기로 대체되었다고 믿었다. 미늘고리에 있는 날짜는 쉽게 부정확하게 새겨졌을 수 있다. 과학자들은 어류들의 비늘에 있는 연륜을 계산함으로써 그것의 나이를 측정하는 것을 더 선호한다. 이런 방법을 사용함으로써, 과학자들은 위스콘신 호수에서 잡은 철갑상어가 82살이었다는 것을 밝혀냈다.」

④ 마지막 문장의 this method는 to determine the age of fish by counting the growth rings on their scales를 가리킨다.

66 다음 글의 요지로 가장 적절한 것은?

> In times of economic recession when jobs are hard to find, it is important to organize your job search carefully. Here are some tips to make your search more productive. First of all, consider that your job is getting a job. Work at getting a job every day for a regular number of hours. Next, ask people whom you know to suggest other people for you to talk to others about a job. Offer to work part-time if a full-time job is not immediately available. Appear willing and eager. Most important, don't get discouraged and give up. Your job search will eventually be successful if you work hard at getting work.

① 힘든 일을 할수록 적당한 휴식을 취하면 능률이 더 높아진다.

② 성공하기 위해서는 먼저 자신의 특기와 적성을 파악할 필요가 있다.

③ 전임근무보다는 시간제 근무로 직장생활을 시작하는 것이 더 유리하다.

④ 직장을 얻기 원한다면 구체적이고 열성적인 구직계획을 세워야 한다.

✔해설 recession : 불경기, 경기 후퇴, 불황, 물러남   organize : 체계화하다, 정리하다, 계획하다, 준비하다
productive : 생산적인, 다산의, (토지가) 비옥한   consider : 숙고하다, 고찰하다   regular : 규칙적인
immediately : 즉시, 곧, 직접   available : 유효한, 이용할 수 있는, 입수할 수 있는, 구할 수 있는
willing : 자발적인, 기꺼이 ~하는   eager : 열심인, 열망하는   discuraged : 낙담한   eventually : 결국

「불경기 때, 직장을 찾기 힘들 때, 당신의 직업을 구하는 것을 신중히 체계화하는 것이 중요하다. 여기 당신의 구직을 더 생산적
이게 하는 몇 가지 조언이 있다. 무엇보다도, 당신의 일은 직업을 구하는 것임을 숙고해야 한다. 매일 정해진 시간 동안 직업을
찾으려고 힘을 다해라. 다음에는, 당신이 알고 있는 사람들에게 당신을 위해 다른 사람들에게 직장에 관해 이야기하도록 요청해
라. 전임근무가 즉시 유효하지 않다면 비상근직을 제안하라. 자발적이며 열성적인 것처럼 보여라. 가장 중요한 것은 낙담하지
말고 포기하지 않는 것이다. 당신의 구직활동은 당신이 직업을 얻고자 노력한다면 결국에는 성공할 것이다.」

문두에서 직장을 얻고자 한다면 구직활동을 체계화하라고 말하고 있으며, 가장 중요한 것은 낙담하지
말고 자발적이며 열성적이어야 하는 것이라고 말하고 있다.

Answer   65.④ 66.④

67 다음 글의 요지로 알맞은 것은?

It goes without saying that there are many ordinary things we can do on Earth that are impossible to do in outer space. One very simple example is scratching an itch. You couldn't do this if you were wearing a space suit. So how do astronauts scratch their noses if they get an itch while walking on the moon, for instance? Well, the scientists at NASA worked on a solution to this very problem. Today, built into every astronaut's helmet is a special nose-scratcher that can be activated by pressing a button. Though it takes care of a simple and seemingly silly problem, astronauts are no doubt very grateful for this device. An itchy nose can be very uncomfortable. And if they took their helmets off to scratch in outer space, within a minute they would be dead.

① Problems that afflict earthbound people happen in outer space, too.

② Removing the helmet of a space suit would be deadly.

③ Scientists at NASA designed a special nose-scratching device in the helmets of space suits.

④ To scratch itch is a simple and seemingly silly problem.

✔해설 It goes without saying ~ : ~은 두말할 필요가 없다, 말할 것(나위)도 없다 ordinary : 평범한, 일상적인 outer space : 우주 itch : 가려움 space suit : 우주복 scratch : 긁다 astronaut : 우주비행사 activate : 작동하다, 활동적으로 하다, 활성화하다, 촉진하다 seemingly : 외관상, 겉으로 보기에는 silly : 바보같은, 어리석은 no doubt : 의심할 바 없이, 확실히 be grateful fo : ~에 감사하다, 고맙게 여기다 device : 고안물, 기구, 장치 uncomfortable : 불편한, 거북한 take off : (옷 등을) 벗다 afflict : 괴롭히다, 들볶다 earthbound : 날 수 없는, 땅 표면에서 떠날 수 없는 remove : 치우다, 제거하다, (옷 등을) 벗다 deadly : 생명에 관계되는, 치명적인

「지구상에서 우리가 할 수 있는 수많은 평범한 일들이 우주에서는 할 수 없다는 것은 두말할 필요가 없다. 한 가지 매우 간단한 예는 가려운 데를 긁는 것이다. 만일 당신이 우주복을 입고 있었다면, 당신은 이 일을 할 수 없을 것이다. 예컨대, 만일 우주비행사들이 달에서 걸어다니다가 가렵다면, 어떻게 그들이 코를 긁을까? 글쎄, 나사에서 있는 과학자들은 바로 이 문제에 대한 해결책을 연구했다. 오늘날 모든 우주비행사들의 헬멧에 만들어져 있는 것은 단추를 누름으로써 작동될 수 있는 특수한 코긁기이다. 그것이 단순하고 외관상 어리석은 문제로 처리된다고 해도, 우주비행사들은 확실히 이 장치에 대해 매우 고맙게 여긴다. 가려운 코는 매우 불편하게 될 수 있다. 그리고 만일 그들이 우주에서 (코를) 긁기 위해 헬멧을 벗는다면, 1분 이내에 그들은 죽게 될 것이다.」

① 지구(땅)에 사는 사람들을 괴롭히는 문제들은 우주에서도 역시 생긴다.
② 우주복에서 헬멧을 벗는 것은 치명적일 것이다.
③ 나사에 있는 과학자들은 우주복의 헬멧 안에 특수한 코긁기장치를 설계하였다.
④ 가려운 데를 긁는 것은 단순하고 외관상 어리석은 문제이다.

68 다음 글의 제목으로 가장 적절한 것은?

> Looking forward to the decade of the 2000's, one wonders what personal qualities will be needed for success. Possibly the four essential attributes are flexibility, honesty, creativity, and perseverance. First, our rapidly changing society requires flexibility — the ability to adapt oneself to new ideas and experiences. Next, honesty, the capacity both to tell and to face the truth courageously, will be important in all aspects of personal and public relations. In addition, creativity will be required to meet the constantly changing world around us. Finally, perseverance, the ability to hold on at all costs, will be required in a society where competition for space, food, and shelter will increase with a growing population.

① Different Personal Qualities for Competition
② Personal Qualities for Success in the 2000's
③ Changing world in the 2000's
④ Expectations of the 2000's

✔해설 look forward to : ~을 기대하다, (기대를 가지고) 기다리다   wonder : 궁금하다, ~할까 생각하다
attribute : 결과를 ~에 돌리다, ~있다고 생각하다. 속성, 특성 flexibility : 유순함, 융통성, 탄력성, 유연성
perseverance : 인내력, 불굴, 악착스러움   capacity : 용량, 수용력, 능력   courageously : 용감하게
perseverance : 인내심   hold on : 계속하다, 지속하다, 매달리다   at all costs : 어떤 비용을 들이더라도, 어
떻게 해서라도(= at any costs) competition : 경쟁, 경기

「2000년대를 기다리면서, 사람들은 어떤 개인적 특성이 성공에 필요할 것인가에 대해 알고 싶어한다. 기본적인 자질 4가지는 아
마도 적응력, 정직성, 창조성, 인내력일 것이다. 첫째, 급속도로 변화하는 사회는 적응력-스스로를 새로운 사고와 경험에 맞추
어가는 능력-을 요구한다. 둘째, 용감하게 진실을 직시하고 말할 수 있는 자질인 정직성이 사적이거나 공적인 관계의 모든 면
에 있어서 중요시될 것이다. 게다가, 지속적으로 변화하는 우리 주변의 세상에 대처하기 위해서는 창조성이 필요할 것이다. 마
지막으로, 인구의 증가로 공간과 음식, 주거에 대한 경쟁이 치열해질 사회에서 어떤 상황에서라도 버틸 수 있는 능력인 인내력
이 요구될 것이다.」

① 경쟁에 있어서 서로 다른 개인적 자질
② 2000년대에 성공하기 위한 개인적 자질
③ 2000년대에 세상을 변화시키기
④ 2000년대의 기대

Answer   67.③ 68.②

69 다음 글의 내용과 일치하는 것은?

> The computers of decades ago could run numerical models of the weather no more than three days ahead before their predictions became pure fiction. Today better data, more detailed atmospheric models and immensely faster computers have pushed the range of reliable forecasts to nearly six days on average.
>
> Though better predictions are saving many lives and a lot of money, each extension in range of prediction comes at a higher price. For the weather is intrinsically chaotic, so that a tiny inaccuracy in the initial data can easily snowball into a huge error which renders long-term prediction hopeless.

① Computers have increased our near-term predictive power for weather.

② It is believed that weather can be predicted with precision very soon.

③ Computers have made long-term weather forecasting a pure fiction.

④ It is highly unlikely that a small change in weather data causes a sizable difference in prediction.

✔ 해설 numerical : 수의, 숫자로 나타낸   no more than : 단지   prediction : 예보, 예측   atmospheric : 대기의   immensely : 대단히, 굉장히   reliable : 믿을만한, 신뢰성 있는   intrinsically : 본래, 본질적으로   chaotic : 무질서한, 혼돈된, 혼란한   inaccuracy : 부정확, 잘못   initial : 처음의, 초기의, 머리글자의   render : 만들다, ~이 되게 하다   hopeless : 가망없는, 절망적인   predictive : 예언적인, 예보하는   precision : 정확, 정밀   weather forecasting : 일기예보   sizable : 꽤 큰

「수십년 전의 컴퓨터는 그 예보가 완전히 허구가 되기 전에, 단지 3일 정도의 날씨에 관한 모형을 숫자로 나타낼 수 있었다. 오늘날에는 더 많은 데이터(자료), 더 상세한 기상모형과 엄청나게 빠른 컴퓨터 덕분에, 평균 거의 6일 정도까지 믿을 만한 예보의 범위를 확장시켰다. 비록 더 나은 예보가 많은 생명과 재산을 구할 수 있을지라도, 예보의 범위를 확장하는 것은 더 높은 비용을 필요로 한다. 다시 말하면 일기예보는 본래 혼란스러워서, 최초 자료의 극히 미세한 오차까지도 눈덩이처럼 불어나 장기적인 일기예보를 무용지물로 만드는 커다란 실수가 될 수 있기 때문이다.」

① 컴퓨터는 날씨에 대한 단기예측력을 증대시켰다.

② 날씨는 곧 아주 정확하게 예측될거라고 여겨진다.

③ 컴퓨터는 장기일기예보를 순전히 꾸며낸 이야기로 만들어 버렸다.

④ 날씨 자료에 있어 작은 변화는 예보에 꽤 큰 차이를 초래할 것 같지는 않다.

70 다음 글 중 Asia에서 cellular phone 소지자 증가의 요인으로 나타나 있지 않은 것은?

> The number of cellular phone subscribers in Asia is predicted to rise from the current figure of around 10 million to 72 million by the year 2000. Fueling this boom are the region's dramatic economic growth, an abiding preoccupation with high technology and increased competition among cellular operators caused by market liberalization and the onset of new digital systems. Another factor stoking the cellular revolution is Asia's insatiable appetite for status symbols. In many parts of the region, having a cellular phone by one's side is as crucial to overall image as being well-dressed.

① 경제성장   ② 정치적 안정
③ 첨단기술에의 몰두   ④ 신분상징에의 욕구

✔ 해설 cellular phone : 휴대폰   onset : 시작, 개시   subscriber : 기부자, 구독자, 응모자, 가입자, 소지자 current figure of : ~로 이루어진 최근의 숫자   abiding : 오래 지속되는, 영구적인   preoccupation : 몰두, 열중, 선취   marker liberalization : 시장자유화   cellular operator : 휴대폰 운영자(관리자, 관리회사) status symbol : 신분상징   stoke : 불을 때다, 연료를 지피다   crucial : 결정적인, 중대한, 어려운, 혹독한
① the region's dramatic economic growth
② 정치에 관련된 용어는 없다.
③ an abiding preoccupation with high technology
④ as crucial to overall image as being well- dressed
「아시아에서 휴대폰(cellular phone) 소지자의 총수가 최근의 약 천만의 숫자에서 2000년에는 7,200만의 숫자로 상승하리라고 예상되고 있다. 이러한 급격한 증가에 불을 지피는 것은 그 지역(아시아)의 극적인 경제성장, 변함없는 첨단기술에 대한 몰두와 시장자율화와 새로운 디지털체계의 시작에 의해 야기되어진 휴대폰 운영자들의 증가된 경쟁들이다. 또 다른 휴대폰 혁명을 부채질한 요소는 아시아의 신분적인 상징에 대한 만족할 줄 모르는 욕구이다. 이 지역의 많은 곳에서는 자신의 옆에 휴대폰을 갖는다는 것이 잘 차려입었다는 전반적인 이미지에 있어서 결정적이다.」

PART

04

면접

CHAPTER 01 면접의 기본

1 면접준비

(1) 면접의 기본 원칙

① **면접의 의미** … 면접이란 다양한 면접기법을 활용하여 지원한 직무에 필요한 능력을 지원자가 보유하고 있는지를 확인하는 절차라고 할 수 있다. 즉, 지원자의 입장에서는 채용 직무수행에 필요한 요건들과 관련하여 자신의 환경, 경험, 관심사, 성취 등에 대해 기업에 직접 어필할 수 있는 기회를 제공받는 것이며, 기업의 입장에서는 서류전형만으로 알 수 없는 지원자에 대한 정보를 직접적으로 수집하고 평가하는 것이다.

② **면접의 특징** … 면접은 기업의 입장에서 서류전형이나 필기전형에서 드러나지 않는 지원자의 능력이나 성향을 볼 수 있는 기회로, 면대면으로 이루어지며 즉흥적인 질문들이 포함될 수 있기 때문에 지원자가 완벽하게 준비하기 어려운 부분이 있다. 하지만 지원자 입장에서도 서류전형이나 필기전형에서 모두 보여주지 못한 자신의 능력 등을 기업의 인사담당자에게 어필할 수 있는 추가적인 기회가 될 수도 있다.

[서류 · 필기전형과 차별화되는 면접의 특징]

- 직무수행과 관련된 다양한 지원자 행동에 대한 관찰이 가능하다.
- 면접관이 알고자 하는 정보를 심층적으로 파악할 수 있다.
- 서류상의 미비한 사항과 의심스러운 부분을 확인할 수 있다.
- 커뮤니케이션 능력, 대인관계 능력 등 행동 · 언어적 정보도 얻을 수 있다.

③ **면접의 유형**

　㉠ **구조화 면접** : 구조화 면접은 사전에 계획을 세워 질문의 내용과 방법, 지원자의 답변 유형에 따른 추가 질문과 그에 대한 평가 역량이 정해져 있는 면접 방식으로 표준화 면접이라고도 한다.

　　• 표준화된 질문이나 평가요소가 면접 전 확정되며, 지원자는 편성된 조나 면접관에 영향을 받지 않고 동일한 질문과 시간을 부여받을 수 있다.

- 조직 또는 직무별로 주요하게 도출된 역량을 기반으로 평가요소가 구성되어, 조직 또는 직무에서 필요한 역량을 가진 지원자를 선발할 수 있다.
- 표준화된 형식을 사용하는 특성 때문에 비구조화 면접에 비해 신뢰성과 타당성, 객관성이 높다.

ⓛ 비구조화 면접 : 비구조화 면접은 면접 계획을 세울 때 면접 목적만을 명시하고 내용이나 방법은 면접관에게 전적으로 일임하는 방식으로 비표준화 면접이라고도 한다.

- 표준화된 질문이나 평가요소 없이 면접이 진행되며, 편성된 조나 면접관에 따라 지원자에게 주어지는 질문이나 시간이 다르다.
- 면접관의 주관적인 판단에 따라 평가가 이루어져 평가 오류가 빈번히 일어난다.
- 상황 대처나 언변이 뛰어난 지원자에게 유리한 면접이 될 수 있다.

④ 경쟁력 있는 면접 요령

㉠ 면접 전에 준비하고 유념할 사항
- 예상 질문과 답변을 미리 작성한다.
- 작성한 내용을 문장으로 외우지 않고 키워드로 기억한다.
- 지원한 회사의 최근 기사를 검색하여 기억한다.
- 지원한 회사가 속한 산업군의 최근 기사를 검색하여 기억한다.
- 면접 전 1주일간 이슈가 되는 뉴스를 기억하고 자신의 생각을 반영하여 정리한다.
- 찬반토론에 대비한 주제를 목록으로 정리하여 자신의 논리를 내세운 예상답변을 작성한다.

㉡ 면접장에서 유념할 사항
- 질문의 의도 파악 : 답변을 할 때에는 질문 의도를 파악하고 그에 충실한 답변이 될 수 있도록 질문사항을 유념해야 한다. 많은 지원자가 하는 실수 중 하나로 답변을 하는 도중 자기 말에 심취되어 질문의 의도와 다른 답변을 하거나 자신이 알고 있는 지식만을 나열하는 경우가 있는데, 이럴 경우 의사소통능력이 부족한 사람으로 인식될 수 있으므로 주의하도록 한다.
- 답변은 두괄식 : 답변을 할 때에는 두괄식으로 결론을 먼저 말하고 그 이유를 설명하는 것이 좋다. 미괄식으로 답변을 할 경우 용두사미의 답변이 될 가능성이 높으며, 결론을 이끌어 내는 과정에서 논리성이 결여될 우려가 있다. 또한 면접관이 결론을 듣기 전에 말을 끊고 다른 질문을 추가하는 예상치 못한 상황이 발생될 수 있으므로 답변은 자신이 전달하고자 하는 바를 먼저 밝히고 그에 대한 설명을 하는 것이 좋다.
- 지원한 회사의 기업정신과 인재상을 기억 : 답변을 할 때에는 회사가 원하는 인재라는 인상을 심어주기 위해 지원한 회사의 기업정신과 인재상 등을 염두에 두고 답변을 하는 것이 좋다. 모든 회사에 해당되는 두루뭉술한 답변보다는 지원한 회사에 맞는 맞춤형 답변을 하는 것이 좋다.

- 나보다는 회사와 사회적 관점에서 답변 : 답변을 할 때에는 자기중심적인 관점을 피하고 좀 더 넓은 시각으로 회사와 국가, 사회적 입장까지 고려하는 인재임을 어필하는 것이 좋다. 자기중심적 시각을 바탕으로 자신의 출세만을 위해 회사에 입사하려는 인상을 심어줄 경우 면접에서 불이익을 받을 가능성이 높다.
- 난처한 질문은 정직한 답변 : 난처한 질문에 답변을 해야 할 때에는 피하기보다는 정면 돌파로 정직하고 솔직하게 답변하는 것이 좋다. 난처한 부분을 감추고 드러내지 않으려 회피하려는 지원자의 모습은 인사담당자에게 입사 후에도 비슷한 상황에 처했을 때 회피할 수도 있다는 우려를 심어줄 수 있다. 따라서 직장생활에 있어 중요한 덕목 중 하나인 정직을 바탕으로 솔직하게 답변을 하도록 한다.

(2) 면접의 종류 및 준비 전략

① 인성면접

ㄱ 면접 방식 및 판단기준
- 면접 방식 : 인성면접은 면접관이 가지고 있는 개인적 면접 노하우나 관심사에 의해 질문을 실시한다. 주로 입사지원서나 자기소개서의 내용을 토대로 지원동기, 과거의 경험, 미래 포부 등을 이야기하도록 하는 방식이다.
- 판단기준 : 면접관의 개인적 가치관과 경험, 해당 역량의 수준, 경험의 구체성 · 진실성 등

ㄴ 특징 : 인성면접은 그 방식으로 인해 역량과 무관한 질문들이 많고 지원자에게 주어지는 면접질문, 시간 등이 다를 수 있다. 또한 입사지원서나 자기소개서의 내용을 토대로 하기 때문에 지원자별 질문이 달라질 수 있다.

ⓒ 예시 문항 및 준비전략

• 예시 문항

  • 3분 동안 자기소개를 해 보십시오.
  • 자신의 장점과 단점을 말해 보십시오.
  • 학점이 좋지 않은데 그 이유가 무엇입니까?
  • 최근에 인상 깊게 읽은 책은 무엇입니까?
  • 회사를 선택할 때 중요시하는 것은 무엇입니까?
  • 일과 개인생활 중 어느 쪽을 중시합니까?
  • 10년 후 자신은 어떤 모습일 것이라고 생각합니까?
  • 휴학 기간 동안에는 무엇을 했습니까?

• 준비전략 : 인성면접은 입사지원서나 자기소개서의 내용을 바탕으로 하는 경우가 많으므로 자신이 작성한 입사지원서와 자기소개서의 내용을 충분히 숙지하도록 한다. 또한 최근 사회적으로 이슈가 되고 있는 뉴스에 대한 견해를 묻거나 시사상식 등에 대한 질문을 받을 수 있으므로 이에 대한 대비도 필요하다. 자칫 부담스러워 보이지 않는 질문으로 가볍게 대답하지 않도록 주의하고 모든 질문에 입사 의지를 담아 성실하게 답변하는 것이 중요하다.

② 발표면접

ⓐ 면접 방식 및 판단기준

• 면접 방식 : 지원자가 특정 주제와 관련된 자료를 검토하고 그에 대한 자신의 생각을 면접관 앞에서 주어진 시간 동안 발표하고 추가 질의를 받는 방식으로 진행된다.

• 판단기준 : 지원자의 사고력, 논리력, 문제해결력 등

ⓑ 특징 : 발표면접은 지원자에게 과제를 부여한 후, 과제를 수행하는 과정과 결과를 관찰·평가한다. 따라서 과제수행 결과뿐 아니라 수행과정에서의 행동을 모두 평가할 수 있다.

© 예시 문항 및 준비전략

• 예시 문항

[신입사원 조기 이직 문제]

※ 지원자는 아래에 제시된 자료를 검토한 뒤, 신입사원 조기 이직의 원인을 크게 3가지로 정리하고 이에
   대한 구체적인 개선안을 도출하여 발표해 주시기 바랍니다.

※ 본 과제에 정해진 정답은 없으나 논리적 근거를 들어 개선안을 작성해 주십시오.

• A기업은 동종업계 유사기업들과 비교해 볼 때, 비교적 높은 재무안정성을 유지하고 있으며 업무강도가
  그리 높지 않은 것으로 외부에 알려져 있음.

• 최근 조사결과, 동종업계 유사기업들과 연봉을 비교해 보았을 때 연봉 수준도 그리 나쁘지 않은 편이
  라는 것이 확인되었음.

• 그러나 지난 3년간 1~2년차 직원들의 이직률이 계속해서 증가하고 있는 추세이며, 경영진 회의에서
  최우선 해결과제 중 하나로 거론되었음.

• 이에 따라 인사팀에서 현재 1~2년차 사원들을 대상으로 개선되어야 하는 A기업의 조직문화에 대한 설
  문조사를 실시한 결과, '상명하복식의 의사소통'이 36.7%로 1위를 차지했음.

• 이러한 설문조사와 함께, 신입사원 조기 이직에 대한 원인을 분석한 결과 파랑새 증후군, 셀프홀릭 증
  후군, 피터팬 증후군 등 3가지로 분류할 수 있었음.

〈동종업계 유사기업들과의 연봉 비교〉   〈우리 회사 조직문화 중 개선되었으면 하는 것〉

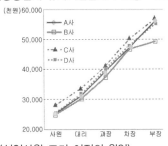

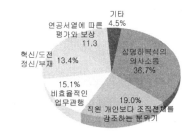

〈신입사원 조기 이직의 원인〉

• 파랑새 증후군
−현재의 직장보다 더 좋은 직장이 있을 것이라는 막연한 기대감으로 끊임없이 새로운 직장을 탐색함.
−학력 수준과 맞지 않는 '하향지원', 전공과 적성을 고려하지 않고 일단 취업하고 보자는 '묻지마 지원'이
  파랑새 증후군을 초래함.

• 셀프홀릭 증후군
−본인의 역량에 비해 가치가 낮은 일을 주로 하면서 갈등을 느낌.

• 피터팬 증후군
−기성세대의 문화를 무조건 수용하기보다는 자유로움과 변화를 추구함.
−상명하복, 엄격한 규율 등 기성세대가 당연시하는 관행에 거부감을 가지며 직장에 답답함을 느낌.

- 준비전략 : 발표면접의 시작은 과제 안내문과 과제 상황, 과제 자료 등을 정확하게 이해하는 것에서 출발한다. 과제 안내문을 침착하게 읽고 제시된 주제 및 문제와 관련된 상황의 맥락을 파악한 후 과제를 검토한다. 제시된 기사나 그래프 등을 충분히 활용하여 주어진 문제를 해결할 수 있는 해결책이나 대안을 제시하며, 발표를 할 때에는 명확하고 자신 있는 태도로 전달할 수 있도록 한다.

③ 토론면접

　　㉠ 면접 방식 및 판단기준

- 면접 방식 : 상호갈등적 요소를 가진 과제 또는 공통의 과제를 해결하는 내용의 토론 과제를 제시하고, 그 과정에서 개인 간의 상호작용 행동을 관찰하는 방식으로 면접이 진행된다.
- 판단기준 : 팀워크, 적극성, 갈등 조정, 의사소통능력, 문제해결능력 등

　　㉡ 특징 : 토론을 통해 도출해 낸 최종안의 타당성도 중요하지만, 결론을 도출해 내는 과정에서의 의사소통능력이나 갈등상황에서 의견을 조정하는 능력 등이 중요하게 평가되는 특징이 있다.

　　㉢ 예시 문항 및 준비전략

- 예시 문항

> - 군 가산점제 부활에 대한 찬반토론
> - 담뱃값 인상에 대한 찬반토론
> - 비정규직 철폐에 대한 찬반토론
> - 대학의 영어 강의 확대 찬반토론
> - 워크숍 장소 선정을 위한 토론

- 준비전략 : 토론면접은 무엇보다 팀워크와 적극성이 강조된다. 따라서 토론과정에 적극적으로 참여하며 자신의 의사를 분명하게 전달하며, 갈등상황에서 자신의 의견만 내세울 것이 아니라 다른 지원자의 의견을 경청하고 배려하는 모습도 중요하다. 갈등상황을 일목요연하게 정리하여 조정하는 등의 의사소통능력을 발휘하는 것도 좋은 전략이 될 수 있다.

④ 상황면접

　　㉠ 면접 방식 및 판단기준

- 면접 방식 : 상황면접은 직무 수행 시 접할 수 있는 상황들을 제시하고, 그러한 상황에서 어떻게 행동할 것인지를 이야기하는 방식으로 진행된다.
- 판단기준 : 해당 상황에 적절한 역량의 구현과 구체적 행동지표

ⓛ 특징 : 실제 직무 수행 시 접할 수 있는 상황들을 제시하므로 입사 이후 지원자의 업무수행능력을 평가하는 데 적절한 면접 방식이다. 또한 지원자의 가치관, 태도, 사고방식 등의 요소를 통합적으로 평가하는 데 용이하다.

ⓒ 예시 문항 및 준비전략

• 예시 문항

> 당신은 생산관리팀의 팀원으로, 생산팀이 기한에 맞춰 효율적으로 제품을 생산할 수 있도록 관리하는 역할을 맡고 있습니다. 3개월 뒤에 제품A를 정상적으로 출시하기 위해 생산팀의 생산 계획을 수립한 상황입니다. 그러나 원가가 곧 실적으로 이어지는 구매팀에서는 최대한 원가를 줄여 전반적 단가를 낮추려고 원가절감을 위한 제안을 하였으나, 연구개발팀에서는 구매팀이 제안한 방식으로 제품을 생산할 경우 대부분이 구매팀의 실적으로 산정될 것이므로 제대로 확인도 해보지 않은 채 적합하지 않은 방식이라고 판단하고 있습니다. 당신은 어떻게 하겠습니까?

• 준비전략 : 상황면접은 먼저 주어진 상황에서 핵심이 되는 문제가 무엇인지를 파악하는 것에서 시작한다. 주질문과 세부질문을 통하여 질문의 의도를 파악하였다면, 그에 대한 구체적인 행동이나 생각 등에 대해 응답할수록 높은 점수를 얻을 수 있다.

⑤ 역할면접

㉠ 면접 방식 및 판단기준

• 면접 방식 : 역할면접 또는 역할연기 면접은 기업 내 발생 가능한 상황에서 부딪히게 되는 문제와 역할을 가상적으로 설정하여 특정 역할을 맡은 사람과 상호작용하고 문제를 해결해 나가도록 하는 방식으로 진행된다. 역할연기 면접에서는 면접관이 직접 역할연기를 하면서 지원자를 관찰하기도 하지만, 역할연기 수행만 전문적으로 하는 사람을 투입할 수도 있다.

• 판단기준 : 대처능력, 대인관계능력, 의사소통능력 등

ⓛ 특징 : 역할면접은 실제 상황과 유사한 가상 상황에서의 행동을 관찰함으로서 지원자의 성격이나 대처 행동 등을 관찰할 수 있다.

ⓒ 예시 문항 및 준비전략

• 예시 문항

> [금융권 역할면접의 예]
> 당신은 ○○은행의 신입 텔러이다. 사람이 많은 월말 오전 한 할아버지(면접관 또는 역할담당자)께서 ○○은행을 사칭한 보이스피싱으로 500만 원을 피해 보았다며 소란을 일으키고 있다. 실제 업무상황이라고 생각하고 상황에 대처해 보시오.

- 준비전략 : 역할연기 면접에서 측정하는 역량은 주로 갈등의 원인이 되는 문제를 해결 하고 제시된 해결방안을 상대방에게 설득하는 것이다. 따라서 갈등해결, 문제해결, 조정·통합, 설득력과 같은 역량이 중요시된다. 또한 갈등을 해결하기 위해서 상대방에 대한 이해도 필수적인 요소이므로 고객 지향을 염두에 두고 상황에 맞게 대처해야 한다.

  역할면접에서는 변별력을 높이기 위해 면접관이 압박적인 분위기를 조성하는 경우가 많기 때문에 스트레스 상황에서 불안해하지 않고 유연하게 대처할 수 있도록 시간과 노력을 들여 충분히 연습하는 것이 좋다.

2 면접 이미지 메이킹

(1) 성공적인 이미지 메이킹 포인트

① 복장 및 스타일

  ㉠ 남성

- 양복 : 양복은 단색으로 하며 넥타이나 셔츠로 포인트를 주는 것이 효과적이다. 짙은 회색이나 감청색이 가장 단정하고 품위 있는 인상을 준다.
- 셔츠 : 흰색이 가장 선호되나 자신의 피부색에 맞추는 것이 좋다. 푸른색이나 베이지색은 산뜻한 느낌을 줄 수 있다. 양복과의 배색도 고려하도록 한다.
- 넥타이 : 의상에 포인트를 줄 수 있는 아이템이지만 너무 화려한 것은 피한다. 지원자의 피부색은 물론, 정장과 셔츠의 색을 고려하며, 체격에 따라 넥타이 폭을 조절하는 것이 좋다.
- 구두 & 양말 : 구두는 검정색이나 짙은 갈색이 어느 양복에나 무난하게 어울리며 깔끔하게 닦아 준비한다. 양말은 정장과 동일한 색상이나 검정색을 착용한다.
- 헤어스타일 : 머리스타일은 단정한 느낌을 주는 짧은 헤어스타일이 좋으며 앞머리가 있다면 이마나 눈썹을 가리지 않는 선에서 정리하는 것이 좋다.

ⓛ 여성

- 의상 : 단정한 스커트 투피스 정장이나 슬랙스 슈트가 무난하다. 블랙이나 그레이, 네이비, 브라운 등 차분해 보이는 색상을 선택하는 것이 좋다.
- 소품 : 구두, 핸드백 등은 같은 계열로 코디하는 것이 좋으며 구두는 너무 화려한 디자인이나 굽이 높은 것을 피한다. 스타킹은 의상과 구두에 맞춰 단정한 것으로 선택한다.
- 액세서리 : 액세서리는 너무 크거나 화려한 것은 좋지 않으며 과하게 많이 하는 것도 좋은 인상을 주지 못한다. 착용하지 않거나 작고 깔끔한 디자인 으로 포인트를 주는 정도가 적당하다.
- 메이크업 : 화장은 자연스럽고 밝은 이미지를 표현하는 것이 좋으며 진한 색조는 인상이 강해 보일 수 있으므로 피한다.
- 헤어스타일 : 커트나 단발처럼 짧은 머리는 활동적이면서도 단정한 이미지 를 줄 수 있도록 정리한다. 긴 머리의 경우 하나로 묶거나 단정한 머리망 으로 정리하는 것이 좋으며, 짙은 염색이나 화려한 웨이브는 피한다.

② 인사

ⓐ 인사의 의미 : 인사는 예의범절의 기본이며 상대방의 마음을 여는 기본적인 행동이라고 할 수 있 다. 인사는 처음 만나는 면접관에게 호감을 살 수 있는 가장 쉬운 방법이 될 수 있기도 하지만 제대로 예의를 지키지 않으면 지원자의 인성 전반에 대한 평가로 이어질 수 있으므로 각별히 주 의해야 한다.

ⓑ 인사의 핵심 포인트

- 인사말 : 인사말을 할 때에는 밝고 친근감 있는 목소리로 하며, 자신의 이름과 수험번호 등을 간 략하게 소개한다.
- 시선 : 인사는 상대방의 눈을 보며 하는 것이 중요하며 너무 빤히 쳐다본다는 느낌이 들지 않도 록 주의한다.
- 표정 : 인사는 마음에서 우러나오는 존경이나 반가움을 표현하고 예의를 차리는 것이므로 살짝 미소를 지으며 하는 것이 좋다.
- 자세 : 인사를 할 때에는 가볍게 목만 숙인다거나 흐트러진 상태에서 인사를 하지 않도록 주의하 며 절도 있고 확실하게 하는 것이 좋다.

③ 시선처리와 표정, 목소리

　㉠ 시선처리와 표정 : 표정은 면접에서 지원자의 첫인상을 결정하는 중요한 요소이다. 얼굴표정은 사람의 감정을 가장 잘 표현할 수 있는 의사소통 도구로 표정 하나로 상대방에게 호감을 주거나, 비호감을 사기도 한다. 호감이 가는 인상의 특징은 부드러운 눈썹, 자연스러운 미간, 적당히 볼록한 광대, 올라간 입 꼬리 등으로 가볍게 미소를 지을 때의 표정과 일치한다. 따라서 면접 중에는 밝은 표정으로 미소를 지어 호감을 형성할 수 있도록 한다. 시선은 면접관과 고르게 맞추되 생기 있는 눈빛을 띄도록 하며, 너무 빤히 쳐다본다는 인상을 주지 않도록 한다.

　㉡ 목소리 : 면접은 주로 면접관과 지원자의 대화로 이루어지므로 목소리가 미치는 영향이 상당하다. 답변을 할 때에는 부드러우면서도 활기차고 생동감 있는 목소리로 하는 것이 면접관에게 호감을 줄 수 있으며 적당한 제스처가 더해진다면 상승효과를 얻을 수 있다. 그러나 적절한 답변을 하였음에도 불구하고 콧소리나 날카로운 목소리, 자신감 없는 작은 목소리는 답변의 신뢰성을 떨어뜨릴 수 있으므로 주의하도록 한다.

④ 자세

　㉠ 걷는 자세

　　• 면접장에 입실할 때에는 상체를 곧게 유지하고 발끝은 평행이 되게 하며 무릎을 스치듯 11자로 걷는다.
　　• 시선은 정면을 향하고 턱은 가볍게 당기며 어깨나 엉덩이가 흔들리지 않도록 주의한다.
　　• 발바닥 전체가 닿는 느낌으로 안정감 있게 걸으며 발소리가 나지 않도록 주의한다.
　　• 보폭은 어깨넓이만큼이 적당하지만, 스커트를 착용했을 경우 보폭을 줄인다.
　　• 걸을 때도 미소를 유지한다.

　㉡ 서있는 자세

　　• 몸 전체를 곧게 펴고 가슴을 자연스럽게 내민 후 등과 어깨에 힘을 주지 않는다.
　　• 정면을 바라본 상태에서 턱을 약간 당기고 아랫배에 힘을 주어 당기며 바르게 선다.
　　• 양 무릎과 발뒤꿈치는 붙이고 발끝은 11자 또는 V형을 취한다.
　　• 남성의 경우 팔을 자연스럽게 내리고 양손을 가볍게 쥐어 바지 옆선에 붙이고, 여성의 경우 공수자세를 유지한다.

ⓒ 앉은 자세

• 남성

> • 의자 깊숙이 앉고 등받이와 등 사이에 주먹 1개 정도의 간격을 두며 기대듯 앉지 않도록 주의한다.
> (남녀 공통 사항)
> • 무릎 사이에 주먹 2개 정도의 간격을 유지하고 발끝은 11자를 취한다.
> • 시선은 정면을 바라보며 턱은 가볍게 당기고 미소를 짓는다. (남녀 공통 사항)
> • 양손은 가볍게 주먹을 쥐고 무릎 위에 올려놓는다.
> • 앉고 일어날 때에는 자세가 흐트러지지 않도록 주의한다. (남녀 공통 사항)

• 여성

> • 스커트를 입었을 경우 왼손으로 뒤쪽 스커트 자락을 누르고 오른손으로 앞쪽 자락을 누르며 의자에 앉는다.
> • 무릎은 붙이고 발끝을 가지런히 하며, 다리를 왼쪽으로 비스듬히 기울이면 단정해 보이는 효과가 있다.
> • 양손을 모아 무릎 위에 모아 놓으며 스커트를 입었을 경우 스커트 위를 가볍게 누르듯이 올려놓는다.

(2) 면접 예절

① 행동 관련 예절

ⓐ **지각은 절대금물** : 시간을 지키는 것은 예절의 기본이다. 지각을 할 경우 면접에 응시할 수 없거나, 면접 기회가 주어지더라도 불이익을 받을 가능성이 높아진다. 따라서 면접장소가 결정되면 교통편과 소요시간을 확인하고 가능하다면 사전에 미리 방문해 보는 것도 좋다. 면접 당일에는 서둘러 출발하여 면접 시간 20~30분 전에 도착하여 회사를 둘러보고 환경에 익숙해지는 것도 성공적인 면접을 위한 요령이 될 수 있다.

ⓑ **면접 대기 시간** : 지원자들은 대부분 면접장에서의 행동과 답변 등으로만 평가를 받는다고 생각하지만 그렇지 않다. 면접관이 아닌 면접진행자 역시 대부분 인사실무자이며 면접관이 면접 후 지원자에 대한 평가에 있어 확신을 위해 면접진행자의 의견을 구한다면 면접진행자의 의견이 당락에 영향을 줄 수 있다. 따라서 면접 대기 시간에도 행동과 말을 조심해야 하며, 면접을 마치고 돌아가는 순간까지도 긴장을 늦춰서는 안 된다. 면접 중 압박적인 질문에 답변을 잘 했지만, 면접장을 나와 흐트러진 모습을 보이거나 욕설을 한다면 면접 탈락의 요인이 될 수 있으므로 주의해야 한다.

ⓒ 입실 후 태도 : 본인의 차례가 되어 호명되면 또렷하게 대답하고 들어간다. 만약 면접장 문이 닫혀 있다면 상대에게 소리가 들릴 수 있을 정도로 노크를 두세 번 한 후 대답을 듣고 나서 들어가야 한다. 문을 여닫을 때에는 소리가 나지 않게 조용히 하며 공손한 자세로 인사한 후 성명과 수험번호를 말하고 면접관의 지시에 따라 자리에 앉는다. 이 경우 착석하라는 말이 없는데 먼저 의자에 앉으면 무례한 사람으로 보일 수 있으므로 주의한다. 의자에 앉을 때에는 끝에 앉지 말고 무릎 위에 양손을 가지런히 얹는 것이 예절이라고 할 수 있다.

ⓔ 옷매무새를 자주 고치지 마라. : 일부 지원자의 경우 옷매무새 또는 헤어스타일을 자주 고치거나 확인하기도 하는데 이러한 모습은 과도하게 긴장한 것 같아 보이거나 면접에 집중하지 못하는 것으로 보일 수 있다. 남성 지원자의 경우 넥타이를 자꾸 고쳐 맨다거나 정장 상의 끝을 너무 자주 만지작거리지 않는다. 여성 지원자는 머리를 계속 쓸어 올리지 않고, 특히 짧은 치마를 입고서 신경이 쓰여 치마를 끌어 내리는 행동은 좋지 않다.

ⓜ 다리를 떨거나 산만한 시선은 면접 탈락의 지름길 : 자신도 모르게 다리를 떨거나 손가락을 만지는 등의 행동을 하는 지원자가 있는데, 이는 면접관의 주의를 끌 뿐만 아니라 불안하고 산만한 사람이라는 느낌을 주게 된다. 따라서 가능한 한 바른 자세로 앉아 있는 것이 좋다. 또한 면접관과 시선을 맞추지 못하고 여기저기 둘러보는 듯한 산만한 시선은 지원자가 거짓말을 하고 있다고 여겨지거나 신뢰할 수 없는 사람이라고 생각될 수 있다.

② 답변 관련 예절

ⓐ 면접관이나 다른 지원자와 가치 논쟁을 하지 않는다. : 질문을 받고 답변하는 과정에서 면접관 또는 다른 지원자의 의견과 다른 의견이 있을 수 있다. 특히 평소 지원자가 관심이 많은 문제이거나 잘 알고 있는 문제인 경우 자신과 다른 의견에 대해 이의가 있을 수 있다. 하지만 주의할 것은 면접에서 면접관이나 다른 지원자와 가치 논쟁을 할 필요는 없다는 것이며 오히려 불이익을 당할 수도 있다. 정답이 정해져 있지 않은 경우에는 가치관이나 성장배경에 따라 문제를 받아들이는 태도에서 답변까지 충분히 차이가 있을 수 있으므로 굳이 면접관이나 다른 지원자의 가치관을 지적하고 고치려 드는 것은 좋지 않다.

ⓑ 답변은 항상 정직해야 한다. : 면접이라는 것이 아무리 지원자의 장점을 부각시키고 단점을 축소시키는 것이라고 해도 절대로 거짓말을 해서는 안 된다. 거짓말을 하게 되면 지원자는 불안하거나 꺼림칙한 마음이 들게 되어 면접에 집중을 하지 못하게 되고 수많은 지원자를 상대하는 면접관은 그것을 놓치지 않는다. 거짓말은 그 지원자에 대한 신뢰성을 떨어뜨리며 이로 인해 다른 스펙이 아무리 훌륭하다고 해도 채용에서 탈락하게 될 수 있음을 명심하도록 한다.

ⓒ 경력직을 경우 전 직장에 대해 험담하지 않는다. : 지원자가 전 직장에서 무슨 업무를 담당했고 어떤 성과를 올렸는지는 면접관이 관심을 둘 사항일 수 있지만, 이전 직장의 기업문화나 상사들이 어땠는지는 그다지 궁금해 하는 사항이 아니다. 전 직장에 대해 험담을 늘어놓는다든가, 동료와 상사에 대한 악담을 하게 된다면 오히려 지원자에 대한 부정적인 이미지만 심어줄 수 있다. 만약 전 직장에 대한 말을 해야 할 경우가 생긴다면 가능한 한 객관적으로 이야기하는 것이 좋다.

ⓔ 자기 자신이나 배경에 대해 자랑하지 않는다. : 자신의 성취나 부모 형제 등 집안사람들이 사회·경제적으로 어떠한 위치에 있는지에 대한 자랑은 면접관으로 하여금 지원자에 대해 오만한 사람이거나 배경에 의존하려는 나약한 사람이라는 이미지를 갖게 할 수 있다. 따라서 자기 자신이나 배경에 대해 자랑하지 않도록 하고, 자신이 한 일에 대해서 너무 자세하게 얘기하지 않도록 주의해야 한다.

3 면접 질문 및 답변 포인트

(1) 가족 및 대인관계에 관한 질문

① 당신의 가정은 어떤 가정입니까?

면접관들은 지원자의 가정환경과 성장과정을 통해 지원자의 성향을 알고 싶어 이와 같은 질문을 한다. 비록 가정 일과 사회의 일이 완전히 일치하는 것은 아니지만 '가화만사성'이라는 말이 있듯이 가정이 화목해야 사회에서도 화목하게 지낼 수 있기 때문이다. 그러므로 답변 시에는 가족사항을 정확하게 설명하고 집안의 분위기와 특징에 대해 이야기하는 것이 좋다.

② 친구 관계에 대해 말해 보십시오.

지원자의 인간성을 판단하는 질문으로 교우관계를 통해 답변자의 성격과 대인관계능력을 파악할 수 있다. 새로운 환경에 적응을 잘하여 새로운 친구들이 많은 것도 좋지만, 깊고 오래 지속되어온 인간관계를 말하는 것이 더욱 바람직하다.

(2) 성격 및 가치관에 관한 질문

① 당신의 PR포인트를 말해 주십시오.

PR포인트를 말할 때에는 지나치게 겸손한 태도는 좋지 않으며 적극적으로 자기를 주장하는 것이 좋다. 앞으로 입사 후 하게 될 업무와 관련된 자기의 특성을 구체적인 일화를 더하여 이야기하도록 한다.

② 당신의 장·단점을 말해 보십시오.

지원자의 구체적인 장·단점을 알고자 하기 보다는 지원자가 자기 자신에 대해 얼마나 알고 있으며 어느 정도의 객관적인 분석을 하고 있나, 그리고 개선의 노력 등을 시도하는지를 파악하고자 하는 것이다. 따라서 장점을 말할 때는 업무와 관련된 장점을 뒷받침할 수 있는 근거와 함께 제시하며, 단점을 이야기할 때에는 극복을 위한 노력을 반드시 포함해야 한다.

③ 가장 존경하는 사람은 누구입니까?

존경하는 사람을 말하기 위해서는 우선 그 인물에 대해 알아야 한다. 잘 모르는 인물에 대해 존경한다고 말하는 것은 면접관에게 바로 지적당할 수 있으므로, 추상적이라도 좋으니 평소에 존경스럽다고 생각했던 사람에 대해 그 사람의 어떤 점이 좋고 존경스러운지 대답하도록 한다. 또한 자신에게 어떤 영향을 미쳤는지도 언급하면 좋다.

(3) 학교생활에 관한 질문

① 지금까지의 학교생활 중 가장 기억에 남는 일은 무엇입니까?

가급적 직장생활에 도움이 되는 경험을 이야기하는 것이 좋다. 또한 경험만을 간단하게 말하지 말고 그 경험을 통해서 얻을 수 있었던 교훈 등을 예시와 함께 이야기하는 것이 좋으나 너무 상투적인 답변이 되지 않도록 주의해야 한다.

② 성적은 좋은 편이었습니까?

면접관은 이미 서류심사를 통해 지원자의 성적을 알고 있다. 그럼에도 불구하고 이 질문을 하는 것은 지원자가 성적에 대해서 어떻게 인식하느냐를 알고자 하는 것이다. 성적이 나빴던 이유에 대해서 변명하려 하지 말고 담백하게 받아드리고 그것에 대한 개선노력을 했음을 밝히는 것이 적절하다.

③ 학창시절에 시위나 집회 등에 참여한 경험이 있습니까?

기업에서는 노사분규를 기업의 사활이 걸린 중대한 문제로 인식하고 거시적인 차원에서 접근한다. 이러한 기업문화를 제대로 인식하지 못하여 학창시절의 시위나 집회 참여 경험을 자랑스럽게 답변할 경우 감점요인이 되거나 심지어는 탈락할 수 있다는 사실에 주의한다. 시위나 집회에 참가한 경험을 말할 때에는 타당성과 정도에 유의하여 답변해야 한다.

(4) 지원동기 및 직업의식에 관한 질문

① 왜 우리 회사를 지원했습니까?

이 질문은 어느 회사나 가장 먼저 물어보고 싶은 것으로 지원자들은 기업의 이념, 대표의 경영능력, 재무구조, 복리후생 등 외적인 부분을 설명하는 경우가 많다. 이러한 답변도 적절하지만 지원 회사의 주력 상품에 관한 소비자의 인지도, 경쟁사 제품과의 시장점유율을 비교하면서 입사동기를 설명한다면 상당히 주목 받을 수 있을 것이다.

② 만약 이번 채용에 불합격하면 어떻게 하겠습니까?

불합격할 것을 가정하고 회사에 응시하는 지원자는 거의 없을 것이다. 이는 지원자를 궁지로 몰아넣고 어떻게 대응하는지를 살펴보며 입사 의지를 알아보려고 하는 것이다. 이 질문은 너무 깊이 들어가지 말고 침착하게 답변하는 것이 좋다.

③ 당신이 생각하는 바람직한 사원상은 무엇입니까?

직장인으로서 또는 조직의 일원으로서의 자세를 묻는 질문으로 지원하는 회사에서 어떤 인재상을 요구하는 가를 알아두는 것이 좋으며, 평소에 자신의 생각을 미리 정리해 두어 당황하지 않도록 한다.

④ 직무상의 적성과 보수의 많음 중 어느 것을 택하겠습니까?

이런 질문에서 회사 측에서 원하는 답변은 당연히 직무상의 적성에 비중을 둔다는 것이다. 그러나 적성만을 너무 강조하다 보면 오히려 솔직하지 못하다는 인상을 줄 수 있으므로 어느 한 쪽을 너무 강조하거나 경시하는 태도는 바람직하지 못하다.

⑤ 상사와 의견이 다를 때 어떻게 하겠습니까?

과거와 다르게 최근에는 상사의 명령에 무조건 따르겠다는 수동적인 자세는 바람직하지 않다. 회사에서는 때에 따라 자신이 판단하고 행동할 수 있는 직원을 원하기 때문이다. 그러나 지나치게 자신의 의견만을 고집한다면 이는 팀원 간의 불화를 야기할 수 있으며 팀 체제에 악영향을 미칠 수 있으므로 선호하지 않는다는 것에 유념하여 답해야 한다.

⑥ 근무지가 지방인데 근무가 가능합니까?

근무지가 지방 중에서도 특정 지역은 되고 다른 지역은 안 된다는 답변은 바람직하지 않다. 직장에서는 순환 근무라는 것이 있으므로 처음에 지방에서 근무를 시작했다고 해서 계속 지방에만 있는 것은 아님을 유의하고 답변하도록 한다.

(5) 여가 활용에 관한 질문 – 취미가 무엇입니까?

기초적인 질문이지만 특별한 취미가 없는 지원자의 경우 대답이 애매할 수밖에 없다. 그래서 가장 많이 대답하게 되는 것이 독서, 영화감상, 혹은 음악감상 등과 같은 흔한 취미를 말하게 되는데 이런 취미는 면접관의 주의를 끌기 어려우며 설사 정말 위와 같은 취미를 가지고 있다하더라도 제대로 답변하기는 힘든 것이 사실이다. 가능하면 독특한 취미를 말하는 것이 좋으며 이제 막 시작한 것이라도 열의를 가지고 있음을 설명할 수 있으면 그것을 취미로 답변하는 것도 좋다.

(6) 지원자를 당황하게 하는 질문

① 성적이 좋지 않은데 이 정도의 성적으로 우리 회사에 입사할 수 있다고 생각합니까?

비록 자신의 성적이 좋지 않더라도 이미 서류심사에 통과하여 면접에 참여하였다면 기업에서는 지원자의 성적보다 성적 이외의 요소, 즉 성격·열정 등을 높이 평가했다는 것이라고 할 수 있다. 그러나 이런 질문을 받게 되면 지원자는 당황할 수 있으나 주눅 들지 말고 침착하게 대처하는 면모를 보인다면 더 좋은 인상을 남길 수 있다.

② 우리 회사 회장님 함자를 알고 있습니까?

회장이나 사장의 이름을 조사하는 것은 면접일을 통고받았을 때 이미 사전 조사되었어야 하는 사항이다. 단답형으로 이름만 말하기보다는 그 기업에 입사를 희망하는 지원자의 입장에서 답변하는 것이 좋다.

③ 당신은 이 회사에 적합하지 않은 것 같군요.

이 질문은 지원자의 입장에서 상당히 곤혹스러울 수밖에 없다. 질문을 듣는 순간 그렇다면 면접은 왜 참가시킨 것인가 하는 생각이 들 수도 있다. 하지만 당황하거나 흥분하지 말고 침착하게 자신의 어떤 면이 회사에 적당하지 않는지 겸손하게 물어보고 지적당한 부분에 대해서 고치겠다는 의지를 보인다면 오히려 자신의 능력을 어필할 수 있는 기회로 사용할 수도 있다.

④ 다시 공부할 계획이 있습니까?

이 질문은 지원자가 합격하여 직장을 다니다가 공부를 더 하기 위해 회사를 그만 두거나 학습에 더 관심을 두어 일에 대한 능률이 저하될 것을 우려하여 묻는 것이다. 이때에는 당연히 학습보다는 일을 강조해야 하며, 업무 수행에 필요한 학습이라면 업무에 지장이 없는 범위에서 야간학교를 다니거나 회사에서 제공하는 연수 프로그램 등을 활용하겠다고 답변하는 것이 적당하다.

⑤ 지원한 분야가 전공한 분야와 다른데 여기 일을 할 수 있겠습니까?

수험생의 입장에서 본다면 지원한 분야와 전공이 다르지만 서류전형과 필기전형에 합격하여 면접을 보게 된 경우라고 할 수 있다. 이는 결국 해당 회사의 채용 방침상 전공에 크게 영향을 받지 않는다는 것이므로 무엇보다 자신이 전공하지는 않았지만 어떤 업무도 적극적으로 임할 수 있다는 자신감과 능동적인 자세를 보여주도록 노력하는 것이 좋다.

CHAPTER

02 면접기출

1 현대오일뱅크 면접기출

1. 자신이 정말 잘할 수 있는 특기가 있는가?

2. 원칙을 어기면서까지 했던 행동이 있다면 말해보시오.

3. ○○기업에서 인턴을 한 기록이 있는데 ○○기업의 조직문화의 장·단점을 말해 보시오.

4. 자기소개에서 자신이 호감형이라고 작성하였는데 지금 면접관들이 당신에게 호감을 느끼고 있다고
   생각하는가? 그렇다면 왜 그렇다고 생각하는지 말해보시오.

5. 인생에 있어서 가장 힘들었던 일을 말해보시오. 답변은 영어로 하시오.

6. 주량이 어느 정도 되고, 술자리에서 제일 꼴불견이라 생각하는 사람의 유형에 대해 말해보시오.

7. 자신만의 특별한 취미가 있는가? 그것을 업무에서 활용할 수 있다고 생각하는가?

8. 자신이 상사라면 어떤 성향의 후배 직원이 있었으면 좋겠는가?

9. 여성의 군복무의무제 법안통과 추진에 대해 어떻게 생각하는가?

10. 면접을 보러 가는 길인데 신호등이 빨간 불이다. 시간이 매우 촉박한 상황인데, 무단횡단을 할 것
    인가?

11. 자신이 대인관계에서 가장 중요하게 여기는 것은 무엇인가?

12. (옆 사람의 자기소개가 끝난 후)자기 옆에 앉아있는 지원자의 특징에 대해서 말해 보고 장점에 대
    해 칭찬해 보시오.

13. 자신의 목숨보다 더 소중한 것이 있는가? 있다면 그것은 무엇이고 그 이유를 말해 보시오.

14. 건강한 신체와 적극적인 마인드를 유지하기 위해 본인은 어떠한 노력을 하고 있는가?

15. 최근 오디션 프로그램의 범람 현상에 대해 어떻게 생각하는가?

16. 자신의 가치를 돈으로 환산한다면? 그리고 그 근거는 무엇인가?

17. 팀 프로젝트 등 단체 활동 시 성격이 맞지 않는 사람과 일해 본 경험이 있는가?

18. 살면서 창피하거나 모욕적이었던 일은?

19. 관료제의 맹점이 무엇이라고 생각하는가?

20. 수학과를 졸업하였는데 지원업무가 수학이 연관이 있다고 생각하는가?

21. 경제토론 동아리 활동을 하였는데 가장 최근에 토론한 내용은 무엇인가?

22. 오늘 국제유가가 얼마인지 알고 있는가?

23. 국내 정유업의 전망은 어떠한 것 같은가?

24. 현대오일뱅크가 자신에게 어떤 의미인지? 왜 더 큰 회사들이 많은데 꼭 오일뱅크인지 말해보시오.

25. 차기 미국 대선 후보 중 지지하는 후보가 누구인지 말해보시오.

26. 자신에게 올 피해에 대해 생각하지 않고 남을 도왔던 경험을 말해보시오.

27. 정치 · 종교적 신념에 대해서 고의적으로 공격을 하거나 조롱을 일삼는 직장상사가 있다면 어떻게 행동할 것인가?

28. 출산휴가를 남성 직원에게도 여성 직원과 동일하게 주는 것에 대해서 어떻게 생각하는가?

29. 최근 가장 이슈가 되고 있는 신기술 중에 현대오일뱅크가 진행하고 있는 사업에 도움을 주고 있는 것은 무엇이라 생각하는가?

30. 업무를 하다보면 제2 혹은 제3 외국어까지 유창해야 하는데 바쁜 업무를 소화하면서 새로운 언어를 습득할 수 있는 자신만의 노하우가 있는가?

31. 신입사원으로서 해당 지원 분야에 가장 중요한 역량은 무엇이라고 생각하는가?

32. 현대오일뱅크가 TV광고를 제작한다면 적합한 모델이 누구라고 생각하는가. 이유는?

33. 당신이 운영하는 주유소가 경영이 어려워 망하기 직전이라면 어떻게 하겠는가?

34. 유가 하락의 요인은 무엇이라고 생각하고, 지금 우리 회사의 상황은 어떠한가?

35. 야구에서 커브의 원리를 베르누이 방정식으로 설명해 보시오.

2 **현대중공업 면접기출**

1. (공통질문) 지원 분야의 동기와 그 분야가 어떤 일하는지 아는 것에 대해서 말하시오.

2. 조교 경험이 있다고 했는데 인력 관리면에서 훈련소와 현장과 어떻게 다를까?

3. (울산대학교 출신지원자에게) 현대중공업이 울산대학교에 장학금을 지원하는데 이것에 대해 알고 있는가? 지원자는 혜택을 받았는가? 못 받았으면 왜 노력하지 않았나?

4. 성장과 분배에 대해 어떻게 생각하나?

5. 생산관리를 지원했는데 설계부서로 발령받게 된다면 어떻게 할 것인가?

6. 지원자 중 혼자 여자인데 체력적으로 일이 많이 힘들 텐데 할 수 있겠는가?

7. 같은 조의 A군과 학교 동기로 알고 있는데 서로의 장점 3가지를 말해보시오.

8. 최근 읽었던 책 중 어떤 책을 감명 깊게 읽었으며 무엇을 배우고 느꼈는가?

9. 노동조합의 파업에 대한 본인의 생각을 말해보시오.

10. 같은 조로 들어온 5명 중 딱 1명만 뽑아야 한다면 누구를 뽑아야하고 그 이유는?

11. 마지막으로 하고 싶은 말이 있으면 손들어서 말하시오.

12. 학력 인플레로 인한 실업자 증가에 대한 대책으로 어떤 것을 제안하겠는가?

13. 제주 해군기지에 대한 자신의 생각을 말하시오.

14. 궁극적인 행복이란 무엇이라고 생각하는가?

15. 자소서에 대한 개인 신상에 대한 질문 2가지(인턴경험, 아르바이트 경험)

16. 한중 FTA의 장·단점에 대해서 말해보시오.

17. 근무지에 연고가 없어도 장기간 근무가 가능하다고 생각하는가?

18. 만일 5인 이하 소규모 사업체를 운영한다면 풀타임 정규직을 채용할 것인가, 아니면 파트타임(비정규직)을 채용할 것인가? 그리고 그 이유는 무엇인가?

19. 상사가 불합리한 지시를 한다면 어떻게 할 것인가? 상사의 지시를 따를지, 아니면 다른 상사의 의견을 반대하겠는가?

20. 같은 부서의 직속 선배가 본인보다 5살 어릴 경우에 어떤 느낌이 들 것 같은가?

21. 전교조 명단공개에 대해 어떻게 생각하는가?

22. 술을 전혀 못하는데 회식이 일주일에 3번 이상이라면 어떻게 할 것인가?

23. 자신에 대해서 자랑할 수 있는 것 다섯 가지를 말하시오.

24. 자신의 단점에 대해서 포장하지 말고 솔직하고, 객관적으로 말해보시오.

25. 본인이 가진 장점 중 현대중공업에서 일하기에 가장 적합한 특성은 무엇인가?

26. 스마트폰과 현대중공업을 연관시켜 새로운 사업을 구상해보시오.

27. 기업의 사회공헌에 대한 자신의 생각은?

28. 책임감을 가지고 임했던 일 중에서 성취, 또는 실패했던 경험에 대해 말해보시오.

29. 생산직 현장관리 업무에 잘 적응할 자신이 있는가?

30. 현대중공업 기업이미지 제고 방안과 효과에 대해 설명하시오.

3 현대삼호중공업 면접기출

1. 다른 회사 어디에 지원했고, 어떻게 진행 중인지 말해보시오. (합격, 불합격 여부)

2. 상사로부터 받은 지시가 내 개인적인 신념과는 다를 경우 어떻게 할 것인가?

3. 자신이 면접관이라면 지금 여기 있는 지원자 중 누구를 뽑을 것인가?

4. 전기/전자에 관련된 법칙을 하나 설명하시오. (관련 전공자 대상 질문)

5. 광케이블에 대해서 설명하시오. (관련 전공자 대상 질문)

6. 역률, 유효전력, 무효전력에 대해 설명하시오. (관련 전공자 대상 질문)

7. 자기소개서에 쓴 지원동기에 대해서 최대한 한 글자도 다르지 않게 말해보시오.

8. 자기소개를 제한시간 1분 내에 마치시오.

9. 신문을 읽는지, 처음부터 끝까지 정독을 하는지, 일부만 읽는지. 최근에 가장 인상 깊게 본 시사 뉴스에 대해서 말해보시오.

10. 현대삼호중공업에서 일하고 싶다 하였는데 타 기업보다 삼호중공업이 좋은 이유는?

11. 기업의 존재 이유는 무엇이라고 생각합니까?

12. 마지막으로 하고 싶은 이야기가 있다면 30초 내로 짧게 해보시오.

13. 타 기업 공채에 지원 해본 경험이 있는가?

14. 중소기업을 살려야 하는 이유는?

15. (전공 관련 자격증 소지자에게) 지원자 자신은 얼마나 준비했고 보통 얼마 만에 합격하는지, 시험을 주관하는 기관은 어디인지 말해보시오.

16. 내일 주가가 폭락한다는 사실을 미리 접했다면 어떻게 하겠는가?

17. 10년 후 현대삼호중공업에서 본인의 모습을 그려보시오.

18. 현대삼호중공업의 핵심 가치에 대해서 설명해보시오.

19. 지방인재 우대채용에 대해서 어떻게 생각하는가?

20. 업무와 관련이 없는 증권관련 자격증은 왜 취득하였는가?

21. (경영 전공자) APT, 기업가치, 지분법, 파산비용에 대해 설명하시오.

22. 사시를 준비했는데 중도에 왜 포기했는가?

23. 별명이 부정적인 이미지인데 정말 그 별명으로 불리는 것에 대해 불만은 없는가?

24. 간단하게 일본어, 중국어, 불어로 말해보시오. (관련학과 지원자들)

25. (휴학경험이 있는 지원자를 거수시킨 뒤) 그동안 취업을 위해 무엇을 준비했는지 말해보시오.

26. 자격증을 한번에 몰아서 취득했는데 힘들지 않았는가?

27. 외국인 노동자와 비정규직에 대한 자신의 의견을 말해보시오.

28. 장래에 자녀를 낳는다면 주말 계획은 자녀와 자신 중 어느 쪽에 맞춰서 할 것인가?

29. 토끼와 거북이 캐릭터 중 어느 쪽이 더 자신과 비슷하다고 생각하는가?

30. 업무 효율과 야근의 상관관계에 대해서 자신의 의견을 말해보시오.

자격증

한번에 따기 위한 서원각 교재

한 권에 준비하기 시리즈 / 기출문제 정복하기 시리즈를 통해 자격증 준비하자!